陕西理工大学应用经济学重点学科和区域经济学科技创新团队成果

中国西部地区旅游业空间格局、产业效率与发展策略研究

A STUDY ON TOURISM SPATIAL DISTRIBUTION, INDUSTRIAL EFFICIENCY, AND DEVELOPMENT STRATEGY IN THE WESTERN REGION, CHINA

王淑新 著

中国社会科学出版社

图书在版编目（CIP）数据

中国西部地区旅游业空间格局、产业效率与发展策略
研究／王淑新著 . —北京：中国社会科学出版社，2016.12
ISBN 978 - 7 - 5161 - 8995 - 5

Ⅰ . ①中… Ⅱ . ①王… Ⅲ . ①地方旅游业 - 旅游业发展 -
研究 - 西北地区 ②地方旅游业 - 旅游业发展 - 研究 - 西南
地区 Ⅳ . ①F592.7

中国版本图书馆 CIP 数据核字（2016）第 227367 号

出 版 人	赵剑英
责任编辑	宋燕鹏
责任校对	石春梅
责任印制	李寡寡

出 版	中国社会科学出版社
社 址	北京鼓楼西大街甲 158 号
邮 编	100720
网 址	http://www.csspw.cn
发 行 部	010 - 84083685
门 市 部	010 - 84029450
经 销	新华书店及其他书店

印 刷	北京明恒达印务有限公司
装 订	廊坊市广阳区广增装订厂
版 次	2016 年 12 月第 1 版
印 次	2016 年 12 月第 1 次印刷

开 本	710 × 1000 1/16
印 张	14.5
插 页	2
字 数	256 千字
定 价	56.00 元

目　　录

第一篇　导论

第二篇　西部地区旅游经济空间
格局演变与驱动因素

第三篇　西部地区旅游业发展效率分析

第四篇　西部地区旅游经济发展策略探讨

第一篇

导　　论

本篇内容共分四章，具体结构安排如下。

第一章从旅游业发展情况和研究现状的角度对研究背景作介绍，同时对研究意义进行总结。

第二章基于文献，对当前西部地区旅游经济研究进展进行整体述评。

第三章对西部地区旅游经济发展现状进行总体介绍。

第四章构建西部地区旅游经济的整体研究框架，同时对数据来源与处理进行说明。

第一章 研究背景与研究意义

第一节 研究背景

在改革开放之前和改革开放之初的很长一段时间里，中国的旅游只是国际旅游中的入境旅游，在当时被确定为"外事"，与中国的老百姓没有多大关系，充其量是为了国家的声誉而接待好"外宾"①。1978、1979 年，邓小平同志围绕我国旅游业发展提出了重要的旅游经济思想，连续五次比较集中、系统地阐述了发展中国旅游业的重大问题，提出了一系列发展中国旅游经济的思路和想法，明确指出旅游这个行业要变成综合性行业，要当作经济产业来办；旅游事业大有文章可做，要突出地搞，加快地搞，发展旅游业是加速中国社会主义现代化建设的突破口②③。自此以后，中国旅游业经历了快速发展，得以真正崛起，取得了巨大成就，为国民经济和社会发展做出了突出贡献。

从产业地位看，中国旅游业经历了从接待事业到经济事业、从经济事业到经济产业、从经济产业到重要产业、从重要产业到战略产业角色的不断转变和地位的不断提高④。自 20 世纪 80 年代以后，旅游被确定为经济活动，80 年代中期其以一个新型产业列入国家社会经济发展计划；1998

---

① 张广瑞：《SARS 后关于中国旅游发展的冷静思考》，《财贸经济》2003 年第 11 期，第 65—69 页。

② 邓小平：《旅游事业大有文章可做——党和国家领导人论坛》，中国旅游出版社、中央文献出版社 2005 年版。

③ 邓小平：《旅游业要变成综合性行业》，中国旅游出版社、中央文献出版社 2005 年版。

④ 罗明义：《对把旅游业培育成国民经济的战略性支柱产业的认识》，《经济问题探索》2010 年第 6 期，第 145—149 页。

年，中共中央做出了把旅游业列为国民经济新的经济增长点的决策。特别是进入21世纪后，中国旅游业的地位得到进一步的提升。国家旅游局认定中国"实现了从旅游资源大国向亚洲旅游大国的跨越"；2001年，国家旅游局编制的《中国旅游业发展"十五"计划和2015年、2020年远景目标纲要》中明确指出，要在21世纪前20年实现"从旅游资源大国到亚洲旅游大国的基础上，继续开拓奋进，实现从亚洲旅游大国向世界旅游强国的历史跨越"，即从世界"旅游大国"向世界"旅游强国"迈进；2003年10月，温家宝总理在世界旅游组织第15届全体大会开幕式上的致辞中指出：21世纪前20年是中国旅游业发展的有利时期，要把旅游业培育成为中国国民经济的重要产业；2009年12月，国务院发布的《关于加快发展旅游业的意见》指出，旅游业资源消耗低、带动系数大、就业机会多、综合效益好，是战略性产业，这标志着中国旅游业已经正式进入国家战略体系；2014年8月，国务院发布的《关于促进旅游业改革发展的若干意见》指出，到2020年，境内旅游总消费额达到5.5万亿元，城乡居民年人均出游4.5次，旅游业增加值占国内生产总值的比重超过5%，进一步明确了中国旅游业发展的战略目标。随着经济社会持续稳定发展，我国由旅游资源大国发展成为世界旅游大国，我国旅游经济运行已经进入了大众化发展阶段，单一入境旅游的发展模式逐渐转变，旅游业由外交工作的重要补充发展成为国民经济新的增长点，旅游业的功能实现了从"事业"到"产业"的转变，尤其是进入21世纪以来，随着国家旅游发展政策的不断调整，中国旅游步入常规化发展，入境旅游、国内旅游和出境旅游三大市场共同发展，旅游业功能又在悄然变化，即从"产业"逐步转向兼具经济产业和社会功能的双重特性[1][2][3]。2014年，国发31号文件《关于促进旅游业改革发展的若干意见》明确指出，旅游业发展对于扩就业、增收入，推动中西部发展和贫困地区脱贫致富，促进经济平稳增长和生态环境改善意义重

---

① 王志发：《当前旅游产业发展的战略思考》，《旅游学刊》2007年第22卷第4期，第10—14页。

② 张广瑞：《关于中国旅游发展的理性思考》，《中国软科学》2011年第2期，第16—33页。

③ 张广瑞：《中国旅游发展：新世纪以来的探索与未来展望》，《经济管理》2013年第35卷第1期，第110—120页。

大，对于提高人民生活质量、培育和践行社会主义核心价值观也具有重要作用。

从未来趋势看，旅游业仍将保持快速增长的势头。2009 年，中国人均GDP 已达到 3315 美元。联合国《国民核算年鉴》对美国、日本、韩国等17 个国家和地区人均 GDP3000 美元之前阶段进行分析后发现，居民消费结构变化的特点为：恩格尔系数明显下降，由 40.84% 下降到 32.67%，与旅游相关的交通通信、文化娱乐等消费比重迅速上升），这为旅游业的发展带来了诸多机遇①，国内旅游方面，2009 年 12 月，国务院发布的《关于加快发展旅游业的意见》预测，到 2015 年，国内旅游人数将达到 33×10^8 人次，年均增长 10%，城乡居民年均出游超过两次，旅游消费相当于居民消费总量的 10%。2014 年 8 月，国务院发布的《关于促进旅游业改革发展的若干意见》指出，到 2020 年，境内旅游总消费额达到 5.5 万亿元，城乡居民年人均出游 4.5 次，旅游业增加值占国内生产总值的比重超过 5%。国际旅游方面，据世界旅游组织预测，到 2020 年中国将成为世界最大的旅游目的地国家。

对西部地区而言，旅游业被寄予缩小区域发展差距的厚望，受到国家旅游局、西部地区 12 省（区、市）的高度关注和重视。1999 年，国家旅游局提出"西部大开发，旅游要先行"政策，优先在西部地区建设国家生态旅游示范区、国家旅游扶贫实验区和国家旅游度假区。旅游业被国家视为西部地区"有市场前景的特色经济和优势产业"之一，要"作为西部大开发的重要产业抓紧抓实，努力把旅游资源优势转化为产业优势"，旅游业成为西部大开发的重要内容②。与这些政策相适应，1999 年以来，西部地区内蒙古、广西、重庆、四川、贵州、云南、西藏、陕西、甘肃、青海、宁夏、新疆 12 个省（区、市）陆续出台了一系列政策和措施（表 1 - 1 - 1），把旅游业作为区域支柱产业加以优先发展和重点扶持。

---

① 范业正：《从生活福利与旅游富民看旅游民生》，《旅游学刊》2010 年第 25 卷第 7 期，第10—11 页。

② Jackson, J., Developing regional tourism in China: The potential for activating business clusters in a socialist market economy, *Tourism Management*, 2006, 27 (4), pp. 695-706.

表1－1－1　　　　西部地区12个省（区、市）旅游业发展定位

地区	时间	发布部门	发布文件	产业定位
内蒙古	1999	自治区委员会、自治区政府	《关于加快旅游业发展的决定》	要切实把旅游业作为第三产业的龙头产业、提高人民生活质量和加快脱贫致富的高效产业
	2012	自治区政府	《贯彻落实国务院关于加快发展旅游业意见精神的实施意见》	把旅游业培育成为自治区国民经济的战略性支柱产业和人民群众更加满意的现代服务业，把内蒙古建设成为中国草原文化旅游大区和国家级文化体验、生态休闲旅游目的地
广西	2001	自治区政府	《关于进一步加快广西特色旅游业发展的实施意见》	建设成为特色鲜明、设施完善、服务一流，驰名中外的旅游先进省区
	2013	自治区委员会、自治区政府	《关于加快旅游业跨越发展的决定》	把旅游业培育成战略性支柱产业和人民群众更加满意的现代服务业
	2015	自治区政府	《关于促进旅游业与相关产业融合发展的意见》	激发旅游业发展活力，加快实现旅游产业转型升级，强力推进旅游强区建设
重庆	2001	市委、市政府	《关于进一步加快旅游业发展若干问题的意见》	把旅游业培育发展成为新的支柱产业
	2005	市委、市政府	《关于进一步加快旅游经济发展的决定》	尽快成为全市国民经济的新兴支柱产业
	2014	市政府	《关于促进旅游业改革发展的实施意见》	努力把旅游业培育成战略性支柱产业和人民群众更加满意的现代服务业

续表

地区	时间	发布部门	发布名称	产业定位
四川	2000	省委	《关于加快培育旅游支柱产业建设旅游经济强省的决定》	加快培育旅游支柱产业，建设旅游经济强省
	2013	省政府	《关于加快建设旅游经济强省的意见》	把旅游业打造成重要的战略性支柱产业和人民群众更加满意的现代服务业，建成全国旅游经济强省和世界旅游目的地
贵州	2002	省委、省政府	《关于加快旅游业发展的意见》	把旅游业培育成为新的支柱产业
	2014	省政府	《关于深化改革开放加快旅游业转型发展的若干意见》	打造贵州旅游发展升级版，建成国际知名、国内一流的旅游目的地和休闲度假胜地，使旅游业成为推动科学发展、后发赶超、同步小康的重要载体
云南	2001	省政府	《贯彻国务院关于进一步加快旅游业发展的通知的实施意见》	进一步加快全省旅游支柱产业建设，促进旅游资源大省向旅游经济强省转变
	2013	省委、省政府	《关于建设旅游强省的意见》	把旅游产业建设成为全省国民经济的战略性支柱产业和人民群众更加满意的现代服务业，把云南建设成为国内一流、国际著名的旅游目的地和面向西南开放的国际性区域旅游集散地
西藏	2007	自治区政府	《关于进一步加快发展旅游业的决定》	将旅游业建成国民经济的主导产业和第三产业的龙头产业

续表

地区	时间	发布部门	发布名称	产业定位
陕西	2001	省政府	《贯彻国务院关于进一步加快旅游业发展的通知的实施意见》	尽快成为全省经济的重要支柱产业
	2009	省政府	《关于进一步加快旅游产业发展的决定》	把旅游产业培育成为陕西经济的重要支柱产业和新的增长点
	2015	省政府	《关于促进旅游业改革发展的实施意见》	到2020年，旅游业增加值占国内生产总值的比重超过6%
甘肃	2003	省政府	《关于加快发展甘肃旅游业的意见》	把旅游业培育成为经济支柱产业
	2010	省委、省政府	《关于加快发展旅游业的意见》	把旅游业培育成为现代服务业的龙头产业和国民经济的战略性支柱产业，努力建设中国西部旅游胜地和旅游目的地
	2014	省委、省政府	《关于促进旅游业改革发展的意见》	加快把旅游业培育壮大成为国民经济的战略性支柱产业和人民更加满意的现代服务业
青海	2001	省政府	《关于进一步加快旅游业发展的决定》	使旅游业成为经济发展中的重要产业，逐步建成自然风光与民族文化相结合的旅游大省
	2011	省委、省政府	《关于加快发展旅游业的实施意见》	把旅游业培育成为战略性支柱产业和人民群众更加满意的现代服务业
	2015	省政府	《关于促进旅游业改革发展的实施意见》	把旅游业培育成为国民经济的战略性支柱产业和人民群众更加满意的现代服务业

续表

地区	时间	发布部门	发布名称	产业定位
宁夏	2001	自治区政府	《关于进一步加快旅游业发展的通知》	把旅游业培育和发展成为国民经济的支柱产业
	2004	自治区党委、政府	《关于进一步加快旅游业发展的决定》	力争到2010年使旅游业成为宁夏的支柱产业，中国西部的旅游热点地区之一
新疆	2001	自治区党委、政府	《关于进一步加快旅游业发展的决定》	将旅游业列为全区经济发展具有优势和潜力的产业，加快培育旅游支柱产业，努力实现从旅游资源大区向旅游强区的跨越
	2011	自治区党委、政府	《关于推进旅游业跨越式发展的意见》	把旅游业培育成为扩内需、调结构、促就业、惠民生的战略性支柱产业和富民产业，建设成为我国重要的旅游目的地

在相关政策的支持和推动下，西部地区12个省（区、市）的旅游业增长迅速。图1-1-1显示，2000年，西部地区内蒙古、广西、重庆、四川、贵州、云南、西藏、陕西、甘肃、青海、宁夏、新疆12个省（区、市）旅游总收入为 1162×10^8 元，2014年增长至 12111×10^8 元，从旅游总收入绝对数看，14年间增长了 10948×10^8 元，总增长率达到941.36%，年均增长率为18.22%。同一时期，2000—2014年，西部地区内蒙古、广西、重庆、四川、贵州、云南、西藏、陕西、甘肃、青海、宁夏、新疆12个省（区、市）国内生产总值（GDP）总增长率为472.98%，年均增长率为13.28%，旅游经济平均增速快于GDP平均增速6.13个百分点。同时，西部地区内蒙古、广西、重庆、四川、贵州、云南、西藏、陕西、甘肃、青海、宁夏、新疆12个省（区、市）的旅游总收入相当于GDP的比重不断提高，图1-1-2显示，从2000年的7.40%提高至2014年的15.47%，14年间提高了8.07个百分点。

与快速发展实践形成鲜明对比的是，西部地区旅游经济发展方面的相

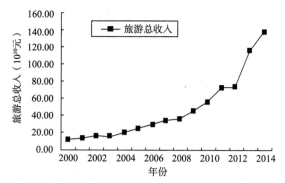

图 1 - 1 - 1 2000—2014 年西部地区旅游总收入变化趋势

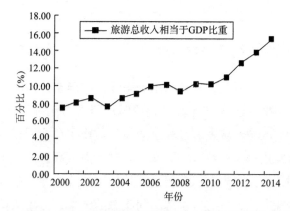

图 1 - 1 - 2 2000—2014 年西部地区旅游总收入相当于 GDP 比重变化趋势

关研究仍然比较滞后，相关成果比较零散，没有形成完整的结构体系，无法深入认识西部地区旅游经济发展的空间格局演变特征、旅游业发展的投入产出效率，不能有效验证相关旅游政策的推动效果、旅游业在经济社会发展过程中发挥的作用，不能科学提出西部地区旅游经济未来发展策略与发展路径。因此，亟须开展系统、深入的研究，科学认识西部地区旅游经济发展，为进一步的西部地区旅游经济相关研究提供基础，同时为西部地区旅游发展实践提供参考。

第二节 研究意义

长期以来，西部地区的国民经济偏重于农牧业、采掘业和原材料业，与东部、中部地区相比，传统工业效益低下，竞争力缺乏，而旅游资源在西部地区具有比较优势，旅游业是西部地区极具比较优势的产业，加快旅游经济发展，是发挥比较优势的需要，也是实现西部大发展的突出亮点，优先发展西部地区具有支柱性、先导性特征的旅游产业，将旅游资源优势转变为旅游经济发展优势，有助于发挥比较优势、缩小区域发展差距；同时，在比较视角下，西部地区旅游业的发展对本区域的意义和价值较东部、中部地区更为显著，因此，对西部地区旅游经济开展系统性研究，科学认识旅游经济发展规律、功能特征，不仅具有重要的理论意义，同时具有重要的实践参考价值。具体而言，本研究具有以下意义。

一 丰富旅游经济研究方法

传统的旅游经济研究，通常采用静态或比较静态的方法，对于深入认识旅游经济空间格局演变（尤其是背后驱动因素的探讨）、旅游经济发展效率、旅游业在区域经济发展过程中的地位与作用存在明显不足，不能有效挖掘大量潜在信息。针对这一弊端，以时空面板数据为基础，构建空间计量分析模型，尝试引入动态分析，超越传统的静态和比较静态分析，丰富旅游经济研究方法，以有效了解不同状态的结果，清晰认识不同状态与均衡的动态过程，发现和认识新特征、新规律。

二 系统研究西部地区旅游经济

对西部地区旅游经济开展系统性研究，科学认识西部地区旅游经济时间、空间格局演变及其驱动因素，有效评估西部地区旅游经济要素投入产出效率状况，识别旅游经济增长方式，考察西部地区旅游经济规模报酬及全要素生产效率变化情况，定量、科学地评价西部大开发以来旅游业的经济地位与作用，并进一步分析旅游业与经济发展的关系，全面认识西部地区旅游经济发展状态，深入总结西部地区旅游经济发展规律。

三 提供旅游管理与决策支持

通过引入收敛理论、扩展的索洛剩余模型、Granger 因果检验和 Theil 指数等定量研究方法以及 SWOT 分析框架，对文献中研究较少的西部地区旅游经济发展进行分析，能够较好地认识西部地区旅游经济的发展状况和功能特征，并识别出优劣势，有利于正确制定新一轮西部大开发中旅游业的科学发展战略，激发潜在能力，引导西部地区旅游经济平稳、协调、可持续发展。

第二章 西部地区旅游经济 研究进展及述评

旅游经济学是以经济学原理和方法透析旅游活动过程中的经济现象和规律，作为一门学科，旅游经济学已经建立起较为完备的学科体系。1927年，罗马大学讲师马里奥蒂（Marriotti）出版了以《旅游经济讲义》（*Lezioni di Economia Touristica*）为书名的旅游经济专著，最先从经济学角度对旅游现象做了系统的剖析和论证。自此之后，这门学科不断发展、完善，形成了今天的旅游经济学。旅游经济学是对社会化和商品化了的旅游活动所引发的经济现象、经济关系、经济运行以及经济影响进行研究的专门学科①。自改革开放以来，我国旅游经济学的研究基本可以划分为三个阶段②。

第一阶段：旅游经济学的认知性研究阶段（1980—1990），这一阶段的关注点主要集中在旅游目的地经济发展以及旅游企业管理的研究，具有旅游经济学建设初期的功利主义。

第二阶段：旅游经济学的全面探索阶段（1991—1997），这一时期旅游经济学走向全面探索阶段，初步形成了较为完整的旅游经济学研究体系。

第三阶段：旅游经济学的深入发展阶段（1998年至今），这一阶段随着旅游业的蓬勃发展，我国学界、教育界和政府有关部门对旅游经济问题的研究迅速发展，并取得了一定数量的研究成果。

总体上看，自1978年改革开放以来，尽管中国旅游研究几乎从零起步实现了跨越式发展，取得了巨大成就，形成了大批以论文、著作、课题报告等不同形式的理论研究成果和以旅游科技、法规标准为代表的应用型研

---

① 罗明义：《现代旅游经济学》，云南大学出版社2008年版。
② 陈肖静：《我国旅游经济学研究的回顾与思考》，《生产力研究》2006年第4期，第27—29页。

究成果，数量丰硕、体系完整①，但问题依旧十分突出，表现为研究方法比较粗糙，关注的是问题的现象层面②。张宏梅和陆林（2005）对《旅游学刊》1999—2003 年间发表的 465 篇文章的研究方法进行了统计分析，发现定性研究是中国旅游研究的主导范式，而且基本处于传统定性阶段③。与之形成鲜明对比的是，国际主流英文刊物的旅游经济学文章 59% 采用了定量研究法，仅有 19% 采用了定性研究法④。石培华和冯凌（2010）在总结中国旅游研究 30 年的成就、挑战与使命时指出，中国旅游研究落后于旅游实践，至今尚未形成系统、独特的研究方法，研究以定性、描述性为主，定量、实证研究近年有增长的趋势，但总体偏少、研究难以深入⑤。以旅游经济学为例，因研究缺乏深度，国内最权威的经济学杂志《经济研究》自 1986 年以来从未发表过以"旅游"为主题的论文。发表在国际上最有影响的旅游学术刊物的有关中国的文献也相当少⑥，李星群和赵伟兵（2007）对 1978 年以来发表在《旅游研究纪事》（Annals of Tourism Research）、《旅游管理》（Tourism Management）和《旅行研究杂志》（Journal of Travel Research）三大权威刊物上的文献进行检索，发现其中以中国旅游为研究对象的论文仅 51 篇（不包括短篇通讯类文章），其中大部分为国外学者完成，这直接降低了中国旅游经济研究成果的国际化程度⑦。此外，在中国旅游业发展壮大的历程中，经济学界对旅游业的研究保持了长久的

---

① 石培华、冯凌：《中国旅游研究 30 年：成就、挑战与使命》，《旅游科学》2010 年第 3 期，第 75—84 页。

② Aramberri, J. 、谢彦君：《旅游学研究：尚不可靠的理论基础》，《旅游学刊》2003 年第 18 卷第 2 期，第 24—29 页。

③ 张宏梅、陆林：《近 10 年文化旅游研究进展——〈Tourism Management〉、〈Annals of Tourism Research〉和〈旅游学刊〉研究述评》，《旅游学刊》2005 年第 20 卷第 6 期，第 82—88 页。

④ Ballantyne, R. , Packer, J. , Axelsen, M. , Trends in tourism research, *Annals of Tourism Research*, 2009, 36 (1), pp. 149-152.

⑤ 石培华、冯凌：《中国旅游研究 30 年：成就、挑战与使命》，《旅游科学》2010 年第 3 期，第 75—84 页。

⑥ Aramberri, J. 、谢彦君：《中国旅游研究的多维视野——对国内与国外相关文献的评述》，《旅游学刊》2003 年第 18 卷第 6 期，第 14—20 页。

⑦ 李星群、赵伟兵：《国外中国旅游研究进展——〈Annals of Tourism Research〉、〈Tourism Management〉和〈Journal of Travel Research〉研究述评》，《旅游学刊》2007 年第 22 卷第 3 期，第 90—96 页。

沉默，而旅游界反复强调旅游业的特殊性，试图在经济学的框架之外研究旅游经济问题，现在看起来并不成功①。

关于中国旅游经济发展方面的研究，可以从两个角度考察，一是以中文发表的研究成果，其大多数集中在定性的描述和经验性的分析②，多年来局限在非常有限的研究领域，采用的是比较粗糙的研究方法，关注的是问题的现象层面，且研究者的意识深处往往为各种功利性的动机所支配③。这种状况与旅游这个跨学科的研究领域应有的指导思想很不协调，也与旅游学科在我国旅游发展实践当中应该肩负的学术使命不协调。这种不协调，可以归纳为研究视角的过度倾斜以及基础理论研究的过分薄弱。二是以英文发表的研究成果，更多地关注旅游发展的意义和效应，更为深入，但研究成果较少，李星群和赵伟兵（2007）对《旅游研究纪事》（*Annals of Tourism Research*）、《旅游管理》（*Tourism Management*）和《旅行研究杂志》（*Journal of Travel Research*）三大权威刊物进行检索，发现 1978 年以来以中国旅游为研究对象的论文仅有 51 篇（其中不包括短篇通讯类文章)④。

第一节 英文研究进展

中国旅游经济研究的英文成果主要集中在描述中国旅游业发展现状、探讨旅游资源开发与规划、研究中国旅游市场与营销、探讨旅游流的影响因素等四个方面。

---

① 师守祥：《旅游产业范围的界定应符合经济学规范》，《旅游学刊》2007 年第 22 卷第 11 期，第 7—8 页.

② 戴冬香：《对我国旅游经济学学科研究的认识与思考：出自周武忠主编〈旅游学研究〉（第 5 辑)》，东南大学出版社 2010 年版。

③ Aramberri, J.、谢彦君：《旅游学研究：尚不可靠的理论基础》，《旅游学刊》2003 年第 18 卷第 2 期，第 24—29 页。

④ 李星群、赵伟兵：《国外中国旅游研究进展——〈Annals of Tourism Research〉、〈Tourism Management〉和〈Journal of Travel Research〉研究述评》，《旅游学刊》2007 年第 22 卷第 3 期，第 90—96 页。

一　描述中国旅游业发展现状

描述中国旅游业发展现状的文献主要集中在 2000 年以前的早期阶段，如 Oudiette（1990）[①]、Sofield 和 Li（1998）[②]、Tisdell 和 Wen（1991）[③]、Uysal 等（1986）[④]、Zhang（1997）[⑤]、Zhang 等（1999）[⑥] 等对中国旅游业的发展现状、发展特征进行了总结和分析。通过该类文献的阅读有助于了解中国旅游发展的状态，但早期研究不够深入。

二　探讨旅游资源开发与规划

对中国旅游资源开发与规划的研究主要基于微观视角，如 Lai 等（2006）[⑦]、Li（2006）[⑧]、Nyaupane 等（2006）[⑨]、Wu 和 Cai（2006）[⑩]、Ying 等（2007）[⑪] 主要基于实际调查法进行研究，能够深入地分析微观意义上的旅游资源开发、规划带来的各种好处和（或）问题，直观且具体，但作为单个的案例研究，往往不具有普遍意义，但近年来的研究文献逐渐

① Oudiette, V., International tourism in China, *Annals of Tourism Research*, 1990, 17（1）, pp. 123-132. 2.

② Sofield, T., Li, F., China: Tourism development and cultural policies, *Annals of Tourism Research*, 1998, 25（2）, pp. 362-392.

③ Tisdell, C., Wen, J., Foreign tourism as an element in PR China's economic development strategy, *Tourism Management*, 1991, 12（1）, pp. 55-67.

④ Uysal, M., Wei, L., Reid, L. M., Development of international tourism in PR China, *Tourism Management*, 1986, 7（2）, pp. 113-119.

⑤ Zhang, W., China's domestic tourism, Impetus, development and trends, *Tourism Management*, 1997, 18（8）, pp. 565-571.

⑥ Zhang, H, Chong, K., Ap, J., An analysis of tourism policy development in modern China, *Tourism Management*, 1999, 20（4）, pp. 471-485.

⑦ Lai, K., Li, Y., Feng, X., Gap between tourism planning and implementation: A case of China, *Tourism Management*, 2006, 27（6）, pp. 1171-1180.

⑧ Li, W., Community decision making participation in development, *Annals of Tourism Research*, 2006, 33（1）, pp. 132-143.

⑨ Nyaupane, G. P., Morais, D. B., Dowler L, The role of community involvement and number/type of visitors on tourism impacts: A controlled comparison of Annapurna, Nepal and Northwest Yunnan, China, *Tourism Management*, 2006, 27（6）, pp. 1373-1385.

⑩ Wu, B., Cai, L., Spatial modeling: Suburban leisure in Shanghai, *Annals of Tourism Research*, 2006, 33（1）, pp. 179-198.

⑪ Ying, T., Zhou, Y., Community, governments and external capitals in China's rural cultural tourism: A comparative study of two adjacent villages, *Tourism Management*, 2007, 28（1）, pp. 96-107.

转向通过多个案例的比较展开研究，一定程度上克服了这一问题。

三　研究中国旅游市场与营销

Chang 等（2006）①、Chen（2007）②、Hsu 等（2006）③、Kim 等（2006）④、Zhang 和 Chow（2004）⑤ 等对中国旅游市场及其营销策略进行了分析和探讨，该方面的研究主要基于宏观视角进行探讨，且多采用数理统计及计量方法进行定量分析，其研究结果往往更加客观、更具有说服力。

四　探讨旅游流的影响因素

Guo 等（2006）⑥、Kim 等（2005）⑦、Qu 和 Li（1997）⑧、Zhang 和 Lam（1999）⑨ 等对旅游流的影响因素进行了探讨，该方面的研究主要通过实际调查获取的信息进行分析得出结论，具有收集信息的方便性，但同时伴随着收集信息的不稳定性，如果处理不当，容易导致结论的偏误。此外，不少学者关注了特殊事件对中国旅游业的影响，以及如何对特殊事件进行有效管理，如 Mao 等（2010）分析发现，SARS 前后，不同客源地的

---

① Chang, J., Yang, B., Yu, C., The moderating effect of salespersons´ selling behavior on shopping motivation and satisfaction: Taiwan tourists in China, *Tourism Management*, 2006, 27 (5), pp. 934-942.

② Chen, M., Interactions between business condition and financial performance of tourism firms: Evidence from Mainland China and Taiwan, *Tourism Management*, 2007, 28 (1), pp. 188-203.

③ Hsu, C. H. C., Kang, S. K., Lam, T., Reference group influences among Chinese travelers, *Journal of Travel Research*, 2006, 44 (4), pp. 474-484.

④ Kim, H. J., Chen, M., Jan S., Tourism expansion and economic development: The case of Taiwan, *Tourism Management*, 2006, 27 (5), pp. 925-933.

⑤ Zhang, H., Chow, I., Application of importance-performance model in tour guides' performance: Evidence from mainland Chinese outbound visitors in Hong Kong, *Tourism Management*, 2004, 25 (1), pp. 81-91.

⑥ Guo, Y., Kim, S. S., Timothy, D. J., et al, Tourism and reconciliation between Mainland China and Taiwan, *Tourism Management*, 2006, 27 (5), pp. 997-1005.

⑦ Kim, S. S., Guo, Y., Agruss, J., Preference and positioning analyses of overseas destinations by Mainland Chinese outbound pleasure tourists, *Journal of Travel Research*, 2005, 44 (2), pp. 212-220.

⑧ Qu, H., Lam, S., A travel demand for Mainland Chinese tourists to Hong Kong, *Tourism Management*, 1997, 18 (8), pp. 593-597.

⑨ Zhang, H., Lam, T., An analysis of Mainland Chinese visitors´ motivations to visit Hong Kong, *Tourism Management*, 1999, 20 (5), pp. 587-594。

游客到中国台湾的旅游情况特征明显，对旅游恢复重建的态度不尽相同①。

第二节 国内研究进展

承袭国家西部大开发政策的实施，西部地区旅游经济发展成为研究热点，一直受到学者们的关注和重视，相关研究成果主要集中于以下三方面。

一 评价西部地区旅游业发展状况

白平和陈菊红（2013）基于旅游六要素，构建旅游物流能力评价指标体系，测度了西部地区 12 个省（区、市）的旅游物流能力发展水平，认为西部地区不同省（区、市）的旅游业绩与旅游物流能力皆处于程度不等的不协调状态，表现为各单项旅游业绩和各单项旅游物流能力之间不匹配②。黎霞和雷丽（2014）采用标准差、变异系数、绝对集中指数、首位度、旅游流流质指数、四象限分析等方法对 2000—2012 年西部不同省（区、市）入境旅游流量与流质进行了时空差异分析，结果显示，入境旅游流流量的空间绝对差异越来越大，相对差异总体上较为平稳，流量位序变化呈现出"高、低位态势平稳，中间位激烈竞争"的局面③。孔令夷（2013）认为西部地区旅游产业发展过程中还存在一些明显的问题，如旅游市场开发不均衡，旅游服务企业在单纯的经济利益导向下，过于注重高端旅游市场开发，常常造成旅游资源低效过度开发和大量闲置浪费；运营管理系统落后，政府干预较多，单极化发展的垄断格局依然明显，旅游产品同质化严重，旅游服务水平低；配套性基础设施与服务设施建设滞后或

---

① Mao, C. K., Ding, C. G., Lee, H. Y., Post-SARS tourist arrival recovery patterns: An analysis based on a catastrophe theory, *Tourism Management*, 2010, 31 (6), pp. 855-861.

② 白平、陈菊红：《基于旅游物流能力的西部旅游发展研究》，《新疆大学学报》（哲学·人文社会科学版）2013 年第 41 卷第 1 期，第 16—20 页。

③ 黎霞、雷丽：《西部地区入境旅游流流量与流质的时空差异分析》，《西南大学学报》（自然科学版）2014 年第 36 卷第 12 期，第 107—114 页。

缺失；营销管理水平与资本运营水平仍然偏低①。唐晓云（2012）认为中国西部旅游业正面临发展动力不足的困境，表现在体制机制创新乏力、对外部客源的吸纳能力降低、内部旅游市场发育趋缓、要素市场吸纳能力不足；现有政策对产业发展能力建设的促进不足，表现在对旅游业的认识不足、政策针对性差，缺乏对市场机制的导入、政策导向模糊，政策过于宏观、容易流于形式②。芮田生和阎洪（2011）在构建的旅游竞争力评价指标体系中引入"软指标"，对西部地区 12 个省（区、市）的旅游竞争力进行了评价③。

二 西部地区旅游发展战略探讨

陈绍友和常娟（2015）认为针对西部旅游发展总体水平较低，旅游品牌影响力不足，对外部客源的吸纳能力不够，内部发展差异较大问题，西部旅游必须谋求创新发展路径，特别注意强化"系统经济"而非"规模经济"谋求发展突破，依托城镇发展旅游，实现旅游发展与城镇建设的良性互动④。陈兴等（2012）提出了中国西部地区旅游发展思路，需要围绕生态保护、旅游体验和社区参与三大核心要素，以"产品—品牌"为载体、"安全—环保"为保障、"文化保护—社区发展"为目标的西部山地旅游发展路径⑤。陈兴（2013）认为西部山地旅游发展应围绕生态保护、旅游体验、社区参与三大核心要素，依托"智慧旅游"平台，以"产品—品牌"为载体、"安全—环保"为保障、"文化保护—社区发展"为目标，建立可持续发展战略⑥。孔令夷（2013）指出需要有效开发西部地区独有的地域资源、文化历史资源及人力资源，保护及优化旅游自然条件和地理

---

① 孔令夷：《RBV 视角下西部旅游产业关键成功因素识别》，《中央民族大学学报》（哲学社会科学版）2013 年第 40 卷第 4 期，第 82—90 页。

② 唐晓云：《增强西部旅游业发展的内在动力》，《宏观经济管理》2012 年第 9 期，第 64—65 页。

③ 芮田生、阎洪：《西部十二省、自治区、直辖市旅游竞争力的组合评价》，《旅游科学》2011 年第 25 卷第 3 期，第 14—23 页。

④ 陈绍友、常娟：《西部旅游发展战略思考》，《重庆师范大学学报》（哲学社会科学版）2015 年第 1 期，第 102—107 页。

⑤ 陈兴、覃建雄、李晓琴等：《川西横断山脉高山峡谷旅游特色化开发战略——兼论中国西部山地旅游发展路径》，《经济地理》2012 年第 32 卷第 9 期，第 143—148 页。

⑥ 陈兴：《中国西部山地旅游可持续发展战略思考》，《西南民族大学学报》（人文社会科学版）2013 年第 2 期，第 153—155 页。

条件，实现旅游地资源的长期可持续开发利用①。粟娟（2011）的研究显示，现阶段西部民族地区旅游经济增长的资本要素与劳动要素弹性和为2.03，呈规模报酬递增，且资本、劳动和技术进步贡献差异明显，资本投入要素贡献度高达182%，劳动投入为32%，平均广义技术进步率极低，仅为－11%，是典型的投资驱动型增长模式，因此需要转变旅游经济增长方式，加大技术进步贡献率是西部民族地区旅游经济持续发展的重大问题②。李银和李岫（2011）认为西部地区旅游业发展关键是要做好路径选择，找到适合西部地区旅游业发展的道路，同时注重借鉴发达地区经验，做好区域合作，发挥资源优势，推动西部地区旅游业跨越式发展③。李娴等（2011）提出了西部地区山地生态旅游时空三维立体开发模式，在横向上进行不同组合的功能分区，在纵向上按照山地海拔高度变化引起不同的自然地理要素变化进行分带，在时间延续方向按照生态旅游的原理和方法，进行景区资源环境保护和旅游管理④。李晓琴（2013）的研究指出，西部地区旅游景区低碳转型驱动应从现实情况出发，在"资源环境驱动—消费运营驱动—技术研发驱动—机制创新驱动"的四轮驱动下，从"软"到"硬"，再从"硬"到"软"，不断叠加，最终实现景区低碳转型系统的不断升级⑤。刘祥恒和罗明义（2015）结合乌蒙山片区旅游资源特征，提出了旅游扶贫的主要模式，包括资源环境带动模式、旅游市场带动模式、旅游交通带动模式、旅游景区带动模式、旅游城镇带动模式、旅游乡村带动模式和旅游商品带动模式⑥。刘雅静和图登克珠（2013）从非传统安全理论入手，分析了政治、经济、文化、生态和社会环境等非传统安

---

① 孔令夷：《RBV 视角下西部旅游产业关键成功因素识别》，《中央民族大学学报》（哲学社会科学版）2013 年第 40 卷第 4 期，第 82—90 页。

② 粟娟：《规模递增、技术进步与西部民族地区旅游经济增长》，《华东经济管理》2011 年第 25 卷第 9 期，第 45—49 页。

③ 李银、李岫：《我国西部地区旅游业"跨越式"发展的路径分析》，《改革与战略》2011 年第 12 期，第 128—130 页。

④ 李娴、殷继成、李晓琴：《基于时空三维角度的西部地区山地生态旅游开发模式研究》，《生态经济》2011 年第 7 期，第 124—127 页。

⑤ 李晓琴：《西部地区旅游景区低碳转型动力机制及驱动模式探讨》，《西南民族大学学报》（人文社会科学版）2013 年第 8 期，第 128—131 页。

⑥ 刘祥恒、罗明义：《乌蒙山片区旅游发展及扶贫模式研究》，《当代经济管理》2015 年第 8 期，第 67—73 页。

全因素在西部民族地区旅游安全中的表现、成因和影响机制，从预警、危机管理、安全体系构建和区域安全合作等四方面提出了西部民族地区旅游安全管理策略①。罗正霞（2007）提出了西部地区旅游业在全球旅游业竞争中求发展的战略，走出去与引进来相结合的发展战略，稳步发展、努力赶超的发展战略，为西部大开发服务发展旅游循环经济的发展战略，保护好生态环境、"环保第一"的发展战略，弘扬民族文化、扶持少数民族地区经济社会的发展战略，以人为本、优化服务的发展战略，着力培养客源的营销战略等②。饶勇和何莽（2012）通过分析西部民族地区旅游业由传统观光旅游向现代休闲旅游的转型发展实践，发现"人力资本投资优先"发展路径更有利于实现将传统民族文化与现代休闲旅游发展相结合的竞争战略，更能促进民族地区的经济、社会与文化全面发展③。唐晓云（2012）认为中国西部旅游业发展需要将增强产业发展能力作为政策设计的出发点和归宿；以开放导向的政策创新奠定西部旅游业的发展基础，包括进一步推动体制机制创新，进一步优化产业发展环境，进一步开放国际旅游市场，进一步扩大内部旅游需求；以发展能力建设为中心构建政策实施的监督与保障体系，出台支持西部旅游业发展的政策文件，建立支持西部旅游业发展的工作机制，出台支持西部旅游业开放发展的人才保障④。唐建军（2011）认为转型升级是西部旅游产业发展到一定阶段的必然选择，当前西部已具备一定的旅游经济基础，具备了旅游业转型升级的基础条件，具体路径包括：加快西部城市建设和营销，促进旅游产业链的形成和完善；加强信息化建设，提高旅游服务水平；实施区域合作战略，以旅游先进地区带动落后地区；创新旅游市场机制，实现政府主导向市场主导的转变⑤。王克岭等（2013）对西部民族五省（区）文化旅游的发展基础、发展战略

---

① 刘雅静、图登克珠：《非传统安全视角下的西部民族地区旅游安全探析》，《西藏大学学报》（社会科学版）2013 年第 28 卷第 3 期，第 50—55 页。

② 罗正霞：《关于西部地区发展旅游业的战略研究》，《云南师范大学学报》（哲学社会科学版）2007 年第 6 期，第 78—81 页。

③ 饶勇、何莽：《人力资本投资优先：西部民族地区旅游业转型发展的路径选择》，《广西民族大学学报》（哲学社会科学版）2012 年第 1 期，第 130—136 页。

④ 唐晓云：《增强西部旅游业发展的内在动力》，《宏观经济管理》2012 年第 9 期，第 64—65 页。

⑤ 唐建军：《西部旅游产业转型升级初探》，《西藏大学学报》（社会科学版）2011 年第 26 卷第 2 期，第 47—52 页。

和发展中存在的主要问题进行了梳理①。张春晖和马耀峰等（2013）通过构建入境旅游流域省域目的地耦合系统指标体系，对2000年、2005年和2010年我国西部12个省（区、市）两系统耦合协调度及其时空分异特征进行了定量分析。结果表明，我国西部省份入境旅游流与目的地耦合协调发展水平缓慢提升，但仍未进入协调发展阶段；入境旅游需求发展滞后为普遍现象，即有效需求不足是制约西部入境旅游发展的关键问题，而供给发展滞后省份数量呈现扩大趋势；耦合协调度空间分异格局特征表现为，胡焕庸线经过及其以东省份耦合协调度水平较高，而以西省份水平较低；耦合协调度的区域差异逐步扩大并呈现出两极分化的趋势，其主要原因在于入境旅游流系统发展水平差距的扩大，而且，旅游区内部省际差异是整个西部地区耦合协调度总体区域差异的主要来源，其中又以西北地区省际差异为主②。郑向敏（2008）认为西部地区旅游开发与发展应遵循市场导向、文化真实、主客参与互动、保护与开发并重、区域联合等原则，选择立体开发、滚动式开发、系统开发等良好的发展模式③。

三 对不同省（区、市）的旅游发展进行分析

董锁成等（2007）对甘肃省旅游业发展定位和战略模式进行了研究④，董锁成等（2008）对甘肃及其毗邻六省区的旅游业发展状况进行了比较分析和对策探讨⑤。樊爱霞等（2015）利用投入产出模型，对云南旅游业的产业特征、经济效益、产业关联状况与波及影响效应进行了分析，结果表明，云南旅游业在经历"二次创业"，实现"旅游强省"建设背景下，主

---

① 王克岭、罗斌、刘菊芳等：《西部民族五省区文化旅游发展的基础及战略研究》，《经济问题探索》2013年第33卷第10期，第71—75页。

② 张春晖、马耀峰、吴晶等：《供需视角下入境旅游流与目的地耦合协调及其时空分异研究》，《经济地理》2013年第10期，第174—181页。

③ 郑向敏：《论西部少数民族地区旅游的开发与发展》，《贵州社会科学》2008年第11期，第53—57页。

④ 董锁成、徐琳、齐晓明等：《甘肃省旅游业发展定位与战略模式研究》，《开发研究》2007年第2期，第86—91页。

⑤ 董锁成、李斌、薛梅等：《甘肃与毗邻六省区旅游业发展比较分析与对策探讨》，《甘肃社会科学》2008年第1期，第240—243页。

动实施旅游业融合发展是促进旅游业转型升级的必然选择①。葛志军和张淑萍（2015）在认识休闲农业本质及特征的基础上，结合宁夏休闲农业现状和发展环境条件，探讨了宁夏休闲农业发展的理论基础、战略选择和具体措施②。黄璨等（2013）认为四川省应从社会经济环境、旅游接待能力和市场、旅游资源、技术人才和生态环境5个方面提升旅游竞争力③。刘华蓉等（2015）以四川省北川为例，发现西部民族旅游在发展的同时出现了自然环境相对脆弱、民族文化不可持续，以及环境污染等严重问题，西部地区应以循环经济为指导大力发展旅游业④。裴会平和罗明义（2014）认为云南省旅游与生态建设的融合发展既是贯彻落实科学发展观的要求，又是云南省旅游业可持续发展的需要，旅游发展与建设自然保护区、建设生态文明示范区、生态恢复相结合是云南旅游与生态建设融合的重点，政府的引导，企业、旅游者、社区居民的参与是途径⑤。王辉等（2014）基于空间区位选择视角，分析了新疆跨国旅游合作空间扩张机理，构建了5种国际旅游合作模式，在时空演进上，新疆以边境地区合作占主导，其合作基本动力包括地缘驱动力、经济驱动力和组织调控力等⑥。杨建春（2010）运用协整分析和Granger因果检验等方法对1996—2007年贵州旅游业与经济增长的关系进行了实证分析，结果显示，贵州旅游业发展与经济增长之间存在着长期均衡的协整关系，短期内贵州省经济增长推动了旅游业发展，而旅游业发展对经济增长拉动作用尚不明显⑦。周旋和甘晓蓉（2010）基于VAR模型及其协整分析，通过Granger因果检验，对陕西

---

① 樊爱霞、潘海岚、王晓琴：《基于投入产出模型的云南旅游产业融合实证研究》，《云南民族大学学报》（哲学社会科学版）2015年第1期，第128—135页

② 葛志军、张淑萍：《西部民族地区休闲农业发展研究——以宁夏为例》，《生态经济》2015年第31卷第9期，第132—136、155页。

③ 黄璨、邓宏兵、李小帆：《基于动态因子分析法的四川省旅游业竞争力实证分析》，《长江流域资源与环境》2013年第22卷第8期，第1011—1018页。

④ 刘华蓉、瞿有龙、李谦等：《循环经济理念下的西部民族地区旅游发展——以北川县为例》，《西华师范大学学报》（自然科学版）2015年第36卷第3期，第295—298页。

⑤ 裴会平、罗明义：《论云南旅游与生态建设的融合发展》，《生态经济》2014年第30卷第7期，第119—121页。

⑥ 王辉、刘敬华、杨兆萍：《新疆跨国旅游合作结构模式研究——基于空间区位选择视角》，《人文地理》2014年第29卷第2期，第156—160页。

⑦ 杨建春：《贵州省旅游业与经济增长关系的实证分析》，《贵州社会科学》2010年第5期，第80—84页。

1990—2007 年间国际旅游收入与经济增长关系进行了实证分析，结果显示，国际旅游收入与经济增长存在协整关系，并通过建立误差修正模型说明两者间存在动态均衡关系，同时，Granger 因果检验表明陕西经济增长和国际旅游收入之间存在协调互动的反馈机制①。

总体上看，中文文献仍处于"鼓吹"阶段，应用的是实证的方法，多以定性分析为主，而英文文献在审视中国旅游的时候，则更多地处于"警惕"阶段②，采取的是后现代的视角③。Aramberri 和谢彦君（2003）进一步指出，在新的历史时期，以往那种从经济的角度"鼓吹"旅游的研究，在未来还会保持一个很客观的规模，但对旅游经济影响的判断，势必要借助量化和实证的方法去更全面地予以衡量④。李仲广（2007）认为旅游经济学应提升到模型与方法的层面，以旅游经济活动的主体为依据，以高级经济分析方法为标准，构建"理论模型与分析方法"的旅游经济学内容体系，形成一个较完整的分析框架⑤，但建模与定量分析应符合逻辑，不能脱离实际⑥。本书试图沿着这一方向进行改进，以合理的逻辑框架为基础，从宏观角度定量分析中国西部地区旅游经济的发展。

综上，国内外研究旅游业与经济发展关系方面的文献较为丰富，且取得了一定研究成果，但针对中国西部地区旅游业与经济发展关系方面的研究不足，具体表现为：一是侧重于定性分析旅游业发展现状及战略探讨，缺少定量分析的支持；二是侧重于静态分析，缺乏动态变化趋势的评价；三是针对某单个省份进行旅游业与经济发展关系的研究，缺乏对整个西部地区的全面分析；四是对西部旅游业的研究多集中于区域性、预测性、战

---

① 周旋、甘晓蓉：《陕西国际旅游收入与经济增长关系的协整分析》，《云南师范大学学报》2010 年第 30 卷第 2 期，第 33—37 页。

② Jafari J，The scientification of tourism：In Valene L S，Maryann B eds，*Hosts and Guests Revisited*，*Tourism Issues of the 21st Century*，New York，Sidney，Tokyo：Cognizant Communication Comporation，2001.

③ Aramberri J.、谢彦君：《中国旅游研究的多维视野——对国内与国外相关文献的评述》，《旅游学刊》2003 年第 18 卷第 6 期，第 14—20 页。

④ Aramberri J.、谢彦君：《旅游学研究：尚不可靠的理论基础》，《旅游学刊》2003 年第 18 卷第 2 期，第 24—29 页。

⑤ 李仲广：《从形式到实质：旅游经济学之路》，《旅游学刊》2007 年第 22 卷第 11 期，第 8—9 页。

⑥ 卿前龙：《旅游经济研究中数量模型的应用问题》，《旅游学刊》2010 年第 25 卷第 12 期，第 8—9 页。

略性、经营性及对策性研究，泛化现象较严重，或者着眼于产业环境、结构、竞争及空间分析等，并且研究面过于狭窄①。鉴于此，基于经济学维度、采用计量方法对西部地区旅游业的经济地位和作用进行实证研究显得尤为必要。本书采用 2000—2014 年西部地区内蒙古、广西、重庆、四川、贵州、云南、西藏、陕西、甘肃、青海、宁夏、新疆 12 个省（区、市）的动态面板数据，定量分析西部大开发以来旅游业在经济发展中的地位和作用、旅游业与经济发展的相互关系及旅游业在缩小区域差异方面的作用，以期对西部地区旅游经济的发展有更深入的认识。

---

① 孔令夷：《RBV 视角下西部旅游产业关键成功因素识别》，《中央民族大学学报》（哲学社会科学版）2013 年第 40 卷第 4 期，第 82—90 页。

第三章　西部地区旅游经济
发展基本概况

第一节　西部地区界定及其基本特征

一　西部地区范围界定

1985 年，在兰州召开的第一次西部发展论坛会议上提出了"西部"的概念和西部开发的问题，而真正对西部地区进行划分是 1986 年起执行的"七五"计划，其按照经济技术发展水平和地理位置相结合的原则，将国内省（区、市）划分为三大地带，其中西部地带包括四川省、云南省、贵州省、西藏自治区、陕西省、青海省、甘肃省、宁夏回族自治区和新疆维吾尔自治区 9 个省（区）（当时重庆尚未成为直辖市），其后的"八五"计划、"九五"计划和 2010 年远景目标继续沿用了这一提法，形成了西部地域空间范围。与该划分相适应，这一阶段大多数与之相关的研究文献沿用了这一区划方法。2000 年国务院《关于实施西部大开发若干政策的通知》中明确指出，西部大开发的政策适用范围包括重庆市、四川省、贵州省、云南省、西藏自治区、陕西省、甘肃省、宁夏回族自治区、青海省、新疆维吾尔自治区、内蒙古自治区和广西壮族自治区 12 个省（区、市），与之前的西部地区区划相比，这一划分增加了内蒙古自治区和广西壮族自治区 2 个自治区。2005 年之后，国家统计局关于西部地区的相关统计指标也按照这一区划方法进行，包括内蒙古、广西、重庆、四川、贵州、云南、西藏、陕西、甘肃、青海、宁夏、新疆 12 个省（区、市）。此后，与西部地区相关的研究文献大多沿用了这一方法。本书所研究的西部地区与此一致，包括重庆市、四川省、贵州省、云南省、西藏自治区、陕西省、甘肃省、宁夏回族自治区、青海省、新疆维吾尔自治区、内蒙古自治区和广西壮族自治区12个省（区、市）（图1-3-1），这样处理的优点一是与统计数据一致，能够更加方便地获取相关数据指标；二是与大多数研究文献的区划范围一致，便于相关研究成果的比较；三是便于衡量西部大开发以来相关政策对西部地区旅游业发展的效应，更具针对性地进行讨论和分析，便于进一步制定相关政策措施。

图1-3-1 西部地区12省（区、市）图

在西部地区内蒙古、广西、重庆、四川、贵州、云南、西藏、陕西、甘肃、青海、宁夏、新疆12个省（区、市）区划确立的前提下，为更加具体地考察西部地区旅游经济发展，将其划分为西南地区和西北地区2个次级层次地区。传统的西南地区包括重庆市（1997年设立直辖市，成为独立的行政区划单元）、四川省、云南省、贵州省和西藏自治区5个省（区、市），西北地区包括陕西省、甘肃省、宁夏回族自治区、青海省和新疆维吾尔自治区5个省（区）。根据地区生产专业化与综合发展相结合，地区自然、社会、经济条件的相似性与合理的经济联系相结合，地区经济现状

与发展远景相结合，经济中心城市与其经济辐射所及的地区相结合，不同层次的经济区位和相应的行政区相结合的原则，将广西壮族自治区纳入西南地区，内蒙古自治区纳入西北地区。因此，本书研究的西南地区包括重庆市、四川省、云南省、贵州省、西藏自治区和广西壮族自治区6个省（区、市）（图1-3-2），而西北地区包括陕西省、甘肃省、宁夏回族自治区、青海省、新疆维吾尔自治区和内蒙古自治区6个省（区）（图1-3-3）。

图1-3-2　西南地区6省（区、市）图

图1-3-3　西北地区6省（区）

二 西部地区基本特征

西部地区国土面积广大，人口相对稀少，且是少数民族聚居区。根据《中国统计年鉴（2014）》提供的数据，西部地区内蒙古、广西、重庆、四川、贵州、云南、西藏、陕西、甘肃、青海、宁夏、新疆12个省（区、市）地跨东经 $73°27'—126°29'$，北纬 $20°54'-53°20'$，国土总面积为 $687×10^4$ 平方公里，占我国国土总面积的 71.50%。其中，西南地区重庆市、四川省、云南省、贵州省、西藏自治区和广西壮族自治区6个省（区、市）国土总面积为 $259×10^4$ 平方公里，占我国国土总面积的 26.98%；西北地区6省（区）国土总面积为 $428×10^4$ 平方公里，占我国国土总面积的 44.55%。2014 年年底西部地区总人口为 $3.68×10^8$ 人，占全国总人口的 26.93%，人口密度为 53 人/平方公里。其中，西南地区重庆市、四川省、云南省、贵州省、西藏自治区和广西壮族自治区6个省（区、市）总人口为 $2.44×10^8$ 人，占全国总人口的 17.86%，人口密度为 94 人/平方公里；西北地区总人口为 $1.24×10^8$ 人，占全国总人口的 9.08%，人口密度为 29 人/平方公里。另据 2000 年中国人口普查数据，西部地区内蒙古、广西、重庆、四川、贵州、云南、西藏、陕西、甘肃、青海、宁夏、新疆12个省（区、市）分布有少数民族人口 $7650×10^4$ 人，占全国少数民族人口的 71.92%，全国 5 个少数民族自治区全部在西部，30 个民族自治州中有 27 个在西部，120 个民族自治县（旗）中有 83 个在西部。

因受多种因素影响，西南地区与西北地区在地貌与气候特征方面差别较大。西南地区内部地貌类型繁多、气候条件复杂多样，其地貌类型由山地、高原、盆地、丘陵、平原组成，以高原、山地面积最广，二者约占全区总面积的 86.5%；其气候类型以亚热带季风性湿润气候为主，兼有南、中、北亚热带季风气候特征，光热条件较好，但因受复杂地形的影响，不同区域气温差异很大。本地区降水较丰富，河网密集，是我国最重要的水资源富集区。西北地区内部地貌类型较多，主要有台地、河谷沟谷地、沙漠、戈壁、低山丘陵地、中山、山原、高山地、极高山地；气候类型具有典型的大陆性气候特征，干燥少雨，气温变化剧烈，因深居内陆，降水量少，蒸发强烈，水资源贫乏（水资源量只有全国的9%），属于典型的贫水区。

第二节 西部地区旅游经济发展概况

一 西部地区旅游资源概况

国家旅游资源分类标准《旅游资源分类、调查与评价》（GB/T 18972—2003）将旅游资源定义为：自然界和人类社会凡能对旅游者产生吸引力，可以为旅游业开发利用，并可产生经济效益、社会效益和环境效益的各种事物和因素。旅游资源是西部地区突出的优势资源，得天独厚的自然条件、雄浑秀丽的自然景观、高大奇绝的地形地貌、异彩纷呈的人文景观、色彩缤纷的民俗风情，使西部旅游资源具有大容量、多样性、独特性、垄断性强的总体特征，西部旅游资源所蕴含的新奇感、神秘感、粗犷感和原始感是其显著特征。有以喜马拉雅山、华山、峨眉山、天山、昆仑山、玉龙雪山为代表的山寺景观，以青海湖、沙湖、抚仙湖为代表的水域景观，以布达拉宫、塔尔寺为代表的宗教朝圣景观，以西安、敦煌为代表的华夏古文化人文景观，以延安、遵义为代表的红色革命史迹景观等，其旅游资源在全国旅游资源中占有突出地位，根据国家旅游局、中国科学院地理科学与资源研究所在《中国旅游资源普查规范》中提出的旅游资源分类系统，西部地区拥有全部3景系、10景类、98个景型，与东部、中部地区相比，西部地区是旅游资源类型最多、最丰富的地区。从已开发旅游资源看，尽管西部地区旅游资源数量不占有绝对优势，但具有重要地位。对历年4A和5A级景区统计显示，截至2014年，西部地区内蒙古、广西、重庆、四川、贵州、云南、西藏、陕西、甘肃、青海、宁夏、新疆12个省（区、市）共有4A级旅游景区668处，共有5A级旅游景区54处，占全国5A级景区总数量184处的29.35%。

西南地区山川秀美、江河纵横、气候复杂、动植物种类繁多，构成了本区自然景观旅游资源的主体框架，是观光游览、娱乐、探险、科学考察等的理想地区。区内名山峻岭众多，既是自然景观旅游资源的主要组成部分，同时又是其他旅游资源的载体，名山中峡谷众多，如久负盛名的长江三峡、嘉陵江小三峡、沱江小三峡等；以及以水景为主体的极负盛名的黄龙、九寨沟、黄果树等；本区还是世界喀斯特地貌最为集中的典型分布区，广西的桂林—阳朔风光、云南的路南石林等都是著名的喀斯特景观。本区开发历史悠久，人文景观类型多样，有大量的古人类及古文化遗址，特色显著；此外，民族风情浓郁，不同民族的风俗民情、节日喜庆、民间艺术等都是现代旅游中民族风情观光旅游的重要资源，在我国人文景观旅游资源构成中占有重要地位。

西北地区是全国旅游资源比较丰富而又独特的地区之一，自然景观旅游资源方面，有高山、草原、森林、戈壁、沙漠、湖泊、冰川等，其中，新疆的冰川、甘肃的沙漠奇观、内蒙古的草原景观等独具特色。而人文景观资源具有浓郁的民族文化和宗教特色，不同民族群众在长期的共同生活中创造了丰富多彩的民族文化，积淀了大量的文化遗迹。

西部地区种类齐全、独具特色的自然和人文旅游资源，为发展旅游业奠定了良好的物质性基础。

二 西部地区旅游经济发展概况

(一) 基于旅游总收入角度

表 1 - 3 - 1 显示了西部地区内蒙古、广西、重庆、四川、贵州、云南、西藏、陕西、甘肃、青海、宁夏、新疆 12 个省（区、市）2000—2014 年旅游总收入的变化趋势。

从内蒙古、广西、重庆、四川、贵州、云南、西藏、陕西、甘肃、青海、宁夏、新疆 12 个省（区、市）的比较看，在旅游经济规模方面，2000 年，四川省旅游总收入达到 258×10^8 元，居首位，到 2014 年，四川省依然保持在第一位，达到 3192×10^8 元；与之相比，排在末位的次序发生了变化，2000 年，西藏自治区旅游经济规模最小，仅为 7×10^8 元，但到 2014 年，西藏自治区超过了宁夏回族自治区和青海省，达到 133×10^8 元，宁夏回族自治区旅游经济规模排在末位，为 93×10^8 元。

表1-3-1　2000—2014年西部地区12省（区、市）旅游总收入统计

单位：10⁸元

区域\年份	2000	2001	2002	2003	2004	2005	2006	2007	2008	2009	2010	2011	2012	2013	2014
重庆	149	174	214	194	231	257	285	339	398	502	613	849	1113	1186	1307
四川	258	308	370	400	503	617	806	932	775	1051	1263	1640	2196	2596	3192
贵州	63	80	104	111	149	215	319	393	463	579	710	957	1245	1587	1890
云南	211	252	282	291	328	367	411	428	465	578	674	871	1140	1414	1740
西藏	7	7	10	10	14	17	23	37	16	40	48	65	85	111	133
广西	169	196	220	194	223	260	301	339	379	501	638	856	1111	1313	1698
西南小计	856	1016	1200	1199	1446	1731	2145	2469	2495	3252	3946	5237	6890	8206	9959
陕西	150	164	182	152	267	301	345	386	431	548	659	887	1147	1429	1645
甘肃	23	24	31	22	49	53	66	89	98	138	159	223	299	415	509
青海	10	13	15	14	18	22	29	36	34	43	48	62	83	106	132
宁夏	10	11	12	10	13	15	21	24	29	38	45	56	69	85	93
新疆	71	78	90	88	103	119	131	157	147	132	205	295	386	451	424
内蒙古	43	61	80	90	129	178	231	300	333	437	491	596	756	940	1178
西北小计	307	352	409	376	580	689	823	992	1071	1336	1606	2120	2740	3426	3982
西部总计	1162	1368	1609	1575	2026	2420	2968	3460	3566	4588	5552	7357	9630	11633	12111

在旅游经济增长速度方面，2000—2014 年，内蒙古、广西、重庆、四川、贵州、云南、西藏、陕西、甘肃、青海、宁夏、新疆 12 省（区、市）增长速度最快的为贵州省，旅游总收入由 2000 年的 63×10^8 元增长至 2014 年的 1890×10^8 元，总增长率为 2900%，年均增长速度为 27.50%；增长速度最慢的为新疆维吾尔自治区，旅游总收入由 71×10^8 元增长至 424×10^8 元，总增长率为 497.18%，年均增长速度仅为 13.62%（表 1 – 3 – 2）。

表 1 – 3 – 2　　　　　　2000—2014 年西部地区 12 省（区、市）
人均旅游收入增长速度

区 域 \ 年份 \ 增长率	2000	2014	总增长率（%）	平均增长率（%）
重庆	149	1307	777.18	16.78
四川	258	3192	1137.21	19.68
贵州	63	1890	2900.00	27.50
云南	211	1740	724.64	16.26
西藏	7	133	1800.00	23.41
广西	169	1698	904.73	17.92
西南地区	856	9959	1063.43	19.16
陕西	150	1645	996.67	18.66
甘肃	23	509	2113.04	24.76
青海	10	132	1220.00	20.24
宁夏	10	93	830.00	17.27
新疆	71	424	497.18	13.62
内蒙古	43	1178	2639.53	26.68
西北地区	307	3982	1197.07	20.09
西部地区	1162	12111	1098.71	19.41

从西南、西北两个不同区域的比较看，在旅游经济规模方面，2000年，西南地区重庆、四川、贵州、云南、西藏、广西6个省（区、市）和西北地区陕西、甘肃、青海、宁夏、新疆和内蒙古6个省（区）的旅游总收入分别为 856×10^8 元和 307×10^8 元，前者为后者的 2.79 倍；2014 年，西南地区重庆、四川、贵州、云南、西藏和广西6个省（区、市）和西北地区陕西、甘肃、青海、宁夏、新疆和内蒙古6个省（区）旅游总收入分别为 9959×10^8 元和 3982×10^8 元，前者为后者的 2.50 倍，显示出两者的相对差距趋于缩小。在旅游总收入增长速度方面，2000—2014 年，西部地区内蒙古、广西、重庆、四川、贵州、云南、西藏、陕西、甘肃、青海、宁夏、新疆12个省（区、市）的旅游总收入由 1162×10^8 元增长至 13941×10^8 元，总增长率为 1098.71%，年均增长速度达到 19.41%；西南地区重庆、四川、贵州、云南、西藏、广西6个省（区、市）的旅游总收入由 856×10^8 元增长至 9959×10^8 元，总增长率为 1063.43%，年均增长速度达到 19.16%；西北地区陕西、甘肃、青海、宁夏、新疆和内蒙古6个省（区）旅游总收入由 307×10^8 元增长至 3982×10^8 元，总增长率为 1197.07%，年均增长速度达到 20.09%，这一发展速度较西南地区快 0.93 个百分点，显示出西北地区旅游经济更快的增长速度。2000—2014 年全国旅游总收入由 4518.89 亿元增长至 21973.68 亿元，总增长率为 386.26%，年均增长速度为 11.96%，西部地区内蒙古、广西、重庆、四川、贵州、云南、西藏、陕西、甘肃、青海、宁夏、新疆12个省（区、市）年均 19.41% 的增长速度超过这一速度 7.45 个百分点，表现出西部地区旅游经济更为强劲的发展势头。

（二）基于人均旅游收入角度

表 1－3－3 显示了西部地区内蒙古、广西、重庆、四川、贵州、云南、西藏、陕西、甘肃、青海、宁夏、新疆12个省（区、市）2000—2014 年人均旅游收入的变化趋势。

从西部地区内蒙古、广西、重庆、四川、贵州、云南、西藏、陕西、甘肃、青海、宁夏、新疆12个省（区、市）的比较看，在人均旅游收入方面，2000 年，云南省人均旅游收入最高，为 492.77 元，甘肃省最低，仅有 90.16 元；2014 年，贵州省人均旅游收入最高，为 5387.03 元，宁夏回族自治区为最低，为 1407.62 元。

表1-3-3 2000—2014年西部地区12省（区、市）人均旅游收入统计

单位：元

省（区、市）\年份	2000	2001	2002	2003	2004	2005	2006	2007	2008	2009	2010	2011	2012	2013	2014
重庆	487.38	571.52	695.20	623.00	739.91	972.12	908.12	1239.35	1528.71	1755.83	2125.87	2909.81	3778.77	3993.08	4370.24
四川	321.89	361.11	431.22	460.90	577.65	748.90	882.60	1180.02	1034.65	1284.54	1570.23	2037.01	2719.39	3202.18	3920.86
贵州	178.44	213.21	273.65	286.85	381.66	573.73	758.58	1073.90	1331.49	1525.72	2044.80	2758.92	3574.68	4532.00	5387.03
云南	492.77	594.82	657.74	669.62	742.92	820.22	820.88	976.96	1129.21	1265.41	1466.46	1879.88	2446.64	3016.10	3690.25
西藏	419.85	456.27	486.89	518.19	474.45	541.52	1138.79	1338.03	627.18	1378.14	1593.14	2142.56	2749.39	3544.15	4192.15
广西	383.60	423.98	470.76	405.60	464.31	562.23	572.16	736.16	857.56	1030.68	1386.46	1924.69	2373.39	2782.68	3571.62
西南平均	365.30	418.11	487.24	480.50	573.26	722.43	797.37	1047.34	1116.08	1324.05	1651.24	2198.96	2852.63	3377.56	4077.52
陕西	416.64	456.41	500.82	414.69	515.52	666.67	832.66	1059.23	1249.34	1453.72	1919.12	2576.85	3056.43	3797.94	4358.42
甘肃	90.16	97.09	134.98	88.35	187.09	204.32	226.40	347.73	407.14	522.24	620.98	871.22	1165.59	1607.93	1965.18
青海	216.22	248.57	283.55	262.27	333.95	423.57	474.45	670.29	667.51	770.71	845.04	1087.65	1445.53	1837.11	2258.26
宁夏	165.48	195.38	209.79	172.32	221.09	285.23	314.57	409.84	518.06	610.02	720.36	881.70	1069.58	1302.84	1407.62
新疆	366.23	458.42	477.69	460.20	529.80	587.06	575.61	768.50	750.89	613.05	939.33	1343.29	1729.50	1990.68	1845.61
内蒙古	178.87	260.83	340.48	378.21	541.11	746.02	859.41	1284.82	1503.90	1802.30	1984.24	2399.85	3034.57	3762.19	4703.21
西北平均	265.67	314.53	358.74	323.37	427.19	537.60	618.93	848.09	965.59	1097.66	1356.80	1781.98	2234.39	2776.72	3207.34
西部平均	332.92	385.22	446.43	430.62	526.84	661.55	738.45	981.32	1066.20	1249.04	1553.71	2060.07	2644.44	3175.19	3784.28

在人均旅游收入增长速度方面，2000—2014 年，西部地区内蒙古、广西、重庆、四川、贵州、云南、西藏、陕西、甘肃、青海、宁夏、新疆 12 个省（区、市）增长速度最快的为贵州省，人均旅游收入由 178.44 元增长至 5387.03 元，总增长率为 2918.96%，年均增长速度为 27.56%；增长速度最慢的为新疆维吾尔自治区，人均旅游收入由 366.23 元增长至 1845.61 元，总增长率为 403.95%，年均增长速度仅为 12.25%（表 1 – 3 – 4）。

表 1 – 3 – 4　　　　　2000—2014 年西部地区 12 省（区、市）

人均旅游收入增长速度

区域	2000	2014	总增长率（%）	平均增长率（%）
重庆	487.38	4370.24	796.68	16.96
四川	321.89	3920.86	1118.07	19.55
贵州	178.44	5387.03	2918.96	27.56
云南	492.77	3690.25	648.88	15.47
西藏	419.85	4192.15	898.49	17.86
广西	383.60	3571.62	831.08	17.28
西南地区	365.30	4077.52	1016.21	18.81
陕西	416.64	4358.42	946.09	18.26
甘肃	90.16	1965.18	2079.65	24.62
青海	216.22	2258.26	944.43	18.24
宁夏	165.48	1407.62	750.63	16.52
新疆	366.23	1845.61	403.95	12.25
内蒙古	178.87	4703.21	2529.40	26.30
西北地区	265.67	3207.34	1107.26	19.47
西部地区	332.92	3784.28	1036.69	18.96

从西部地区内蒙古、广西、重庆、四川、贵州、云南、西藏、陕西、甘肃、青海、宁夏、新疆 12 个省（区、市）的比较看，在人均旅游收入

方面，2000 年，西南地区重庆、四川、贵州、云南、西藏和广西 6 个省（区、市）和西北地区陕西、甘肃、青海、宁夏、新疆和内蒙古 6 个省（区）的人均旅游收入分别为 365.30 元和 265.67 元，前者为后者的 1.38 倍；2014 年，西南地区重庆、四川、贵州、云南、西藏、广西 6 个省（区、市）和西北地区陕西、甘肃、青海、宁夏、新疆和内蒙古 6 个省（区）人均旅游收入分别为 4077.52 元和 3207.34 元，前者为后者的 1.27 倍，同样显示出西南地区和西北地区两大区域人均旅游收入的相对差距趋于缩小。

在人均旅游收入增长速度方面，2000—2014 年，西部地区内蒙古、广西、重庆、四川、贵州、云南、西藏、陕西、甘肃、青海、宁夏、新疆 12 个省（区、市）的人均旅游收入由 332.92 元增长至 3784.28 元，总增长率为 1036.69%，年均增长速度达到 18.96%；西南地区重庆、四川、贵州、云南、西藏、广西 6 个省（区、市）人均旅游收入由 365.30 元增长至 4077.52 元，总增长速度为 1016.21%，年均增长速度达到 18.81%；西北地区陕西、甘肃、青海、宁夏、新疆和内蒙古 6 个省（区）人均旅游收入由 265.67 元增长至 3207.34 元，总增长率为 1107.26%，年均增长速度达到 19.47%，这一发展速度较西南地区快 0.66 个百分点，显示出西北地区旅游经济更快的增长速度。

2000 年全国人均旅游收入为 356.94 元，2014 年全国人均旅游收入达到 1606.26 元，总增长率为 350.01%，年均增长速度为 11.34%，西部地区年均 18.96% 的增长速度超过这一速度 7.62 个百分点，表现出西部地区旅游经济更为强劲的发展势头。

第四章 总体框架与研究方法

第一节 总体框架结构

西部大开发以来，国家将旅游业作为西部地区经济发展的先行产业加以扶持，12 个省（区、市）也均将旅游业作为支柱产业加以对待，期望发挥旅游业在促进就业、经济发展，缩小区域差异方面的作用。2000 年以来，西部地区内蒙古、广西、重庆、四川、贵州、云南、西藏、陕西、甘肃、青海、宁夏、新疆 12 个省（区、市）的旅游经济经历了怎样的空间演变特征？哪些因素影响了这些特征的变化？不同省（区、市）旅游经济的要素投入效率如何？旅游经济在国民经济中的地位和作用如何？未来的发展存在哪些优劣势？如何更好地促进旅游经济相对滞后省份的旅游业发展？带着这些问题，本书基于宏观视角研究中国西部地区内蒙古、广西、重庆、四川、贵州、云南、西藏、陕西、甘肃、青海、宁夏、新疆 12 个省（区、市）2000—2014 年旅游经济的发展变化。具体篇章内容作如下安排。

第一篇是导论部分。介绍研究背景与意义，对国内外相关研究进展进行述评，对西部地区范围界定与基本特征进行说明，对西部地区旅游经济发展概况进行整体分析，同时对总体框架、研究方法与数据来源进行说明。

第二篇是西部地区旅游经济空间格局演变及其驱动因素部分。首先对旅游经济空间格局演变及其驱动因素的研究进展进行评述；其次，运用收敛理论、Theil 指数等方法探讨西部地区旅游经济发展的空间演变状态，并分析导致空间变化的影响因素；最后，对入境旅游经济空间格局演变及其驱动因素进行分析。

第三篇是西部地区旅游业发展效率分析部分。首先，应用扩展的索洛余值模型分析西部地区旅游经济发展的不同要素投入效率、规模报酬及TFP状况，深入认识旅游经济发展所处的阶段；其次，通过建立计量经济学模型，分析西部地区旅游经济发展供需平衡；最后，基于GMM和Granger因果检验等方法定量分析旅游经济在西部地区国民经济中的地位与作用、两者的相互关系以及旅游业在缩小区域差距中的作用。

第四篇是西部地区旅游发展策略部分，首先，应用SWOT框架研究未来西部地区旅游经济发展的优势、劣势、机遇与威胁，并提出相应的发展战略与建议；其次，提出旅游产业生态化是西部地区旅游业可行的战略目标，总结西部地区旅游产业生态化发展的基本要求，指出西部地区旅游产业生态化的发展路径，构建三位一体的旅游产业生态化发展支撑体系；最后，分析西部地区旅游业创新发展战略，提出创新发展是西部地区旅游业的必然战略选择，分析西部地区旅游业创新发展的短板与制约因素，探讨西部地区旅游业创新发展战略布局，同时分析其他发展战略。

第二节 研究方法与数据来源

一 研究方法

研究方法是认识问题、分析问题和解决问题的重要手段，也是研究工作能够成功进行的基础和前提，研究方法的选择是由研究对象的内容和特征决定的，在充分考虑旅游经济运行特征的基础上，结合所收集到的数据资料，从宏观角度看，本书采用如下研究方法（具体研究方法在内容分析时列出）。

（一）实证研究与规范分析相结合法

实证研究方法的特点是指明研究的事物"是什么"，具有什么样的特征，以及说明该事物在不同条件下会发生怎样的变化，产生什么样的结果，但对该事物的特点及其在一定条件下产生的结果不作"好与坏"的判断。经济学中的实证分析是指排除了主观价值判断，只对经济现象、经济行为或经济活动及其发展趋势做客观分析，考虑的是经济事物间存在的规律，要回答的是客观事物"是什么"。规范分析方法的内在逻辑与实证方法不同，是以一定的价值判断为出发点，提出研究事物"应该怎样"、"不应该怎样"，对选择有关条件下事物发展的结果做出"好与坏"的判断，并回答为什么要做出这样的选择，而不做出另一种选择的原因。从经济学角度看，规范分析要说明某一具体经济事物是否符合某种价值标准。但事实上，实证分析与规范分析并非绝对排斥，规范分析要以实证分析为基础，而实证分析要以规范分析为指导。从本书的研究内容看，西部地区内蒙古、广西、重庆、四川、贵州、云南、西藏、陕西、甘肃、青海、宁夏、新疆 12 个省（区、市）旅游经济的空间变化特征及影响因素、旅游经济的规模报酬及 TFP、旅游业的经济地位与作用属于实证分析的范畴；而西部地区旅游经济发展的优势、劣势、机遇与威胁，以及相关的政策建议则属于规范分析的范畴，本书力图将规范分析与实证分析充分结合。

（二）比较分析法

比较分析法是将两个或两个以上同类或相近的事物，按同一性原则或方法进行对比分析，以寻求它们之间的共同或差异之处，并可依据已知事物的性质和特点来推测未知事物的性质和特征。本书在分析过程中，把西部地区、西南地区和西北地区旅游经济发展作为研究对象进行比较分析；同时以西部地区内蒙古、广西、重庆、四川、贵州、云南、西藏、陕西、甘肃、青海、宁夏、新疆 12 个省（区、市）旅游经济发展为分析对象，与作为参照组的其他地区，如东、中部地区的旅游经济进行了比较研究。

（三）定性分析与定量分析相结合法

在定量分析之前进行定性分析是必要的，定量模型要求各个参数能够反映事物之间的客观联系，为此须在建立数学模型前首先进行定性分析。定量分析主要采用计量经济学方法，它以一定的经济理论和实际统计资料为依据，运用数学、统计学方法和计算机技术，通过建立计量经济模型，定量分析经济变量之间的随机因果关系。本书在进行计量分析时，均采用面板数据，这与通常只利用时间序列或只利用横截面数据的情况不同，面板数据分析的优势表现在以下三个方面。

一是可以获得更多的样本观测数据，模型具有更高的自由度。面板数据是具有时间和空间的二维数据结构，其样本容量相较于截面或时序数据均得到扩充，为模型估计提供了更高的自由度，为模型设定提供了更多选择的余地，并提高了估计的有效性。

二是有效缓解解释变量之间共线性和观测个体之间的变异性问题。在截面数据中往往存在着异质性，即个体之间的差异明显，而描述个体动态过程的时序自回归模型中又往往存在着不同程度的共线性问题。面板数据可以很大程度上有效地降低解释变量共线性和个体之间的异质性问题，从而为模型估计减少约束。

三是面板数据综合考虑了观测个体之间的差异和个体内部的动态，提供了研究和控制存在于变量之间的不可观测效应或遗失变量或不可观测变量的效应。实现计量分析的主要工具是 Eviews7.2 软件和 Stata11.0 软件，这两款软件提供了较为满意的分析结果。

（四）经济学理论与地理学理论相结合法

樊杰等（2001）将对中国区域发展产生重大影响的地理学理论归纳为3 种主要类型，第一种是以空间结构分析为基础形成的空间组织理论，旨在揭示人类生产与生活活动的空间分布与空间相互作用规律；第二种是将反映"经济过程"机理的经济科学理论与区域研究相结合，形成揭示区域发展基本内容在时间序列上的变化规律的理论；第三种是观念层面上的指导性理论，其范畴往往超越了学科的界限，但对研究理念和目标具有直接的导向作用①。本书借鉴这一分析框架，将地理学理论和经济学理论有效结合，分析西部地区内蒙古、广西、重庆、四川、贵州、云南、西藏、陕西、甘肃、青海、宁夏、新疆12 个省（区、市）旅游经济空间结构的变化及影响因素、所处的发展阶段及效率特征、在国民经济中的地位与作用以及未来发展战略等。

（五）静态分析与动态分析结合法

静态分析是对经济运行的一种短期分析，不涉及达到均衡状态的过程和所需的时间。动态分析导入了时间因素，重点研究事物的实际变化过

---

① 樊杰、曹忠祥、张文忠等：《中国西部开发战略创新的经济地理学理论基础》，《地理学报》2001 年第 56 卷第 6 期，第 711—721 页。

程。本书对旅游经济发展的考察既有截面回归静态分析方法，也采用了动态分析方法，以求更为准确地刻画西部地区旅游经济发展过程。

二 数据来源与处理

（一）数据来源与处理

高质量的旅游统计数据是旅游科学研究质量的保证①。相比其他数据，国家级统计出版物《新中国 60 年统计资料汇编》、《中国统计年鉴》和《中国旅游统计年鉴》提供的数据更为权威，因此，本书中的主要数据出自上述出版物。但即便如此，仍有少数资料存在误差，笔者在处理时通过多方验证、前后年代的比较、线性插值等方法进行了适当纠正。

西部地区内蒙古、广西、重庆、四川、贵州、云南、西藏、陕西、甘肃、青海、宁夏、新疆 12 个省（区、市）2000—2008 年全社会固定资产投资、全社会从业人员数量、年末人口数量、进出口总额、旅游外汇收入［指入境游客在中国（大陆）境内旅行、游览过程中用于交通、参观游览、住宿、餐饮、购物、娱乐等全部花费］、国内旅游收入（指国内游客在国内旅行、游览过程中用于交通、参观游览、住宿、餐饮、购物、娱乐等全部花费）、旅游总收入（旅游外汇收入和国内旅游收入两者之和）、城镇居民家庭恩格尔系数、农村居民家庭恩格尔系数、国内生产总值（GDP）均来自《新中国 60 年统计资料汇编》，而 2009—2014 年的数据取自《中国统计年鉴》（2010—2015）；城镇居民可支配收入、农村居民人均纯收入、等级公路长度、第三产业比重，以及交通运输、住宿和餐饮业的固定资产投资与职工人数均来自《中国统计年鉴》（2001—2015）；星级酒店数量来自《中国旅游统计年鉴（副本）》（2001—2015）；2000—2014 年各省（区、市）4A 级景区数量来自全国旅游景区质量等级评定委员会发布的公告资料，5A 级景区来自国家旅游局网站（http：//www.cnta.com/）提供的统计资料，笔者逐年逐省进行了分类、统计和整理。

（二）数据处理

2000—2014 年不同省（区、市）进出口总额（以美元计算）按照当

---

① 师守祥、郭为：《我国旅游统计数据评价及开发应用研究》，《旅游学刊》2010 年第 25 卷第 2 期，第 19—23 页。

年平均汇率价［来源于《中国统计年鉴》（2001—2015）］换算成当年人民币数量；不同年份的旅游总收入、城镇居民可支配收入、农村居民人均纯收入、交通运输及住宿和餐饮业的固定资产投资用价格平减指数（来源于《中国统计年鉴》）折算成 2000 年价格，这样做的好处是消除了价格变动因素，不同时期的数量具有了可比性。如没有特别指出和标注，本书中以人民币表示的货币数量均为 2000 年时的价格。

本篇小结

本篇主要从总体上介绍了四部分内容。

第一章主要介绍了相关旅游经济研究背景。当前西部地区旅游经济发展方面的相关研究仍然比较滞后，相关成果比较零散，没有形成完整的结构体系，不能科学提出西部地区旅游经济未来发展策略与发展路径，亟须开展系统、深入的研究，科学认识西部地区旅游经济发展，同时为西部地区旅游发展实践提供参考。同时，分析了对西部地区旅游经济开展系统性研究的重要意义，能够科学认识旅游经济发展规律、功能特征，具有重要的理论意义，同时具有重要的实践参考价值。具体而言，本书以时空面板数据为基础，构建空间计量分析模型，尝试引入动态分析，超越传统的静态和比较静态分析，丰富旅游经济研究方法；对西部地区旅游经济开展系统性研究，科学认识西部地区旅游经济发展状态，深入总结西部地区旅游经济发展规律；有效识别西部地区旅游经济发展短板，有利于正确制定新一轮西部大开发中旅游业的科学发展战略，提供旅游管理与决策支持，激发潜在能力，引导西部地区旅游经济平稳、协调、可持续发展。

第二章从宏观上对当前旅游经济的相关研究进展进行了评述。总体上看，自 1978 年改革开放以来，中国旅游研究形成了大批以论文、著作、课题报告等不同形式的理论研究成果和以旅游科技、法规标准为代表的应用型研究成果，但相关研究仍然落后于旅游实践，研究难以深入。从西部地区旅游业发展状况的评价、西部地区旅游发展战略的探讨、不同省（区、市）旅游发展的分析三个方面对旅游经济研究的以中文发表的研究成果进行了分析，大部分相关研究采用的是比较粗糙的研究方法，关注的是问题的现象层面。从中国旅游业发展现状的描述、旅游资源开发与规划的探讨、中国旅游市场与营销的研究、旅游流影响因素的分析四个方面对旅游经济研究的英文成果进行了分析，英文研究成果更多地关注旅游发展的意义和效应，更为深入，但研究成果较少。总体上看，国内外研究旅游业与经济发展关系方面的文献较为丰富，且取得了一定研究成果，但针对中国西部地区旅游业与经济发展关系方面的研究不足，缺少定量分析的支持，缺乏动态变化趋势的评价，泛化现象较严重，缺乏对整个西部地区综合全面的分析。

第三章介绍了西部地区旅游经济发展的基本概况。首先对研究对象范围进行了界定，西部地区包括重庆市、四川省、贵州省、云南省、西藏自治区、陕西省、甘肃省、宁夏回族自治区、青海省、新疆维吾尔自治区、内蒙古自治区和广西壮族自治区 12 个省（区、市），西南地区包括重庆市、四川省、云南省、贵州省、西藏自治区和广西壮族自治区 6 个省（区、市），西北地区包括陕西省、甘肃省、宁夏回族自治区、青海省、新疆维吾尔自治区和内蒙古自治区 6 个省（区），同时简要介绍了西部地区的基本特征。其次，简要分析了西部地区旅游经济整体发展概况，西部地区种类齐全、独具特色的自然和人文旅游资源，为发展旅游业奠定了良好的物质性基础；重点总结西部地区旅游资源和旅游经济发展状况，西部地区旅游业发展迅速，旅游总收入、旅游人均收入、旅游增长速度均较快，旅游经济发展势头强劲。

第四章介绍了本研究的总体框架与宏观意义上的研究方法。首先，总体框架分为四篇，第一篇是导论，第二篇是西部地区旅游经济空间格局演变与驱动因素，第三篇是西部地区旅游业发展效率分析，第四篇西部地区旅游经济发展策略探讨。其次，宏观意义上的研究方法主要包括：实证研究与规范分析相结合法、比较分析法、定性分析与定量分析相结合法、经济学理论与地理学理论相结合法、静态分析与动态分析相结合法，同时对数据来源与处理进行了说明。

西部地区旅游经济空间格局
演变及其驱动因素

　　旅游经济空间格局演变是指旅游经济运行在地理空间上表现出来的分布特征与结构特点，其与区位条件、市场需求、开发难易程度以及开发政策等因素密切相关。旅游经济空间格局演变是区域经济学、旅游地理学研究的重要课题，进入 21 世纪后，宏观的旅游经济空间差异问题日益受到重视，并成为当前旅游研究的热点①②③。西部大开发政策实施以来，西部地区的内蒙古、广西、重庆、四川、贵州、云南、西藏、陕西、甘肃、青海、宁夏、新疆 12 个省（区、市）旅游经济具有怎样的空间格局演变特征，又有怎样的变动趋势？哪些影响因素驱动了这些变化特征和趋势？本篇试图对这些问题做出回答，以期对西部地区 12 个省（区、市）旅游经济的空间格局演变和驱动因素形成更全面的认识，有助于从空间和宏观的角度把握西部地区旅游发展的状况和可持续发展的未来。为了更好地分析这些问题，将旅游经济分作国内旅游经济（第二章）和入境旅游经济（第三章）两个部分分别进行探讨。具体内容结构安排如下。

　　第一章是旅游经济空间格局演变及其驱动因素研究进展及其述评。第一部分基于空间格局尺度、研究方法和研究指标三个视角对旅游经济空间变化特征的相关文献进行分析，对空间格局演变的研究方法进行梳理，同

---

　　① 刘佳、赵金金、张广海：《中国旅游产业集聚与旅游经济增长关系的空间计量分析》，《经济地理》2013 年第 33 卷第 4 期，第 186—192 页。

　　② 沈惊宏、余兆旺、沈宏婷：《区域旅游空间结构演化模式研究——以安徽省为例》，《经济地理》2015 年第 35 卷第 1 期，第 180—186 页。

　　③ 孙晓东、冯学钢：《中国省际旅游发展的多指标综合相似性及时空聚类特征》，《自然资源学报》2015 年 30 卷第 1 期，第 50—64 页。

时对旅游经济空间格局演变的研究指标进行探讨；第二部分分别分析单一因素、多因素、特殊事件对旅游经济空间变化的影响。

第二章是西部地区国内旅游经济空间结构变化及其驱动因素。第一部分介绍研究空间状态变化的收敛理论（σ - 收敛、β - 收敛和俱乐部收敛）和 Theil 指数等研究方法；第二部分分析西部地区内蒙古、广西、重庆、四川、贵州、云南、西藏、陕西、甘肃、青海、宁夏、新疆 12 个省（区、市）国内旅游经济的空间变化特征；第三部分采用计量经济学方法对空间变化特征的影响因素进行探究和分析；第四部分提出相关的政策建议。

第三章是西部地区入境旅游经济空间结构变化及其驱动因素。第一部分分析西部地区入境旅游经济空间格局的演变特征；第二部分探讨入境旅游经济空间格局演变的驱动因素；第三部分提出相关的政策建议。

第一章 旅游经济空间格局演变 及其驱动因素研究进展

第一节 旅游经济空间格局演变研究进展

国内外不少学者对空间结构进行了定义和描述，1968年，德国经济地理学家克里斯泰勒指出，所有经济活动都是在空间关系中进行的，具体经济现象在理论上的分析必须联系它们所处的具体空间和时间特征；陈才（1991）把空间结构定义为经济（产业）的空间结构，指人类经济活动的地域（空间）组合关系，也即经济地域的主要物质内容在地域空间上的相互关系和组合形式[①]；陆大道（1999）认为空间结构是社会经济的空间结构，指社会经济客体在空间中相互作用及所形成的空间集聚程度和集聚形态[②]；王铮（1993）认为空间结构是指区域的空间结构，是以资源、人群活动场所为载荷的产业区位（带）为中心问题的空间分异与组织关系[③]；翁瑾和杨开忠（2005）认为空间结构是地域经济系统的空间表达，或者是地域经济系统在空间上的投影[④]。这些定义虽然表述不同，但基本含义是一致的，即经济活动的区域差异特征是经济运行力量的结果，具有时间和空间两个维度上的动态变化特征。本主题的国内外研究进展基于空间格局尺度、研究方法和研究指标三个视角对旅游经济空间变化特征的相关文献进行分析。

---

① 陈才：《区域经济地理学原理》，中国科学技术出版社1991年版。
② 陆大道、刘毅、樊杰：《我国区域政策实施效果与区域发展的基本态势》，《地理学报》1999年第54卷第6期，第496—508页。
③ 王铮：《地理科学导论》，高等教育出版社1993年版。
④ 翁瑾、杨开忠：《旅游空间结构的理论与应用》，新华出版社2005年版。

一 空间格局尺度

从空间格局尺度看，旅游经济空间变化特征的研究主要基于全国层面、地区层面和省级层面。

就全国层面而言，不同学者对入境旅游经济的研究取得了较为一致的结论，Lim 和 Pan（2005）[1]、Wang 等（2011）[2]、陈秀琼和黄福才（2006）[3]、郭金海等（2009）[4]、赵磊（2014）[5] 分析了 20 世纪 90 年代以来中国大陆 31 个省（区、市）入境旅游经济的空间变化特征，其基本的结论认为：中国大陆 31 个省（区、市）入境旅游经济发展存在地域非均衡特征，绝对差异趋于扩大、而相对差异趋于缩小。

同时，不少研究认为中国旅游经济空间差异趋于缩小，刘春济和高静（2008）认为 1997—2005 年中国旅游产业集聚程度较高，但呈现明显的下降趋势[6]；王淑新等（2011）的研究结果表明，2000—2008 年中国 31 个省（区、市）间的旅游经济存在收敛特征，差异趋于缩小[7]；方叶林等（2014）认为 1996—2010 年总体上省域旅游经济表现出随机分布的空间态势，空间差异有所缩小[8]；赵磊和方成（2014）的研究结果显示，1999—2010 年中国旅游发展空间非均衡程度随时间演进而降低[9]。

① Lim, C., Pan, G. W., Inbound tourism developments and patterns in China, *Mathematics and Computers in Simulation*, 2005,（68），pp. 5-6, 499-507.

② Wang, S., He, Y., Wang, X., et al., Regional disparity and convergence of China′s inbound tourism economy, *Chinese Geographical Science*, 2011,（21），pp. 715-722.

③ 陈秀琼、黄福才：《中国入境旅游的区域差异特征分析》，《地理学报》2006 年第 61 卷第 12 期，第 1271—1280 页。

④ 郭金海、韩雪、罗浩等：《省域入境旅游经济的区域差异及发展模式》，《中国人口·资源与环境》2009 年第 19 卷第 5 期，第 131—135 页。

⑤ 赵磊：《中国旅游经济发展时空差异演变：1999—2009》，《旅游论坛》2014 年第 7 卷第 2 期，第 6—15 页。

⑥ 刘春济、高静：《中国旅游产业集聚程度变动趋势实证研究》，《商业经济与管理》2008 年第 11 期，第 68—75 页。

⑦ 王淑新、何元庆、王学定：《中国旅游经济的区域发展特征及影响因素实证研究》，《商业经济与管理》2011 年第 4 期，第 89—96 页。

⑧ 方叶林、黄震方、王坤等：《不同时空尺度下中国旅游业发展格局演化》，《地理科学》2014 年第 34 卷第 9 期，第 1025—1032 页。

⑨ 赵磊、方成：《中国旅游发展空间非均衡与极化研究》，《中国人口·资源与环境》2014 年第 24 卷第 6 期，第 154—162 页。

　　此外，一些学者的研究成果认为，中国旅游经济具有集聚与分散的阶段性特征，在不同的时间段内呈现不同的空间特征，如邓宏兵等（2007）的研究结果指出中国旅游业具有明显的空间集中分布与分散相结合的集聚特征①；郭为和何媛媛（2008）的研究结果认为，中国旅游业发展呈现出比较明显的两阶段特征，1992—2001 年总体上呈现出比较明显的发散趋势，而 2002 年之后则呈现出比较明显的收敛态势②；郭永锐等（2014）以2001—2011 年中国 31 个省域作为研究单元，运用 ESTDA 框架，通过 ES-DA、LISA 时间路径和时空跃迁方法进行的研究显示，中国入境旅游经济表现为弱积聚格局，其空间差异呈现先缩小后扩大的趋势③；刘佳等（2013）的研究结果表明，中国旅游产业发展伴随空间集聚过程，并由此引起中国旅游经济增长的空间不均衡④；孙盼盼和戴学锋（2014）借助ArcGIS 技术，结合空间统计分析方法，对 2000 年以来中国 31 个省（区、市）的人均旅游收入的空间格局研究结果显示，中国旅游经济差异的空间格局整体上呈现出较强的空间依赖性，局部长期表现出高高相聚和低低相聚的两极分化格局⑤；孙晓东和冯学钢（2015）的研究结果表明，中国旅游经济发展呈现沿海传统旅游强省、内陆旅游强省和西部及边缘旅游弱省的空间格局⑥；翁瑾（2008）的研究结果显示，1986—2005 年中国入境旅游在总体趋于分散的背景下，存在着两个明显的集聚现象，一是长期以来入境旅游在传统旅游热点地区高度集聚，二是云南成长为新的集聚中心⑦；乌铁红等（2009）认为 1995—2005 年中国入境旅游经济经历了"分散—

　　① 邓宏兵、刘芬、庄军：《中国旅游业空间集聚与集群化发展研究》，《长江流域资源与环境》2007 年第 16 卷第 3 期，第 289—292 页。

　　② 郭为、何媛媛：《旅游产业的区域集聚、收敛与就业差异：基于分省面板的说明》，《旅游学刊》2008 年第 23 卷第 3 期，第 29—36 页。

　　③ 郭永锐、张捷、卢韶婧等：《中国入境旅游经济空间格局的时空动态性》，《地理科学》2014 年第 34 卷第 11 期，第 1299—1304 页。

　　④ 刘佳、赵金金、张广海：《中国旅游产业集聚与旅游经济增长关系的空间计量分析》，《经济地理》2013 年第 33 卷第 4 期，第 186—192 页。

　　⑤ 孙盼盼、戴学锋：《中国区域旅游经济差异的空间统计分析》，《旅游科学》2014 年第 28 卷第 2 期，第 35—48 页。

　　⑥ 孙晓东、冯学钢：《中国省际旅游发展的多指标综合相似性及时空聚类特征》，《自然资源学报》2015 年第 30 卷第 1 期，第 50—64 页。

　　⑦ 翁瑾：《规模经济、产品差异与中国入境旅游空间结构的变动》，《旅游学刊》2008 年第 23 卷第 6 期，第 30—35 页。

集聚——扩散"的演变过程[1];许贤棠等（2015）的研究结果显示，中国省域旅游业竞争力热——冷点区呈现由东南向西南、东北、西北推移的阶梯状分布，形成了以长江中下游地区为热点区的典型性核心——边缘结构[2];章锦河等（2005）发现1999—2003年中国国内旅游流的产生和分配凸现"大分散与小集聚"的特点，并形成了长三角、环渤海、珠三角、滇川渝、陕五大国内旅游流输入地[3]。

就地区层面而言，不同学者对长三角地区旅游经济发展的相关探讨比较多见，如Zhang等（2011）采用TOPSIS（Technique for Order Preference by Similarity to Ideal Solution，TOPSIS）和IEW（Information Entropy Weight，IEW）方法对长三角地区16个旅游目的地城市的旅游竞争力进行了分析，研究结果显示，上海旅游竞争力最强，杭州、苏州和南京旅游竞争力次之，其他城市旅游竞争力处于较低层次[4];崔荣和刘华军（2015）利用2000—2013年的相关数据，建立了基于生产函数的动态空间面板计量模型，采用空间回归模型偏微分方法对不同地区旅游经济进行了考察和分析，研究结果显示，东部沿海经济发达省份旅游产业集聚随时间呈现出比较明显的下降趋势，而中西部省份旅游产业集聚呈现出比较明显的上升趋势[5];冒宇晨和王腊春（2009）的研究结果显示，1999—2008年间，长三角城市群旅游经济分散化和均质化趋势明显[6]，而邝振华和高峻（2010）的研究结果似乎并不赞同这一趋势，他们认为2003—2007年间长三角区

① 乌铁红、张捷、李文杰等：《中国入境旅游经济发展水平的空间格局演变及成因》，《干旱区资源与环境》2009年第23卷第5期，第189—194页。

② 许贤棠、胡静、刘大均：《中国省域旅游业的竞争力评价及空间格局》，《经济管理》2015年第37卷第4期，第126—135页。

③ 章锦河、张捷、李娜等：《中国国内旅游流空间效应分析》，《地理研究》2005年第24卷第2期，第293—303页。

④ Zhang, H., Gu, C., Gu, L., et al., The evaluation of tourism destination competitiveness by TOPSIS & information entropy: A case in the Yangtze River Delta of China, *Tourism Management*, 2011, 32 (2), pp. 443-451.

⑤ 崔荣、刘华军：《中国旅游产业集聚的空间计量分析——基于2000—2013年中国省际数据的实证研究》，《经济与管理评论》2015年第5期，第26—34页。

⑥ 冒宇晨、王腊春：《长三角城市群旅游经济结构的分散化和均质化趋势》，《地理科学》2009年第29卷第5期，第641—645页。

域旅游产业呈现出较强的集聚现象①。

就省域层面的旅游经济研究而言,近年来吸引了不少学者的关注,越来越受到相关学者的重视,相关研究成果呈现出逐渐增多的变化趋势,如陈智博等(2008)②、姜海宁等(2009)③、李如友和黄常州(2015)④ 分别对江苏省,史春云等(2007)⑤ 对四川省,程进和陆林(2010)⑥、沈惊宏等(2012)⑦、沈惊宏等(2015)⑧ 分别对安徽省,邹家红和王慧琴(2009)⑨ 对湖南省,冯英杰和吴小根(2010)⑩、庄汝龙等(2015)⑪ 分别对浙江省,方忠权和王章郡(2010)⑫ 对广东省,王迎英和曹荣林(2009)⑬、张明东和陆玉麒(2010)⑭ 分别对山东省等一省区域内部不同地级市的旅游经济发展的空间变化特征和变化趋势进行了较为充分的分析和考察,但受制于不同省份旅游经济发展的不同阶段,旅游经济的空间集

① 邝振华、高峻:《长三角旅游产业集聚水平研究》,《旅游科学》2010 年第 24 卷第 1 期,第 86—94 页。

② 陈智博、吴小根、汤澍等:《江苏旅游经济发展的空间差异》,《经济地理》2008 年第 28 卷第 6 期,第 1064—1067、1076 页。

③ 姜海宁、陆玉麒、吕国庆:《江苏省入境旅游经济的区域差异研究》,《旅游学刊》2009 年第 24 卷第 1 期,第 23—28 页。

④ 李如友、黄常州:《江苏省旅游经济重心演进格局及其驱动机制》,《地域研究与开发》2015 年第 34 卷第 1 期,第 93—99 页。

⑤ 史春云、张捷、尤海梅等:《四川省旅游区域核心——边缘空间格局演变》,《地理学报》2007 年第 62 卷第 6 期,第 631—639 页。

⑥ 程进、陆林:《安徽省区域旅游经济差异研究》,《安徽师范大学学报》(自然科学版)2010 年第 33 卷第 1 期,第 81—85 页。

⑦ 沈惊宏、陆玉麒、周玉翠等:《安徽省国内旅游经济增长与区域差异空间格局演变》,《地理科学》2012 年第 32 卷第 10 期,第 1220—1228 页。

⑧ 沈惊宏、余兆旺、沈宏婷:《区域旅游空间结构演化模式研究——以安徽省为例》,《经济地理》2015 年第 35 卷第 1 期,第 180—186 页。

⑨ 邹家红、王慧琴:《旅游经济发展空间差异分析》,《社会科学家》2009 年第 6 期,第 93—96 页。

⑩ 冯英杰、吴小根:《旅游产业集聚程度的时空演变研究——以浙江省为例》,《山东师范大学学报》(自然科学版)2010 年第 25 卷第 3 期,第 90—94 页。

⑪ 庄汝龙、叶持跃、马仁锋、等:《浙江省入境旅游区域差异与竞争态势》,《地域研究与开发》2015 年第 34 卷第 1 期,第 87—92 页。

⑫ 方忠权、王章郡:《广东省旅游收入时空差异变动分析》,《经济地理》2010 年第 30 卷第 10 期,第 1746—1751 页。

⑬ 王迎英、曹荣林:《山东省旅游经济发展的空间差异研究》,《山东师范大学学报》(自然科学版)2009 年第 24 卷第 3 期,第 86—89 页。

⑭ 张明东、陆玉麒:《山东省入境旅游经济差异及经济增长刺激效应》,《南京师大学报》(自然科学版)2010 年第 33 卷第 2 期,第 126—131 页。

聚或扩散在不同省份表现出不同的变化特征，不具有统一性、规律性的变化趋势。

从上面的分析可以得到两点认识：

一是从旅游经济的研究对象看，全国层面和省域层面的相关旅游经济研究比较多见，而地区层面的旅游经济研究相对较少。进一步地，地区层面的旅游经济研究以经济较为发达的长江三角洲地区较多见，而其他地区旅游经济的相关研究比较缺乏。

二是从研究区域特征看，不同地区旅游经济相关研究受到的关注程度不一，其中，旅游经济较发达的东、中部地区受到较多学者的关注和重视，而西部地区旅游经济的相关研究受到的关注明显不足。

二　研究方法

对旅游经济区域差异程度的测量，可以采用多种方法，较早的研究多采用单指标方法，如标准差和变异系数[①]、泰尔指数（Theil Index）[②]、核心—边缘理论模型（Core-periphery Theory）[③]、E－G 指数[④]、探索性空间数据分析法（Exploratory Spatial Data Analysis，ESDA）[⑤]、基尼系数（Gini Coefficient）[⑥] 等采用不同的单一指标进行分析和探讨。

近年来的诸多研究成果则更加注重不同类型指标的综合运用，以进行对比分析和相互验证，同时降低研究结论偏误的概率。如 Wang 等（2011）采用 σ－收敛、β－收敛和俱乐部收敛以及 Theil 指数等不同方法研究了 1996—2008 年中国不同省（区、市）及 3 大地区入境旅游经济的空间变化

---

① 翁瑾：《规模经济、产品差异与中国入境旅游空间结构的变动》，《旅游学刊》2008 年第 23 卷第 6 期，第 30—35 页。

② 陈秀琼、黄福才：《中国入境旅游的区域差异特征分析》，《地理学报》2006 年第 61 卷第 12 期，第 1271—1280 页。

③ 史春云、张捷、尤海梅等：《四川省旅游区域核心－边缘空间格局演变》，《地理学报》2007 年第 62 卷第 6 期，第 631—639 页。

④ 刘春济、高静：《中国旅游产业集聚程度变动趋势实证研究》，《商业经济与管理》2008 年第 11 期，第 68—75 页。

⑤ 郭金海、韩雪、罗浩等：《省域入境旅游经济的区域差异及发展模式》，《中国人口·资源与环境》2009 年第 19 卷第 5 期，第 131—135 页。

⑥ 冒宇晨、王腊春：《长三角城市群旅游经济结构的分散化和均质化趋势》，《地理科学》2009 年第 29 卷第 5 期，第 641—645 页。

特征及影响因素[①]；邴振华和高峻（2010）用产业基尼系数、区位商指数和产业区域集聚度指数对长三角区域旅游产业集聚度进行了测算和分析[②]；邓晨晖等（2010）采用标准差、基尼系数、赫芬达尔指数和首位分布理论对中国西部地区旅游发展规模进行了分析[③]；邓宏兵等（2007）用行业集中度、基尼系数、赫芬代尔系数等指标分析了中国旅游业的空间集聚特征[④]；方忠权和王章郡（2010）综合运用变异系数、泰尔指数等指标分析了广东省旅游收入的时空差异及演变规律[⑤]；姜海宁等（2009）采用标注差、变异系数、赫芬达尔指数（Herfindahl Index）和泰尔指数定量评价了江苏省入境旅游时间尺度上的地带间、地带内和市际差异变化状况；汪德根和陈田（2011）利用二阶段嵌套泰尔系数分解法分析了2000—2008年中国入境旅游经济和国内旅游经济区域发展的变化特征[⑥]；王淑新等（2011）采用收敛理论、Theil指数和旅游资源地理集中指数等考察了2000—2008年中国旅游经济的区域差异与收敛[⑦]；王迎英和曹荣林（2009）用标准差、加权变异系数和泰尔指数定量评价了山东省旅游经济差异变化的总体趋势及空间特征[⑧]；郭永锐等（2014）运用ESTDA框架，通过ESDA、LISA时间路径和时空跃迁方法对中国入境旅游经济进行了研究[⑨]；孙盼盼和戴学锋（2014）借助ArcGIS技术，结合空间统计分析方

① Wang S., He Y., Wang X., et al., Regional disparity and convergence of China´s inbound tourism economy, *Chinese Geographical Science*, 2011, 21 (6), pp. 715-722.

② 邴振华、高峻：《长三角旅游产业集聚水平研究》，《旅游科学》2010年第24卷第1期，第86—94页。

③ 邓晨晖、吴晋峰、辛亚平：《中国西部地区旅游规模分析》，《经济地理》2010年第30卷第9期，第1557—1562页。

④ 邓宏兵、刘芬、庄军：《中国旅游业空间集聚与集群化发展研究》，《长江流域资源与环境》2007年第16卷第3期，第289—292页。

⑤ 方忠权、王章郡：《广东省旅游收入时空差异变动分析》，《经济地理》2010年第30卷第10期，第1746—1751页。

⑥ 汪德根、陈田：《中国旅游经济区域差异的空间分析》，《地理科学》2011年第31卷第5期，第528—536页。

⑦ 王淑新、何元庆、王学定：《中国旅游经济的区域发展特征及影响因素实证研究》，《商业经济与管理》2011年第4期，第89—96页。

⑧ 王迎英、曹荣林：《山东省旅游经济发展的空间差异研究》，《山东师范大学学报》（自然科学版）2009年第24卷第3期，第86—89页。

⑨ 郭永锐、张捷、卢韶婧等：《中国入境旅游经济空间格局的时空动态性》，《地理科学》2014年第34卷第11期，第1299—1304页。

法，对中国区域旅游经济差异进行了空间统计分析①；方叶林等（2014）运用 ESDA、重心、标准差椭圆等分析技术，结合脉冲响应函数，对不同时空尺度下中国旅游业发展格局演化特征进行了研究②。

就研究方法看，运用标准差、变异系数、泰尔指数、基尼系数、核心—边缘理论等不同指标对旅游经济的区域差异进行分析，能够更清楚地观察到不同区域旅游经济的绝对差异、相对差异及其动态变化趋势。相对于定性分析，这些方法已有很大改进和提高，但仍然不能纳入统一的理论框架内，甚至因构造原理不同导致不同指标的分析结果相互矛盾。

三 研究指标

以往的研究主要采用入境旅游人次和（或）旅游外汇收入作为指标衡量中国入境旅游经济发展，如邴振华和高峻（2010）③、邓晨晖等（2010）④、王凯等（2007）⑤、翁瑾（2008）⑥、张明东和陆玉麒，2010）⑦均采用上述指标进行相关研究和探讨。

此外，郭为和何媛媛（2008）⑧、刘春济和高静（2008）⑨用星级饭店、国际旅行社、国内旅行社和旅游景区等分析了中国旅游产业集聚程

---

① 孙盼盼、戴学锋：《中国区域旅游经济差异的空间统计分析》，《旅游科学》2014 年第 28 卷第 2 期，第 35—48 页。

② 方叶林、黄震方、王坤等：《不同时空尺度下中国旅游业发展格局演化》，《地理科学》2014 年第 34 卷第 9 期，第 1025—1032 页。

③ 邴振华、高峻：《长三角旅游产业集聚水平研究》，《旅游科学》2010 年第 24 卷第 1 期，第 86—94 页。

④ 邓晨晖、吴晋峰、辛亚平：《中国西部地区旅游规模分析》，《经济地理》2010 年第 30 卷第 9 期，第 1557—1562 页。

⑤ 王凯、李华、贺曲夫：《我国旅游经济发展水平省际差异的空间分析》，《地域研究与开发》2007 年第 26 卷第 1 期，第 63—67、94 页。

⑥ 翁瑾：《规模经济、产品差异与中国入境旅游空间结构的变动》，《旅游学刊》2008 年第 23 卷第 6 期，第 30—35 页。

⑦ 张明东、陆玉麒：《山东省入境旅游经济差异及经济增长刺激效应》，《南京师大学报》（自然科学版）2010 年第 33 卷第 2 期，第 126—131 页。

⑧ 郭为、何媛媛：《旅游产业的区域集聚、收敛与就业差异：基于分省面板的说明》，《旅游学刊》2008 年第 23 卷第 3 期，第 29—36 页。

⑨ 刘春济、高静：《中国旅游产业集聚程度变动趋势实证研究》，《商业经济与管理》2008 年第 11 期，第 68—75 页。

度；程进和陆林（2010）①、邹家红和王慧琴（2009）以国内旅游收入数据为基础，分别分析了安徽和湖南一省区域内部旅游经济差异的时间变化态势及空间变化特征②；方忠权和王章郡（2010）③、冯英杰和吴小根（2010）④、冒宇晨和王腊春（2009）⑤、史春云等（2007）⑥、王淑新等（2011）⑦ 则以旅游总收入为基础，分别分析了广东省、山东省、长江三角洲地区、四川省和全国旅游经济的时空差异及演变规律；汪德根和陈田（2011）利用国内旅游收入和国际旅游收入指标分析了2000—2008年中国入境旅游经济和国内旅游经济区域发展的变化特征⑧。

研究旅游经济，最为直接相关和密切的指标为旅游总收入，其中主要包括旅游外汇收入和国内旅游收入两部分。如果用任何一部分衡量旅游经济发展状况，难免有以偏概全之嫌，不能真正反映旅游经济发展的实际情况。另外，用旅游人次数衡量旅游经济发展状况，其优点在于不受价格变动影响，可直接进行比较，但衡量旅游经济发展状况的能力有所下降，尽管其与旅游收入有较为密切的关系。

通过上述文献分析可以发现，西部地区旅游经济发展仍未受到充分重视和关注，值得进一步研究；研究方法存在不足，需要进一步创新；所采用的研究指标较混乱，需要进一步规范。针对以上存在的不足和问题，本书尝试做以下改进：采用经济学中较为成熟的收敛理论、基于省际层面以国内旅游收入和旅游外汇收入为指标分别分析西部地区内蒙古、广西、重

① 程进、陆林：《安徽省区域旅游经济差异研究》，《安徽师范大学学报》（自然科学版）2010年第33卷第1期，第81—85页。

② 邹家红、王慧琴：《旅游经济发展空间差异分析》，《社会科学家》2009年第6期，第93—96页。

③ 方忠权、王章郡：《广东省旅游收入时空差异变动分析》，《经济地理》2010年第30卷第10期，第1746—1751页。

④ 冯英杰、吴小根：《旅游产业集聚程度的时空演变研究——以浙江省为例》，《山东师范大学学报》（自然科学版）2010年第25卷第3期，第90—94页。

⑤ 冒宇晨、王腊春：《长三角城市群旅游经济结构的分散化和均质化趋势》，《地理科学》2009年第29卷第5期，第641—645页。

⑥ 史春云、张捷、尤海梅等：《四川省旅游区域核心—边缘空间格局演变》，《地理学报》2007年第62卷第6期，第631—639页。

⑦ 王淑新、何元庆、王学定：《中国旅游经济的区域发展特征及影响因素实证研究》，《商业经济与管理》2011年第4期，第89—96页。

⑧ 汪德根、陈田：《中国旅游经济区域差异的空间分析》，《地理科学》2011年第31卷第5期，第528—536页。

庆、四川、贵州、云南、西藏、陕西、甘肃、青海、宁夏、新疆 12 个省（区、市）国内旅游经济和入境旅游经济的动态空间演变格局。

第二节　旅游经济空间格局演变的驱动因素

空间结构表现为空间变化的状态和结果，只有明确地域经济系统的内在结构、功能及动态演化规律，才能真正发现空间结构形成与变化的内在机制①。因此，有必要找到那些影响旅游经济空间结构的驱动因素，以及这些影响因素通过何种方式影响旅游经济系统运行。以往文献对旅游经济空间变化影响因素的研究可分为三类，第一类是分析单一因素对旅游经济空间变化的影响；第二类是分析多因素对旅游经济空间变化的影响；第三类是分析特殊事件对旅游经济空间变化的影响。

一　单因素分析

就国外文献而言，较早的研究从理论上说明了交通等基础设施对发展旅游的重要性②。而近来的文献则以实证居多，如 Khadaroo 和 Seetanah（2007）以毛里求斯为例③、Khadaroo 和 Seetanah（2008）以多个国家为例④、McElroy（2006）以 51 个海岛国家为例阐明了旅游基础设施的重要性⑤，Liu 和 Wall（2005）则以中国为例，分析了人力资本的发展变化对旅游业造成的影响⑥。

就国内文献而言，李如友和黄常州（2015）的研究显示，交通基础设

---

① 翁瑾、杨开忠：《旅游空间结构的理论与应用》，新华出版社 2005 年版。

② Prideaux，B.，The role of transport in destination development，*Tourism Management*，2000，21（1），pp. 53-64.

③ Khadaroo，J.，Seetanah，B.，Transport infrastructure and tourism development，*Annals of Tourism Research*，2007，34（4），pp. 1021-1032.

④ Khadaroo，J.，Seetanah，B.，The role of transport infrastructure in international tourism development：A gravity model approach，*Tourism Management*，2008，29（5），pp. 831-840.

⑤ McElroy，J. L.，Small island tourist economics across the lifecycle，*Asia Pacific Viewpoint*，2006，47（1），pp. 61-77.

⑥ Liu，A.，Wall，G.，Human resources development in China，*Annals of Tourism Research*，2005，32（3），pp. 689-710.

施欠发达地区，交通基础设施对旅游发展具有显著的积极性影响①。马晓龙（2009）在比较1995年、2000年和2005年58个中国主要城市旅游规模收益不变和规模收益非增条件下旅游效率的基础上，认为区域经济不平衡性及因此导致的城市旅游资源投入规模的差异是形成城市旅游绩效和发展阶段差异的根本原因②。王兆峰（2008）的研究显示，人力资本问题显著制约了西部地区旅游经济发展，表现为西部地区人力资本投入总量偏少，人力资本投资占财政支出的比例偏低，人力资本投入效率低下，总体上导致区域旅游经济发展落后③；左冰和保继刚（2008）的研究指出，技术进步速度差异是导致1992—2005年不同省（区、市）旅游发展水平分化的原因，如果各省技术进步速度差异继续扩大，可能会进一步加大各省（区、市）旅游业发展水平的差距④。

二　多因素分析

国外文献方面，Blake等（2006）以英国为例的研究显示，固定资产投资、人力资本投资、创新及技术进步和竞争对英国旅游经济的发展具有重要影响⑤；Lim（1999）对100份研究论文的统计结果显示，在影响游客数量的因素中，最经常被引用的变量是收入，占到84%；其次是价格，占74%；最后是交通花费，占55%；Nadal等（2004）着重分析了季节因素对旅游经济的影响，同时分析了人均国内生产总值、相对价格和汇率对旅游经济的影响⑥；Pearce（1995）指出区域旅游供给的五大空间影响因素

---

① 李如友、黄常州：《中国交通基础设施对区域旅游发展的影响研究——基于门槛回归模型的证据》，《旅游科学》2015年第29卷第2期，第1—13、27页。

② 马晓龙：《基于绩效差异的中国主要城市旅游发展阶段演化》，《旅游学刊》2009年第29卷第6期，第25—30页。

③ 王兆峰：《人力资本投资对西部地区旅游产业发展的影响》，《山西财经大学学报》2008年第30卷第5期，第58—64页。

④ 左冰、保继刚：《1992—2005年中国旅游业全要素生产率及省际差异》，《地理学报》2008年第63卷第4期，第417—427页。

⑤ Blake, A., Sinclair, M. T., Soria, J. A. C., Tourism productivity: Evidence from the United Kingdom, *Annals of Tourism Research*, 2006, 33 (4), pp. 1099-1120.

⑥ Lim, C., A meta-analytic review of international tourism demand, *Journal of Travel Research*, 1999, 37 (3), pp. 273-284.

为：吸引物、交通、住宿、支持设施和基础设施①；Prideaux（2005）总结
了影响旅游流的因素：需求因素（包括价格和个人选择）、政府因素（包
括政府对旅游的态度、交通政策、货币政策、政府服务及经济政策）、个
人因素（包括旅行工具、国内价格水平）、无形因素（包括景区吸引能力
和旅行者的想象力）、外部经济因素（包括国家经济、汇率和收入效应）、
外部政治和健康因素（包括恐怖主义及政治风险、国际关系和健康状
况）②；Seetaram（2012）分析了个人收入、目的地旅游价格、替代目的地
旅游价格等不同因素对入境旅游的影响③；Wang 等（2011）考察了旅游业
从业人员比重、星级酒店水平、旅游业固定资产投资、第三产业比重和等
级公路密度等因素对 1996—2008 年中国不同省（区、市）入境旅游经济
的影响④。

　　国内文献方面，敖荣军和韦燕生（2006）对中国不同省（区、市）20
世纪 90 年代以来旅游经济发展差异影响因素的探究显示，区域旅游资源、
基础设施、服务设施及经济发展水平等因素是区域旅游业发展差异的主要
影响因素⑤；方叶林等（2014）认为区域旅游资源禀赋以及社会经济因素
是影响旅游空间格局演变的两大因素，区域发展客观规律与政府的政策制
度对区域旅游发展差异有重大影响⑥；冯英杰和吴小根（2010）阐述了资
源禀赋、区域经济发展水平、基础设施等因素对山东省旅游经济的影响⑦；
郭金海等（2009）指出 1997—2007 年我国省域入境旅游经济空间差异缓
慢扩大主要受两方面的影响：一是各省自身的发展条件，二是省际相互作

　　① Pearce, D. G., Tourist Today: *A Geographical Analysis* (2nd edition), Harlow: Longman Sci-
entific and Technical Press, 1995.

　　② Prideaux, B., Factors affecting bilateral tourism flows, *Annals of Tourism Research*, 2005, 32
(3), pp. 780-801.

　　③ Seetaram, N., Immigration and international inbound tourism: Empirical evidence from Austral-
ia, *Tourism Management*, 2012, 33 (6), pp. 1535-1543.

　　④ Wang, S., He, Y., Wang, X., et al., Regional disparity and convergence of China's in-
bound tourism economy, *Chinese Geographical Science*, 2011, 21 (6), pp. 715-722.

　　⑤ 敖荣军、韦燕生：《中国区域旅游发展差异影响因素研究》，《财经研究》2006 年第 32 卷
第 3 期，第 32—43 页。

　　⑥ 方叶林、黄震方、王坤等：《不同时空尺度下中国旅游业发展格局演化》，《地理科学》
2014 年第 34 卷第 9 期，第 1025—1032 页。

　　⑦ 冯英杰、吴小根：《旅游产业集聚程度的时空演变研究——以浙江省为例》，《山东师范大
学学报》（自然科学版）2010 年第 25 卷第 3 期，第 90—94 页。

用效应（扩散或集聚）①；刘长生和简玉峰（2006）的研究结果显示，改革开放以来，"政府主导"与"市场化改革"对我国旅游业发展产生了显著影响，但这种影响在不同旅游经济区域具有显著差异②；刘春济和高静（2008）从 3 个方面解释了 1997—2005 年中国旅游产业分散化的原因：一是特殊发展路径所形成的旅游产业历史集聚获得释放；二是经济运动的特殊性促使旅游产业向区域外扩散，导致集聚程度降低；三是旅游产业集聚程度的区域差异与我国现阶段各省（区、市）的区位条件差异比较一致③；陆林和余凤龙（2005）基于定性角度分析了旅游资源禀赋、基础设施、区位因素和产业结构四个方面对 1990—2002 年中国省际旅游经济差异的影响④；马晓龙和曹杏娟（2013）通过搭建省域旅游竞争力评价指标体系，运用多指标综合评价的主成分分析法，对我国 31 个省（区、市）的旅游竞争力水平定量评价结果显示，规模实效因子、企业活力因子、经营绩效因子和消费支撑因子是影响我国省域旅游竞争力总体水平的主要因子，4 项指标对我国省域旅游竞争力的累积贡献值超过 80%⑤；史春云等（2007）认为交通因素、经济发展水平、资源禀赋、城市规模、职能与城市化水平和区位因素是形成四川省核心—边缘空间结构的主要因素⑥；王淑新等（2011）考察了旅游业从业人员比重、人均旅游业固定资产投资、城镇居民可支配收入、农村居民人均纯收入、第三产业比重和等级公路密度等对 2000—2008 年中国不同省（区、市）旅游经济的影响⑦；翁瑾和杨开忠（2005）的研究结果表明，规模经济、旅行成本、多样性偏好和产品

① 郭金海、韩雪、罗浩等：《省域入境旅游经济的区域差异及发展模式》，《中国人口·资源与环境》2009 年第 19 卷第 5 期，第 131—135 页。

② 刘长生、简玉峰：《中国入境旅游市场需求的影响因素研究》，《产业经济研究》2006 年第 4 期，第 54—61 页。

③ 刘春济、高静：《中国旅游产业集聚程度变动趋势实证研究》，《商业经济与管理》2008 年第 11 期，第 68—75 页。

④ 陆林、余凤龙：《中国旅游经济差异的空间特征分析》，《经济地理》2005 年第 25 卷第 3 期，第 406—410 页。

⑤ 马晓龙、曹杏娟：《省域旅游竞争力的空间格局与形成机理研究》，《旅游科学》2013 年第 27 卷第 2 期，第 14—23 页。

⑥ 史春云、张捷、尤海梅等：《四川省旅游区域核心—边缘空间格局演变》，《地理学报》2007 年第 62 卷第 6 期，第 631—639 页。

⑦ 王淑新、何元庆、王学定：《中国旅游经济的区域发展特征及影响因素实证研究》，《商业经济与管理》，2011 年第 4 期，第 89—96 页。

差异性是影响旅游空间结构的因素，并进一步指出，多样性偏好和差异化产品是分散的力量，而旅行成本和规模经济则是集聚的力量①；翁瑾（2008）认为良好的旅游基础设施和接待设施、较高的知名度使传统旅游热点地区在改革开放之初就进入了一个动态的、自我发展的良性循环，极具地方特色的差异化旅游产品的开发与营销以及政府主导下的大规模的旅游基础设施建设使云南旅游成功地实现了从"低水平陷阱"向"自我发展的良性循环"的"惊人一跃"②；乌铁红等（2009）认为1995—2005年中国入境旅游发展水平格局经历了"分散—集聚—扩散"的演变过程，其显著性影响因素为高等级旅游资源的吸引度、社会经济水平、商业服务业的发育程度、航空旅客吞吐量、第一大城市的规模、城市化水平等，而客运量和吞吐量、区域城市的等级体系首位比等因素的影响则不显著③；许陈生（2012）运用面板数据随机效应Tobit模型的实证分析结果显示，财政分权与法治环境等宏观因素是决定地方旅游业效率的重要因素，财政收入分权、法治环境、对外开放与地方旅游业效率显著正相关，而经济发展水平与地方旅游业效率存在显著的"U"形关系，基础设施和人力资本对地方旅游业效率的影响则不显著④；赵东喜（2008）认为1997—2006年中国入境旅游发展差异的决定因素是省区经济、对外开放、交通设施，特别指出西部地区区域经济起了决定作用⑤；周文丽（2013）的一项基于甘肃省526位农村居民的微观调查数据显示，农村居民旅游消费观念落后，消费意愿不强烈，出游频数较低，年均旅游消费支出相当有限，与东、中部较发达地区农村居民旅游消费有所不同，可自由支配收入及旅游产品价格依然是影响甘肃省农村居民旅游消费的主导因素⑥；朱竑和吴旗韬（2005）

① 翁瑾、杨开忠：《旅游空间结构的理论与应用》，新华出版社2005年版。

② 翁瑾：《规模经济、产品差异与中国入境旅游空间结构的变动》，《旅游学刊》2008年第23卷第6期，第30—35页。

③ 乌铁红、张捷、李文杰等：《中国入境旅游经济发展水平的空间格局演变及成因》，《干旱区资源与环境》2009年第23卷第5期，第189—194页。

④ 许陈生：《财政分权、法治环境与地方旅游业效率》，《旅游学刊》2012年第27卷第5期，第80—87页。

⑤ 赵东喜：《中国省际入境旅游发展影响因素研究——基于分省面板数据分析》，《旅游学刊》2008年第23卷第1期，第41—45页。

⑥ 周文丽：《西部典型农村居民旅游消费特征及影响因素研究——以甘肃省农村居民为例》，《人文地理》2013年第28卷第3期，第148—153页。

定性分析了 20 世纪 80 年代以来经济发展、城市职能变化、旅游资源、边境口岸、重大事件、市场营销、突破型产品等因素对中国不同省（区、市）及城市旅游规模分布的影响①。

三　特殊事件的影响

特殊事件对旅游经济的影响基本上可以划分为两类。

一类是考察节日节庆、体育赛事活动等特殊事件对旅游经济产生的影响，通常具有主动营造性特征。自 20 世纪 80 年代以来，特殊事件作为旅游目的地旅游资源的重要组成部分，逐渐成为推动旅游地旅游经济发展的重要动力，这类特殊事件一般是指事先规划有时间限制，对举办地区在旅游容量、游客支出、引导意识提高、积极形象宣传、增加目的地承载力与吸引力的相关基础设施建设和发展等方面，有一个或多个方面有非凡影响的事件②，其带来的影响主要涵盖经济收益、社会成本、社区凝聚力及社会激励等 4 个方面③。Fourie 和 María（2011）的研究结果显示，重大体育事件能够促进举办国旅游经济的发展④；Kasimati 和 Dawson（2009）采用宏观计量经济模型分析了 2004 年希腊奥运会带给主办城市经济发展的影响，结果发现事件产生的经济效益超过其支出成本⑤；O'Brien（2006）的研究表明，重大事件给主办城市带来的机会是种子资本⑥；Panyik 等（2011）采用定性与定量相结合的方法研究了事件营销，认为乡村旅游的发展与地方节庆事件活动融合，不仅会增加参观者的数量，而且会增加过

---

① 朱竑、吴旗韬：《中国省际及主要旅游城市旅游规模》，《地理学报》2005 年第 60 卷第 6 期，第 919—927 页。

② Getz, D., Event tourism: Definition, evolution, and research, *Tourism Management*, 2008, 29 (3), pp. 403-428.

③ Gursoy, D., Kim, K., Uysal, M., Perceived impacts of festivals and special events by organizers: An extension and validation, *Tourism Management*, 2004, 25 (2), pp. 171-181.

④ Fourie, J., María, S. G., The impact of mega-sport events on tourist arrivals, *Tourism Management*, 2011, 32 (6), pp. 1364-1370.

⑤ Kasimati, E., Dawson, P., Assessing the impact of the 2004 Olympic Games on the Greek economy: A small macroeconometric model, *Economic Modelling*, 2009, 26 (1), pp. 139-146.

⑥ O'Brien, D., Event business leveraging: The Sydney 2000 Olympic Games, *Annals of Tourism Research*, 2006, 33 (1), pp. 240-261.

夜游客的数量[1]；罗秋菊等（2011）认为城市定期举办的大型活动对举办地的许多产业部门具有很强的拉动效应，一届广交会对广州市的直接与间接效应合计 163. 24 亿元，其中直接经济效应为 55. 26 亿元，间接经济效应为 107. 98 亿元[2]；王彩萍和徐红罡（2009）认为重大事件对中国旅游企业市场绩效的影响是全方位的，旅游业各部门均不同程度地受其影响[3]；吴国清等（2011）研究认为上海世博会促进了城市旅游空间结构重构与优化整合，世博园区带来新型旅游资源，后世博开发可以形成上海城市旅游产品体验性、难忘性的城市特征，促进旅游相关产业在世博园区域以非常规速度集聚，使得世博园区成为上海都市旅游新地标和新的旅游空间增长极[4]；赵敏燕等（2015）结合冬奥城市旅游的时间效应、经济效应和区域效应，分析了张家口城市发展与冬奥旅游的时空对接元素[5]。

　　另一类则是分析危机事件等特殊事件对旅游经济产生的影响，通常具有被动适应性特征。Bonn 和 Rundle—Thiele（2007）对危机事件的管理方式进行了总结[6]；Kuo 等（2008）调查了 SARS 和禽流感对亚洲地区旅游业造成的影响，结果显示，SARS 发生国家比禽流感发生国家对游客数量的影响更为显著，但就潜在危害方面而言，后者更为强烈[7]；Mckercher 和 Chon（2004）分析了 SARS 对亚洲旅游业造成的影响[8]；Okumus 和 Karamustafa

---

[1]　Panyik, E. , Costa, C. , Rátz, T. , Implementing integrated rural tourism: An event-based approach, *Tourism Management*, 2011, 32 (6), pp. 1352-1363.

[2]　罗秋菊、庞嘉文、靳文敏：《基于投入产出模型的大型活动对举办地的经济影响——以广交会为例》，《地理学报》2011 年第 66 卷第 4 期，第 487—503 页。

[3]　王彩萍、徐红罡：《重大事件对中国旅游企业市场绩效的影响：以 2008 年为例》，《旅游学刊》2009 年第 24 卷第 7 期，第 58—65 页。

[4]　吴国清、杨国玺、高娜页：《基于世博会的城市旅游空间结构重构与优化》，《地域研究与开发》2011 年第 30 卷第 1 期，第 79—83 页。

[5]　赵敏燕、朱少卿、李宇等：《基于事件旅游效应理论的张家口冬奥城市发展研究》，《城市发展研究》2015 年第 22 卷第 8 期，第 15—19 页。

[6]　Bonn, I. , Rundle-Thiele, S. , Do or die: Strategic decision-making following a shock event, *Tourism Management*, 2007, 28 (2), pp. 615-620.

[7]　Kuo, H. I. , Chen, C. C. , Tseng W. C. , et al. , Assessing impacts of SARS and Avian Flu on international tourism demand to Asia, *Tourism Management*, 2008, 29 (5), pp. 917-928.

[8]　Mckercher, B. , Chon, K. , The over-reaction to SARS and the collapse of Asian tourism, *Annals of Tourism Research*, 2004, 31 (3), pp. 716-719.

（2005）分析了 2001 年经济危机对土耳其旅游业造成的有利和不利影响①；戴斌（2009）分析了 2008 年世界性金融危机对中国入境旅游、国内旅游和出境旅游三大市场以及企业融资等方面的影响②；方叶林等（2014）的研究认为特殊事件对原有空间格局会产生一定的冲击，但不能从总体上改变空间差异的格局③；王铮等（2010）分析了 1979 年石油价格危机、1997 年亚洲金融风暴、2003 年 SARS 危机、2008 年全球性金融危机对上海入境旅游的影响④。

事实上，影响旅游经济发展的因素涉及方方面面，分析的角度不受局限。可从需求角度分析，也可从供给角度分析；可从微观方面分析，也可从宏观方面分析；可从一般性因素方面分析，也可从特殊性因素方面分析等。但在具体分析时，需结合分析对象的一般特征进行考察。

① Okumus, F., Karamustafa, K., Impact of economic crisis: Evidence from Turkey, *Annals of Tourism Research*, 2005, 32（4）, pp. 942-961.

② 戴斌:《金融危机影响下中国旅游经济：趋势与对策》,《北京第二外国语学院学报》2009 年第 1 期, 第 27—58 页。

③ 方叶林、黄震方、王坤等:《不同时空尺度下中国旅游业发展格局演化》,《地理科学》2014 年第 34 卷第 9 期, 第 1025—1032 页。

④ 王铮、袁宇杰、熊文:《重大事件对上海市入境旅游需求的影响——基于 ADL 模型的分析》,《旅游学刊》2010 年第 25 卷第 4 期, 第 44—49 页。

第二章 国内旅游经济空间
变化与影响因素

第一节 旅游经济空间变化研究方法

本节对收敛理论（σ - 收敛、β - 收敛和俱乐部收敛）、Theil 指数的构造原理进行了介绍和说明，此外，简单介绍了在计量经济学分析中常用到的 DW 检验和 PP 检验。

一 收敛理论

收敛一词最早出现于数学的数列和极限中。20 世纪 50 年代，以 Solow 和 Swan 为代表的经济学家创立了新古典经济增长理论，该增长理论比较简单但又极其精致，并得出了一个重要结论，即经济增长收敛。经济增长收敛是指对于不同的经济单位（国家或者地区），初期的静态指标（人均产出、人均收入）与其经济增长速度之间存在的负相关关系，即落后的经济单位比发达的经济单位有着更高的经济增长率。具体到一国经济，是指其内部处于不同发展层次的经济之间，如发达地区与落后地区之间，后者比前者有着更高的经济增长率。相反，如果初始的静态指标（人均产出、人均收入）与其经济增长速度之间存在正相关关系，呈现所谓"富者愈富，贫者愈贫"的马太效应现象，那么这种增长可以称为逆收敛或发散性增长。自此以后，探讨经济增长收敛的文献不断涌现，尤其是 20 世纪 90 年代以来，经济收敛研究一直是经济学研究关注的热点问题，收敛的概念也成为经济增长理论的核心概念，甚至 1995 年 Bernard 和 Durlauf 曾经断言，"新古典模型最激动人心的特征之一就是其在收敛现象中的应用"①。经济增长收敛性蕴含的独特魅力正吸引着越来越多的经济学家对其展开更加广泛细致的研究。

经济增长收敛可具体分为 σ - 收敛、β - 收敛和俱乐部收敛 3 种类型。1992 年，Barro 和 Sala-i-Martin 提出了度量收敛的两个指标：σ - 收敛和 β - 收敛；Galor 和 Canova 分别于 1996 年、2004 年分析了俱乐部收敛，丰富了收敛的内涵。具体来看：

σ - 收敛研究不同经济系统间人均实际 GDP 的离差随着时间推移而变化的情况，如果离差趋于下降，则说明各地区经济增长存在 σ - 收敛。

β - 收敛意味着落后国家或地区的经济增长速度快于发达国家或地区，β - 收敛又可以细分为绝对 β - 收敛和条件 β - 收敛，绝对 β - 收敛是指随着时间的推移，所有国家或地区都将收敛于相同的人均收入水平，从长期来看，所有国家的人均收入将相等，与初始收入无关。绝对 β - 收敛暗含着严格的假设条件，包括相同的生产函数、投资率、资本折旧率以及人口增长率。在此完全相同的结构下，不同的经济单位会有相同的增长路径，从而具有相同的稳态，单个经济体的经济增长率与其稳态的距离成反比。条件 β - 收敛放弃了各个经济单位具有相同结构的假设，认为各个经济单位的经济增长速度取决于初期人均产出，而且还要受到资源禀赋、要素流动以及产业结构等其他因素的影响。条件 β - 收敛意味着各个经济体收敛于各自的稳态，而各个经济体的稳态是不一样的，因而不平等的现象依然存在，即使长期来看也不会消失，并且各个经济体依然会保持着自己的相对地位，即富裕的地区依然富裕，而贫穷的地区依然贫穷。条件收敛的提出既保证了新古典经济增长理论的正确性和边际收益递减规律，又增强了新古典理论的解释能力，在实证检验中也得到了很大的支持，因此具有较强的理论意义和现实意义。

俱乐部收敛被 Galor 定义为初期经济发展水平接近的经济集团各自内部的不同经济系统之间，在具有相似结构特征的前提下趋于收敛，而不同

---

① Bernard, A., Durlauf, S., Convergence in international output, *Journal of Application Econometrics*, 1995, 10 (2), pp. 97-108.

经济集团之间却没有收敛的迹象。①

此后，收敛方法在衡量国内外地区经济发展差异方面得到了广泛和成熟的应用。②③④⑤ Barro 和 Sala-i-Martin（1990，1992，1995）、⑥⑦⑧ Mankiw 等（1992）⑨ 等诸多分析认为收敛的速度约为 2%，这一估计值与实际较为吻合。

本书以上述基础理论为参考，结合旅游经济基本特征，提出修正的旅游经济收敛研究方法，考察 2000—2014 年西部地区国内旅游经济和入境旅游经济的 σ – 收敛、β – 收敛和俱乐部收敛特征。

（一）σ – 收敛

本书将 σ – 收敛定义为不同省（区、市）或地区人均旅游收入的离差随时间推移而趋于减小的过程。当 $\sigma_{t+1} < \sigma_t$ 时，可判断人均旅游收入增长存在 σ – 收敛，否则，不存在 σ – 收敛。σ – 收敛的计算公式参照林光平等（2006）提出的计算方法，⑩ 具体如下：

$$\sigma_t = \sqrt{\frac{1}{N-1}\sum_{j=1}^{N}\left[\ln\left(\frac{Y_{jt}}{Po_{jt}}\right) - \frac{1}{N}\sum_{j=1}^{N}\ln\left(\frac{Y_{jt}}{Po_{jt}}\right)\right]^2} \qquad 2-2-1$$

式中，Y_{jt} 和 Po_{jt} 分别为 j 省（区、市）t 时期的旅游收入和人口数。

① Galor, O. D., Convergence? Inferences from theoretical models, *Economic Journal*, 1996, 106（437）, pp. 1056-1069.

② 何剑、董春风、董丹丹：《西北五省经济增长的收敛性及影响因素研究——基于 β-收敛与空间计量的检验》，《工业技术经济》2015 年第 11 期，第 49—54 页。

③ 潘文卿：《中国区域经济差异与收敛》，《中国社会科学》2010 年第 1 期，第 72—84 页。

④ 周业安、章泉：《参数异质性、经济趋同与中国区域经济发展》，《经济研究》2008 年第 1 期，第 60—75 页。

⑤ 朱国忠、乔坤元、虞吉海：《中国各省经济增长是否收敛》，《经济学》（季刊）2014 年第 13 卷第 3 期，第 1171—1194 页。

⑥ Barro, R., Sala-i-Martin, X., Economic Growth and Convergence Across the United States, NBER Working Paper, No: 3419, 1990.

⑦ Barro, R., Sala-i-Martin, X., Convergence, *Journal of Political Economy*, 1992, 100（2）, pp. 223-251.

⑧ Barro, R., Sala-i-Martin, X., Capital mobility in Neo-Claaical Models of Growth, *American Economic Review*, 1995, 85（1）, pp. 103-115.

⑨ Mankiw, G., Romer, D., Weil, D. A., Contribution to the Empirics of Economic Growth, *Quarterly Journal of Economics*, 1992（2）, pp. 407-437.

⑩ 林光平、龙志和、吴梅：《中国地区经济 σ – 收敛的空间计量实证分析》，《数量经济技术经济研究》2006 年第 4 期，第 14—21、69 页。

（二）β-收敛

β-收敛指初始人均旅游收入水平低的省（区、市）比水平高的地区具有更高的人均增长率，经过一段时间的发展，落后省（区、市）赶上发达地区，达到以同样速度稳定发展的收敛状态，即不同经济系统间的人均旅游收入增长率与初始人均旅游收入水平负相关，其回归方程形式可表示为：

$$(1/T)\ln\left(\frac{Y_{jt}/Po_{jt}}{Y_{j0}/Po_{j0}}\right) = \alpha + \beta\ln(Y_{j0}/Po_{j0}) + \varepsilon_{jt} \qquad 2-2-2$$

$$\varepsilon_{jt} \sim N(0,\sigma^2)$$

式中，Y_{j0} 和 Po_{j0} 分别为 j 省区初始时期的旅游收入和人口数。特别地，为更好地考察西部地区不同区域旅游收入在不同时期的变化情况，对传统的收敛模式进行改进，取 $T=1$，这样可以通过考察每年各个省（区、市）的横截面数据，计算出该年旅游收入差异的变化情况，然后得出不同年份旅游收入水平差异的变化趋势。如果估计的 β 值为负数，且在统计上是显著的，则说明不同省（区、市）在 $0-t$ 时段人均旅游收入的平均增长率与初始时期人均旅游收入水平呈负相关，两者的差距趋于缩小，因而存在 β-收敛；如果估计的 β 值为正数，则不存在 β-收敛。

同时，可根据收敛系数 β 的估计值计算收敛所达到的稳态值 φ、收敛速度 θ、收敛时间 τ，计算公式如下：

$$\varphi = \alpha/(1-\beta)$$
$$\theta = -\ln(1+\beta)/t$$
$$\tau = \ln(2)/\theta \qquad 2-2-3$$

（三）俱乐部收敛（Club convergence）

本书把西部地区的西南部分［包括重庆市、四川省、云南省、贵州省、西藏自治区和广西壮族自治区 6 个省（区、市）］和西北部分［包括陕西省、甘肃省、宁夏回族自治区、青海省、新疆维吾尔自治区和内蒙古自治区 6 个省（区）］作为 2 个不同的旅游经济集团进行俱乐部收敛考察。按照 Galor 的定义，俱乐部收敛需要同时满足两个条件，西南地区和西北地区 2 个旅游经济集团内部存在收敛，而两个集团之间不具有收敛现象。关于收敛的考察，依据公式 2-2 进行，而关于集团之间旅游经济收敛与否，引入应用成熟的 Theil 指数 T 指标进行测算。

二　Theil 指数

Theil 指数又称锡尔熵，最早由 Theil 于 1967 年提出，是衡量区域差异的重要指标。Theil 指数有两个指标，T 指标和 L 指标，其中，Theil 指数 T 指标以 GDP 比重加权计算，Theil 指数 L 指标以人口比重加权计算。最先，Theil 指数 T 指标是指国家之间的收入差距总水平等于各个国家收入份额与人口份额之比对数的加权总和，权数为各国的收入份额。当收入在 N 个组之间平均分配时，Theil 指数值为 0；当所有的收入被一个组占有，Theil 指数值达到它的上限 logN。Theil 指数值 T 越大，表示区域差异越大，反之，区域差异越小。按照这一原理，本书采用 Theil 指数 T 指标计算西北和西南二地区间旅游经济差异的演变过程。借鉴贺灿飞和梁进社（2004）的研究成果，[1] 采用 Theil 指数 T 指标测量区域旅游经济差异具有多方面的优点，一是可将旅游经济差异按地域结构进行多层次分解；二是如果所有区域规模变动相同，Theil 指数值不变，所以采用 Theil 指数能够有效避免不同危机事件对不同区域旅游经济的影响；三是 Theil 指数不受考察空间单元个数的影响，因而可以比较不同区域系统内的旅游发展差异。其计算公式如下：

$$T_{BR} = \sum_i \frac{Y_i}{Y} \ln \frac{\dfrac{Y_i}{Y}}{\dfrac{Po_i}{Po}} \qquad\qquad 2-2-4$$

式中，T_{BR} 为西南和西北二地区间人均旅游收入的差异程度，Y_i 和 Y 分别为 i 地区（西南和西北二地区）和西部地区旅游收入，Po_i 和 Po 分别为 i 地区（西南和西北二地区）和西部地区人口数。

此外，为测量西南和西北二地区内部不同省（区、市）间以及整个西部地区旅游经济的差异，引入如下公式：

$$T_{P_i} = \sum_j \frac{Y_{ij}}{Y_i} \ln \frac{\dfrac{Y_{ij}}{Y_i}}{\dfrac{Po_{ij}}{Po_i}} \qquad\qquad 2-2-5$$

---

① 贺灿飞、梁进社：《中国区域经济差异的时空变化：市场化、全球化与城市化》，《管理世界》2004 年第 8 期，第 8—17 页。

$$T_P = \sum_i \sum_j \frac{Y_{ij}}{Y} \ln \frac{\dfrac{Y_{ij}}{Y}}{\dfrac{Po_{ij}}{Po}} = \sum_i \frac{Y_i}{Y} T_{P_i} + T_{BR} \qquad\qquad 2-2-6$$

式中，T_{P_i} 为西南和西北二地区内部不同省（区、市）间旅游经济的发展差异程度，T_P 为西部地区内蒙古、广西、重庆、四川、贵州、云南、西藏、陕西、甘肃、青海、宁夏、新疆 12 个省（区、市）间旅游经济的发展差异程度，Y_{ij}、Y_i 和 Y 分别为 i 地区 j 省（区、市）、i 地区（西南和西北二地区）和西部地区的旅游总收入，Po_{ij}、Po_i 和 Po 分别为 i 地区 j 省（区、市）、i 地区（西南和西北二地区）和西部地区的人口数。

三　DW 检验和变量平稳性检验

（一）DW 检验

由 Durbin 和 Watson 分别在 1950 年、1951 年提出的 DW 检验是检验自相关性的一种经典方法，为验证模型的回归效果，本书引入 DW 检验。DW 检验构造的统计量方程为：

$$DW = \frac{\sum (e_t - e_{t-1})^2}{\sum e_t^2} \approx 2\ (1-\rho) \qquad\qquad 2-2-7$$

式中，e_t 是第 t 期实际值与预测值的误差，ρ 是随机误差项的相关系数，其值介于 -1 和 1 之间，所以，DW 的值介于 0 和 4 之间。总体上讲，当 DW 的值接近于 0 和 4 时，ρ 的绝对值趋近于 1，即存在自相关性；当 DW 的值接近于 2 时，ρ 的绝对值趋近于 0，即不存在自相关性。而具体情况则要根据显著性水平、样本容量、自变量个数对照 DW 检验值表进行对比分析做出判断，其基本判别方法为：

如果存在 $0 \leqslant DW \leqslant dL$，则表明模型存在正相关；

如果存在 $dU \leqslant DW \leqslant 4 - dU$，表明模型无自相关；

如果存在 $4 - dL \leqslant DW \leqslant 4$，表明模型存在负相关。

式中，dU 为上限值，dL 为下限值。

（二）变量平稳性检验

以往的诸多研究在处理面板数据时，忽略了数据的平稳性检验，导致结果偏误。① 鉴于此，在计量分析前，我们用 PP 检验、ADF 检验验证单位根面板数据的平稳性。

1. PP 检验

Phillips-Perron 检验由 Phillips 和 Perron（1988）提出，基本思想是：假设扰动项为平稳的无穷阶的移动平均过程，应用维纳过程理论和泛函中心极限定理表征检验统计量的渐进分布。在扰动项不是独立分布的前提下，该渐进分布依赖含有扰动项长期协方差的参数，且愈偏离，影响愈大。主要是对下面方程中假设 $\rho = 1$ 的检验：

$$\Delta y_t = \mu + \rho y_{t-1} + \varepsilon_t \qquad\qquad 2-2-8$$

该方程先用普通最小二乘法估计（可以选择加入常数项和时间趋势项），后用 ε_t 中的序列相关修正系数 ρ 的 PP 统计量，再用 Newey-West 程序调整标准误差。②

2. ADF 检验

Dickey 和 Fuller 提出了 DF 检验，DF 检验的基本思想首先基于如下模型：

$$Y_t = \rho Y_{t-1} + u_t \qquad\qquad 2-2-9$$

基于以上模型，可以进一步得到：

$$Y_{t-1} = \rho Y_{t-2} + u_{t-1}$$
$$Y_{t-2} = \rho Y_{t-3} + u_{t-2} \qquad\qquad 2-2-10$$
$$Y_{t-T} = \rho Y_{t-T-1} + u_{t-T}$$

通过进一步整理可以得到：

$$Y_t = \rho^T Y_{t-T} + \rho u_{t-1} + \rho^2 u_{t-2} + \cdots + \rho^T u_{t-T} + u_t \qquad 2-2-11$$

根据 ρ 值的不同，可具体分为三种情况进行考察：

（1）$\rho > 1$，则当 T→∞ 时，$\rho^T \to \infty$，即对序列的冲击将随着时间的推移逐渐增大，表明时间序列是不稳定的；

（2）$\rho < 1$，则当 T→∞ 时，$\rho^T \to 0$，即对序列的冲击将随着时间的推移逐渐减弱，表明时间序列是稳定的；

---

① Seetanah B., Assessing the Dynamic Economic Impact of Tourism for Island Economies, *Annals of Tourism Research*, 2011, 38 (1), pp. 291-308.

② 张晓峒：《Eviews 使用指南与案例》，机械工业出版社 2007 年版。

（3）$\rho = 1$，则当 $T \rightarrow \infty$ 时，$\rho^T \rightarrow 1$，即对序列的冲击将随着时间的推移保持不变，表明时间序列不稳定。

事实上，DF 检验相当于对系数的显著性进行检验，所建立的零假设是：$H_0 : \rho = 1$，如果拒绝零假设，则称 Y_t 没有单位根，此时 Y_t 是平稳的；如果不能拒绝零假设，则表明 Y_t 具有单位根，为不稳定序列。

进一步地，由：

$$\Delta Y_t = \beta_1 + \beta_2 t + \delta Y_{t-1} + u_t \qquad 2-2-12$$

可以得到 ADF 检验形式：

$$\Delta Y_t = \beta_1 + \beta_2 t + \delta Y_{t-1} + \alpha_i \sum_{i=1}^{m} \Delta Y_{t-i} + u_t \qquad 2-2-13$$

第二节　国内旅游经济空间格局演变

一　描述统计：一个特征性事实

西部大开发以来，是不同区域的旅游经济发达省份保持了快速发展的势头、趋向更加集聚？还是旅游经济较不发达的省份迎头赶上、趋向均衡发展？下文通过描述性统计，直观地认识一个特征性变化事实。将西部地区内蒙古、广西、重庆、四川、贵州、云南、西藏、陕西、甘肃、青海、宁夏、新疆 12 个省（区、市）2000 年的国内旅游收入排名后发现，四川、云南 2 省份比较明显地超过其他省份，形成较发达的旅游经济区域。图 2-2-1 显示了 2000—2014 年前两位省份国内旅游收入占西部地区比重的变化趋势，表现出两方面比较明显的变化特征。

一方面，从二省在西部地区的地位来看，国内旅游收入占西部地区的比重总体呈现持续降低的趋势（2003 年为特殊的异常年份，因 SARS 危机导致跃升），从 2000 年的 41.65% 下降到 2014 年的 37.19%，意味着其他 10 省（区、市）国内旅游收入占西部地区的比重呈现持续上升的趋势，从 2000 年的 58.35% 上升到 2014 年的 62.81%，表明西部地区内蒙古、广西、重庆、四川、贵州、云南、西藏、陕西、甘肃、青海、宁夏、新疆 12 个省（区、市）间国内旅游经济的发展呈现均衡化趋势。

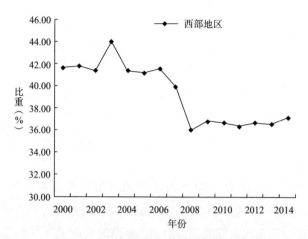

图 2 – 2 – 1　2000—2014 年西部地区前两位省份国内旅游收入占本地区比重

另一方面，前 2 位省份的国内旅游收入在西部地区仍占有较高比重，即使在最低的 2011 年，仍超过三成，达到 37. 19%，延续了历史的集聚特征，尤其是近 4 年（2011—2014）来，前两位省份的国内旅游收入占西部地区比重表现出提升的势头。

西南地区与整个西部地区的变化趋势基本一致，前两位省份的国内旅游收入占西南地区比重也表现出两方面的变化特征（图 2 – 2 – 2）。

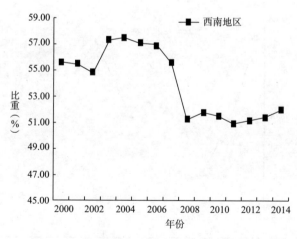

图 2 – 2 – 2　2000—2014 年西南地区前两位省份国内旅游收入占本地区比重

一方面，从前两位省份在西南地区的地位讲，国内旅游收入占西南地区比重总体呈持续降低的趋势（2003 年为特殊的异常年份，因 SARS 危机导致跃升），从 2000 年的 55. 59% 下降到 2014 年的 52. 03%，意味着其他四省（区、市）国内旅游收入占西南地区的比重呈现出持续上升的趋势，从2000年的44.41%上升到2014年的47.97%，表明西南地区不同省（区、市）国内旅游经济的发展呈现出均衡化趋势。

另一方面，前两位省份的旅游总收入在西南地区中仍占有较高比重，即使在最低的2011年，仍占有半壁江山，达到50.89%，延续了历史的集聚特征。并且近4年（2011—2014）来，前两位省份的国内旅游收入占西南地区的比重表现出提升的势头。

从上述分析可以得到2000—2014年西部地区和西南地区重庆、四川、云南、贵州、西藏和广西6个省（区、市）间旅游经济的基本变化趋势：集聚是历史特征，正被均衡发展趋势削弱，旅游的均衡发展逐渐成为主流。

西北地区排名前两位的省份国内旅游收入占西北地区的比重则表现出与西部和西南地区不同的变化趋势。通过图2-2-3可以发现，除2000—2003年外，2003—2014年，前两位省（区）国内旅游收入占西北地区的比重表现出提升趋势，由2003年的64.22%上升到2014年的70.59%，这意味着，西北地区旅游经济的集聚特征不仅没有被削弱，反而表现出增强的态势。此外，西北地区前两位省（区）占本地区国内旅游收入的比重显著高于西南地区。

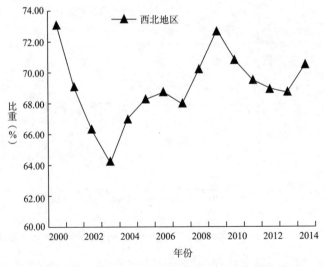

图2-2-3　2000—2014年西北地区前两位省份国内旅游收入占本地区比重

二　西部地区国内旅游经济的收敛分析与讨论

（一）σ - 收敛

由公式 2 - 2 - 1 可计算出 2000—2014 年西部地区内蒙古、广西、重庆、四川、贵州、云南、西藏、陕西、甘肃、青海、宁夏、新疆 12 个省（区、市）及西南地区重庆、四川、云南、贵州、西藏和广西 6 个省（区、市）、西北地区陕西、甘肃、青海、宁夏、新疆和内蒙古 6 个省（区）国内旅游经济的 σ 值（表 2 - 1），并据此作出趋势图 2 - 2 - 4。

表 2 - 2 - 1　2000—2014 年西部、西南和西北地区国内旅游经济 σ 值

时间	西部地区	西南地区	西北地区
2000	0.5916	0.6232	0.6177
2001	0.5581	0.5696	0.6006
2002	0.5159	0.4975	0.5813
2003	0.5602	0.4445	0.7021
2004	0.4276	0.3373	0.5371
2005	0.4539	0.3285	0.5877
2006	0.4269	0.3054	0.5547
2007	0.4158	0.3119	0.5321
2008	0.4250	0.3856	0.4987
2009	0.4220	0.3086	0.5445
2010	0.4050	0.2768	0.5332
2011	0.4362	0.2411	0.6004
2012	0.4358	0.2419	0.5994
2013	0.4303	0.1906	0.6091
2014	0.4656	0.1853	0.6653

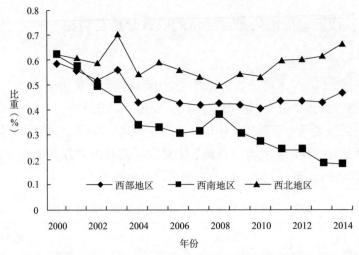

图 2 - 2 - 4 2000—2014 年西部、西南和西北地区国内旅游经济 σ 值变化趋势

由表 2 - 2 - 1 和图 2 - 2 - 4 可看出 2000—2014 年西部、西南和西北地区 σ - 收敛的变化特征。

1. 西部地区内蒙古、广西、重庆、四川、贵州、云南、西藏、陕西、甘肃、青海、宁夏、新疆 12 个省（区、市）以对数形式表示的人均国内旅游收入离差整体上呈现比较明显的 σ - 收敛趋势。σ 值由 2000 年的 0.5916 逐年（2003 年除外）降至 2014 年的 0.4656，表明西部地区内蒙古、广西、重庆、四川、贵州、云南、西藏、陕西、甘肃、青海、宁夏、新疆 12 个省（区、市）间旅游经济差异趋于缩小。

2. 西南地区重庆、四川、云南、贵州、西藏和广西 6 个省（区、市）的 σ 值由 2000 年的 0.6232 降至 2014 年的 0.1853，也呈现比较明显的 σ - 收敛趋势，表明西南地区的重庆、四川、云南、贵州、西藏和广西 6 个省（区、市）间旅游经济差异缩小，这一变化趋势与整个西部地区 12 个省（区、市）的变化趋势一致。

3. 西北地区 σ 值变化表现出比较明显的 "V" 形变化趋势，其中，2000—2008 年，σ 值由 0.6177 降至 0.4987，呈现比较明显的 σ - 收敛趋势，旅游经济差异缩小，与西部地区、西南地区的变化趋势一致，2008—2014 年，σ 值由 0.4987 升至 0.6653，不具有 σ - 收敛趋势，旅游经济差异趋于扩大。

4. 相比较而言，西北地区的离差值整体大于西南地区（仅 2000 年西北地区离差值小于西南地区），表明旅游经济内部差距西北地区大于西南地区，西北地区内部不同省（区）间旅游经济发展更不均衡。

5.2003 年，西部地区和西北地区 σ 值都呈现突然升高的异常状态。整个西部地区和西北地区 σ 值分别由 2002 年的 0.5159 和 0.5813 升至 2003 年的 0.5602 和 0.7021，但在 2004 年出现了快速回落，整个西部地区和西北地区 σ 值分别由 2003 年的 0.5602 和 0.7021 降至 2004 年的 0.4276 和 0.5371，这与 2003 年 SARS 危机使旅游经济遭受重创有很大关系。但值得注意的是西南地区 σ 值并未受 SARS 危机影响，其可能的原因是不同省份受到 SARS 冲击的幅度大致相同，而整个西部地区和西北地区受到 SARS 危机冲击的幅度存在差异。

（二）β - 收敛

1. 西部地区

在进行计量分析之前，首先进行各变量的单位根检验，以确保变量的平稳性。结果显示（表 2 - 2 - 2），西部地区的内蒙古、广西、重庆、四川、贵州、云南、西藏、陕西、甘肃、青海、宁夏、新疆 12 个省（区、市）的人均国内旅游收入增长率（r）通过了 ADF、PP 检验，且在 1% 水平下显著，表明人均国内旅游收入增长率为平稳数据序列。而人均国内旅游收入（y_0）原始数据序列具有非平稳性，但其一阶差分形式具有平稳性，且在 1% 水平下显著，为进一步的计量分析奠定了基础。

表 2 - 2 - 2　　　　　　　　西部地区变量平稳性检验

检验方式	r	$d\ (y_0)$
ADF	55.17***	50.39***
PP	129.21***	121.96***

注：***表示统计量在 1% 水平下显著。

基于面板方法用 Eviews 6.0 软件对计量模型 2 - 2 进行估计。在此之前，通过 Hausman 检验判断固定效应和随机效应模型的有效性（面板数据的双误差分量模型可分为四类：固定效应双误差分量模型、随机效应双误差分量模型、个体固定效应—时间随机效应的双误差分量模型、个体随机效应—时间固定效应的双误差分量模型），就西部地区而言，个体随机效应、时间随机效应均未通过 Hausman 检验，表明采取双向固定效应更为合适。

西部地区绝对 β – 收敛采用双向固定效应取得了较好的回归结果（表 2 – 2 – 3）。从整体回归效果看，R^2 值为 0.4288（调整的 R^2 值为 0.3242），模型的解释能力达到了期望的要求；F 统计值为 4.0979，在 1% 水平下显著，表明模型整体上显著；在样本容量为 168 的情况下，DW 值为 2.1691，基本无自相关现象。从回归系数看，常数项为 0.2415，通过了 1% 的显著性水平检验；初始水平的人均旅游收入系数为 – 0.3346，且通过了 1% 的显著性水平检验，表明西部地区内蒙古、广西、重庆、四川、贵州、云南、西藏、陕西、甘肃、青海、宁夏、新疆 12 个省（区、市）间的人均国内旅游收入存在收敛趋势。通过公式 2 – 3 进一步计算这一收敛趋势的稳态值 φ 为 0.1810、收敛速度 θ 为 2.91%、收敛时间 τ 为 23.82 年。

表 2 – 2 – 3　　　　西部地区国内旅游经济 β – 收敛回归系数值

地区	α	β	R^2	$Adj.\ R^2$	F	DW	样本容量
西部地区	0.2415 (13.2372) ***	– 0.3346 (– 4.0953) ***	0.4288	0.3346	4.0979 ***	2.1691	168

注：＊＊＊表示统计量在 1% 水平下显著，括号内数字为 t 统计值。

2. 西南地区

在进行计量分析之前，首先进行各变量的单位根检验，以确保变量的平稳性。结果显示（表 2 – 2 – 4），西南地区的广西、重庆、四川、贵州、云南、西藏 6 个省（区、市）的人均国内旅游收入增长率（r）通过了 ADF、PP 检验，且在 1% 水平下显著，表明人均国内旅游收入增长率为平稳数据序列。而人均国内旅游收入（y_0）原始数据序列具有非平稳性，但其一阶差分形式具有平稳性，且在 1% 水平下显著，为进一步的计量分析奠定了基础。

表 2 – 2 – 4　　　　西南地区国内旅游经济变量平稳性检验

检验方式	r	$d\ (y_0)$
ADF	25.64 **	24.23 **
PP	56.76 ***	53.97 ***

注：＊＊＊表示统计量在 1% 水平下显著。

就西南地区而言，尽管时间随机效应和双向随机效应通过了 Hausman 检验，但个体随机效应未通过 Hausman 检验，因此，个体采取随机效应，时间采取固定效应更为合适。随机效应的 Hausman 检验表明，西南地区宜采用个体随机和时间固定效应，表 2 - 2 - 5 显示采用个体随机和时间固定效应取得了较好的回归结果。从整体回归效果看，R^2 值为 0.4737（调整的 R^2 值为 0.3132），模型的解释能力达到了预期；F 统计值为 2.9507，在 1% 水平下显著，表明模型整体上显著；在样本容量为 78 的情况下，DW 值为 2.1492，无自相关现象。从回归系数看，常数项为 0.2606，通过了 1% 的显著性水平检验；初始水平的人均国内旅游收入系数为 -0.3998，且通过了 1% 的显著性水平检验，表明西南地区重庆、四川、云南、贵州、西藏和广西 6 个省（区、市）间的人均国内旅游收入存在收敛趋势。通过公式 2 - 2 - 3 计算这一收敛趋势的稳态值 φ 为 0.1862、收敛速度 θ 为 3.65%、收敛时间 τ 为 19.01 年。

表 2 - 2 - 5   西南地区国内旅游经济 β - 收敛回归系数值

地区	α	β	R^2	Adj. R^2	F	DW	样本容量
西南地区	0.2606 (9.5433)***	-0.3998 (-3.3482)***	0.4737	0.3132	2.9507**	2.1492	78

注：**、*** 分别表示统计量在 5%、1% 水平下显著，括号内数字为 t 统计值。

3. 西北地区

在进行计量分析之前，首先进行各变量的单位根检验，以确保变量的平稳性。结果显示（表 2 - 2 - 6），西部地区的内蒙古、广西、重庆、四川、贵州、云南、西藏、陕西、甘肃、青海、宁夏、新疆 12 个省（区、市）的人均国内旅游收入增长率（r）通过了 ADF、PP 检验，且在 1% 水平下显著，表明人均国内旅游收入增长率为平稳数据序列。而人均国内旅游收入（y_0）原始数据序列具有非平稳性，但其一阶差分形式具有平稳性，且在 1% 水平下显著，为进一步的计量分析奠定了基础。

表2－2－6 西北地区国内旅游经济变量平稳性检验

检验方式	r	$d(y_0)$
ADF	29. 53 * * *	26. 16 * *
PP	72. 45 * * *	67. 98 * * *

注：* * *表示统计量在1%水平下显著。

就西北地区而言，个体随机效应、时间随机效应和双向随机效应均未通过 Hausman 检验，表明应采取个体和时间双向随机效应。随机效应的 Hausman 检验表明，西北地区 β － 收敛宜采用双向随机效应，但表2－2－7显示的回归结果效果较差，方程整体效果和各项回归系数未通过显著性检验，这表明在整个考察期内，西北地区内部陕西、甘肃、青海、宁夏、新疆和内蒙古6个省（区）间不存在 β － 收敛趋势。

表2－2－7 西北地区国内旅游经济 β － 收敛回归系数值

地区	α	β	R^2	Adj. R^2	F	DW	样本容量
西北地区	0. 2030 (7. 7932) * * *	－ 0. 1583 （ － 1. 2612）	0. 5403	0. 4001	3. 8527	2. 1502	78

注：* * *表示统计量在1%水平下显著，括号内数字为t统计值。

（三）俱乐部收敛

对于旅游经济俱乐部收敛而言，需首先验证俱乐部内部是否趋于收敛，而后进行俱乐部之间收敛性的检验。β － 收敛分析结果显示，西南地区存在收敛趋势，西北地区则不存在收敛特征。接下来分析西南和西北两大旅游经济集团之间是否存在收敛趋势。根据公式2－2－4计算出了 Theil 指数 T_{BR} 值（表2－2－8），并据此作出了趋势图2－2－5。由表2－2－8和图2－2－5可看出西南和西北二地区间旅游经济发展差异程度 T_{BR} 整体呈现出下降趋势（2003年除外），其值由2000年的0.0131下降到2014年的0.0062，表明二地区间的旅游经济发展差异程度趋于缩小。通过西南和西北二地区内部以及二地区之间的收敛分析，并根据俱乐部收敛的定义，可以判断2000—2014年西南和西北二地区旅游经济发展不存在俱乐部收敛特征，尽管西南地区内部重庆、四川、云南、贵州、西藏和广西 6 个省（区、市）间旅游经济存在收敛趋势。

表 2 - 2 - 8　　2000—2014 年西部、西南和西北地区国内旅游经济 Theil 指数值

指数	西南（T_{Pi}）	西北（T_{Pi}）	T_{BR}	T_P
2000	0.0428	0.1480	0.0131	0.0823
2001	0.0450	0.1210	0.0124	0.0761
2002	0.0371	0.1032	0.0130	0.0663
2003	0.0303	0.1174	0.0177	0.0683
2004	0.0241	0.0928	0.0035	0.0468
2005	0.0149	0.0950	0.0064	0.0435
2006	0.0145	0.0890	0.0082	0.0430
2007	0.0195	0.0813	0.0057	0.0426
2008	0.0200	0.0888	0.0029	0.0432
2009	0.0149	0.1066	0.0042	0.0456
2010	0.0151	0.0936	0.0046	0.0422
2011	0.0168	0.0839	0.0053	0.0413
2012	0.0173	0.0711	0.0069	0.0394
2013	0.0138	0.0677	0.0050	0.0345
2014	0.0116	0.0852	0.0062	0.0388

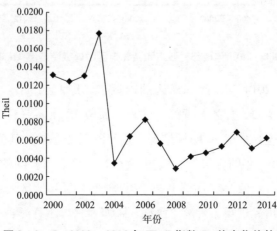

图 2 - 2 - 5　2000—2014 年 Theil 指数 T_{BR} 值变化趋势

（四）进一步的讨论

描述性统计分析显示：从省级层面上看，整个西部地区内蒙古、广西、重庆、四川、贵州、云南、西藏、陕西、甘肃、青海、宁夏、新疆12个省（区、市）和西南地区重庆、四川、云南、贵州、西藏和广西6个省（区、市）间国内旅游经济的均衡化发展已成为主流变化趋势，这一变化趋势不同于西北地区的陕西、甘肃、青海、宁夏、新疆和内蒙古6个省（区）间国内旅游经济差异波动的态势。为降低结论偏误的概率，进一步通过 Theil 指数对上述结论进行验证和比较。根据公式2-2-5和公式2-2-6计算出了西部、西南和西北地区国内旅游经济的 Theil 指数 T_{Pi} 和 T_P 值（表2-2-8），并据此作出了趋势图2-2-6。由表2-2-8和图2-2-6可看出：

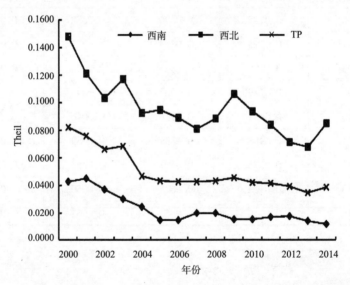

图2-2-6　2000—2014年西部、西南和西北地区国内旅游经济 Theil 指数变化趋势

1. 2000—2014 年，西部地区的内蒙古、广西、重庆、四川、贵州、云南、西藏、陕西、甘肃、青海、宁夏、新疆12个省（区、市）间国内旅游经济发展差异程度 T_P 明显呈现出逐年降低的态势，其值由 2000 年的0.0823 降至2014 年的0.0388，表明12个省（区、市）间的旅游经济发展差异程度缩小、收敛趋势明显，进一步验证了西部地区内部内蒙古、广西、重庆、四川、贵州、云南、西藏、陕西、甘肃、青海、宁夏、新疆12个省（区、市）间旅游经济均衡化发展的趋势。

2. 西南地区的重庆、四川、云南、贵州、西藏和广西 6 个省（区、市）间旅游经济发展差异 T_{P_i} 处于持续下降状态，由 2000 年的 0.0428 下降至 2014 年的 0.0116，表明西南地区内部重庆、四川、云南、贵州、西藏和广西 6 个省（区、市）间国内旅游经济差距趋于缩小，收敛趋势明显，验证了西南地区旅游经济均衡化发展的趋势。

3. 西北地区的陕西、甘肃、青海、宁夏、新疆和内蒙古 6 个省（区）间旅游经济发展差异程度 T_{P_i} 整体表现出下降趋势（2003 年因 SARS 影响出现突然跳跃，不具有一般性特征，故除外），地区内部旅游经济差异程度缩小，具有均衡化发展特征，但内部波动趋势明显。进一步的收敛分析对西部地区、西南地区和西北地区内部省（区、市）间旅游经济发展的不同变化趋势给出了更为精确的计量结果。就西部地区而言，2000—2014 年，西部地区的内蒙古、广西、重庆、四川、贵州、云南、西藏、陕西、甘肃、青海、宁夏、新疆 12 个省（区、市）间人均国内旅游收入表现出比较明显的 σ - 收敛趋势，β - 收敛分析结果支持人均国内旅游收入收敛的趋势。通过这些分析，可以得到基本的认识：考察期内西部地区内蒙古、广西、重庆、四川、贵州、云南、西藏、陕西、甘肃、青海、宁夏、新疆 12 个省（区、市）间人均国内旅游收入存在全域性收敛，这与描述性统计及 Theil 指数的分析结果——西部地区内蒙古、广西、重庆、四川、贵州、云南、西藏、陕西、甘肃、青海、宁夏、新疆 12 个省（区、市）间旅游经济差异趋于缩小，呈现均衡化发展的趋势一致。进一步的测算显示，全域性收敛的平均速度为 2.91%、收敛时间为 23.82 年。王淑新等（2011）的研究结果显示，2000—2008 年，中国大陆 31 个省（区、市）间旅游经济的平均收敛速度为 3.80%，收敛时间为 18.20 年。[①] 与这一结果相比，中国西部地区内蒙古、广西、重庆、四川、贵州、云南、西藏、陕西、甘肃、青海、宁夏、新疆 12 个省（区、市）间旅游经济的收敛速度和收敛时间分别比全国水平慢了 0.89 个百分点和 5.62 年，意味着西部地区旅游经济较慢的均衡化发展趋势。

---

① 王淑新、何元庆、王学定：《中国旅游经济的区域发展特征及影响因素实证研究》，《商业经济与管理》2011 年第 4 期，第 89—96 页。

就西南地区而言，2000—2014 年，重庆、四川、云南、贵州、西藏和广西 6 个省（区、市）间人均国内旅游收入表现出比较明显的 σ – 收敛趋势，β – 收敛分析结果支持人均国内旅游收入收敛的趋势。这表明，考察期内西南地区的重庆、四川、云南、贵州、西藏和广西 6 个省（区、市）间人均国内旅游收入存在全域性收敛，与描述性统计及 Theil 指数的分析结果——西南地区的重庆、四川、云南、贵州、西藏和广西 6 个省（区、市）间旅游经济差异缩小、均衡化发展的趋势一致，这一结果与西部地区内蒙古、广西、重庆、四川、贵州、云南、西藏、陕西、甘肃、青海、宁夏、新疆 12 个省（区、市）间旅游经济存在收敛的结论一致。进一步的测算表明，西南地区 6 省（区、市）间旅游经济的平均收敛速度为 3.65%，快于西部地区整体水平（2.91%）0.74 个百分点，但慢于全国平均水平（3.80%）① 0.15 个百分点；收敛时间为 19.01 年，短于西部地区整体水平（23.82 年）4.81 年，长于全国平均水平（18.20 年）（王淑新等，2011）0.81 年，这意味着西南地区重庆、四川、云南、贵州、西藏和广西 6 个省（区、市）间较快的均衡化发展趋势，与刘春济和高静（2008）的研究结论：西南地区旅游产业集聚程度减弱，② 具有一致性。

就西北地区而言，2000—2014 年，西北地区的陕西、甘肃、青海、宁夏、新疆和内蒙古 6 个省（区）间国内旅游经济存在 σ – 收敛，描述性统计及 Theil 指数的分析结果显示，西北地区的陕西、甘肃、青海、宁夏、新疆和内蒙古 6 个省（区）间旅游经济差异表现为先缩小、后扩大的两阶段特征，β – 收敛分析结果也完全不支持西北地区国内旅游经济收敛的趋势。

此外，西南地区和西北地区间旅游经济不存在俱乐部收敛，尽管西南地区内部旅游经济收敛趋势明显。

---

① 王淑新、何元庆、王学定：《中国旅游经济的区域发展特征及影响因素实证研究》，《商业经济与管理》2011 年第 4 期，第 89—96 页。
② 刘春济、高静：《中国旅游产业集聚程度变动趋势实证研究》，《商业经济与管理》2008 年第 11 期，第 68—75 页。

第三节　空间格局演变驱动因素

一　影响因素选择及模型设定

Pearce（1995）识别出区域旅游供给的五大空间影响因素为：吸引物、交通、住宿、支持设施和基础设施；① Prideaux（2005）将影响旅游的因素总结为：需求因素（包括价格和个人选择）、政府因素（包括政府对旅游的态度、交通政策、货币政策、政府服务及经济政策）、个人因素（包括旅行工具、国内价格水平）、无形因素（包括景区吸引能力和旅行者的想象力）、外部经济因素（包括国家经济、汇率和收入效应）、外部政治和健康因素（包括恐怖主义及政治风险、国际关系和健康状况）。② 结合中国国内旅游经济的变化特征，并根据数据资料的可得性，本书分析上期旅游经济发展水平、旅游要素投入、旅游交通设施、旅游服务设施、经济发展水平和已开发旅游资源水平6类因素的9个指标对国内旅游经济空间变化的影响。

（一）上期旅游经济发展水平

作为计量模型的一部分，上期旅游经济发展水平对本期增长率有重要影响，能够很好地解释国内旅游经济发展速度，以 y_{t-1} 表示。

（二）旅游要素投入

Blake 等（2006）以英国为例的分析研究表明，固定资产投资和人力资本投资对英国旅游经济的发展产生了重要影响；③ Liu 和 Wall（2005）则分析了中国人力资本的发展变化对旅游业的影响；④ 马晓龙（2009）的

----

① Pearce, D. G., Tourist Today: *A Geographical Analysis* (2nd edition), Harlow: Longman Scientific and Technical Press, 1995.

② Prideaux, B., Factors affecting bilateral tourism flows, *Annals of Tourism Research*, 2005, 32 (3), pp. 780-801.

③ Blake, A., Sinclair, M. T., Soria, J. A. C., Tourism productivity: Evidence from the United Kingdom, *Annals of Tourism Research*, 2006, 33 (4), pp. 1099-1120.

④ Liu, A., Wall, G., Human Resources Development in China, *Annals of Tourism Research*, 2005, 32 (3), pp. 689-710.

研究表明城市旅游资源投入规模的差异是形成旅游绩效和发展阶段差异的根本原因。① 本书的分析以旅游业固定资产投资和旅游业从业人员两个指标表示，反映资本投入和劳动投入对不同省（区、市）国内旅游经济的影响。其中，旅游业固定资产投资以交通运输、住宿和餐饮业的固定资产投资为代理变量，以 iv 表示；旅游业从业人员以交通运输、住宿和餐饮业的职工人数为代理变量，以 hu 表示。

（三）旅游交通设施

交通等基础设施对发展旅游具有重要作用，McElroy（2006）对 36 个岛屿的旅游开发进行研究发现，交通基础设施，尤其是政府的投资建设对旅游地的发展具有重要意义；② Khadaroo 和 Seetanan（2007）构建了国际旅游需求面板估计模型，并以毛里求斯为例进行实证研究发现，交通设施对旅游地发展的促进效应显著，来自欧洲、美洲和亚洲的游客对岛上的交通基础设施尤其敏感③；Massidda 和 Etzo（2012）利用面板数据模型对意大利国内旅游需求的影响因素进行实证研究发现，交通因素对旅游需求的拉动作用显著；④ 赵东喜（2008）通过实证研究发现，交通基础设施是提高不同省（区、市）国际旅游收入的关键，且在各区域层次上的影响作用具有差异性；⑤ 苏建军等（2012）采用协整分析和格兰杰（Granger）因果关系检验方法分析了交通客运量与旅游客流量的关系，研究发现，铁路客运量和公路客运量与入境旅游客流量存在单向格兰杰因果关系，铁路客运量与国内旅游客流量无格兰杰因果关系。⑥ 张广海和赵金金（2015）的研究显示，二级公路、民航航线、一级公路、高速公路、内河航道设施均对

① 马晓龙：《基于绩效差异的中国主要城市旅游发展阶段演化》，《旅游学刊》2009 年第 24 卷第 6 期，第 25—30 页。

② McElroy, J. L., Small island tourist economics across the lifecycle, *Asia Pacific Viewpoint*, 2006, 47 (1), pp. 61-77.

③ Khadaroo, J., Seetanah, B., Transport Infrastructure and Tourism Development, *Annals of Tourism Research*, 2007, 34 (4), pp. 1021-1032.

④ Massidda, C., Etzo, I., The Determinants of Italian Domestic Tourism: A Panel Data Analysis, *Tourism Management*, 2012, 33 (3), pp. 603-610.

⑤ 赵东喜：《中国省际入境旅游发展影响因素研究——基于分省面板数据分析》，《旅游学刊》2008 年第 23 卷第 1 期，第 41—45 页。

⑥ 苏建军、孙根年、赵多平：《交通巨变对中国旅游业发展的影响及地域类型划分》，《旅游学刊》2012 年第 27 卷第 6 期，第 41—51 页。

我国区域旅游经济的发展产生影响。[1] 本书采用等级公路密度衡量旅游交通设施水平，等级公路密度是衡量一区域可进入性的重要标准，其值越高，表明公路网络越密集，可达性越强；反之，公路网络越疏松，可达性越弱，以 ro 表示，其计算公式表示为：

$$ro_j = \frac{l_j}{a_j} \qquad 2-2-14$$

式 2-2-14 中，ro_j、l_j 和 a_j 分别为 j 省（区、市）等级公路密度、等级公路长度和国土面积。

（四）旅游服务设施

翁瑾（2008）的分析结果显示，旅游服务设施对旅游经济的发展具有重要影响[2]；陆林和余凤龙（2005）认为产业结构对旅游经济发展影响显著[3]。本书以第三产业比重（te）和星级酒店水平（st）两个指标衡量旅游服务设施水平，反映产业结构变动和星级酒店水平对不同省（区、市）旅游经济空间结构变化的影响。其中，星级酒店是旅游经营活动的物质条件[4]，是衡量一个区域旅游接待能力的重要指标，本书采用星级酒店得分衡量不同省（区、市）星级酒店水平状况（st_j），其值越大，旅游接待能力越强；反之，则旅游接待能力越弱，其计算公式可以表示为：

$$st_j = \sum_{n=1}^{5} n \times q_{n-Star} \qquad 2-2-15$$

式 2-2-15 中，st_j 和 q_{n-Star} 分别为 j 省（区、市）星级酒店水平和 $n-Star$ 酒店数量。

（五）经济发展水平

Hamilton 等（2005）基于 207 个国家的汉堡国际旅游流仿真模型的分

① 张广海、赵金金：《我国交通基础设施对区域旅游经济发展影响的空间计量研究》，《经济管理》2015 年第 37 卷第 7 期，第 116—126 页。

② 翁瑾：《规模经济、产品差异与中国入境旅游空间结构的变动》，《旅游学刊》2008 年第 23 卷第 6 期，第 30—35 页。

③ 陆林、余凤龙：《中国旅游经济差异的空间特征分析》，《经济地理》2005 年第 25 卷第 3 期，第 406—410 页。

④ 赵东喜：《中国省际入境旅游发展影响因素研究——基于分省面板数据分析》，《旅游学刊》2008 年第 23 卷第 1 期，第 41—45 页。

析结果显示，收入水平的提高将提升人们的出游频率[1]；Lim（1999）对100 份研究论文的统计结果显示，对影响游客数量最经常被引用的变量是收入；[2] Nadal 等（2004）认为人均国内生产总值对旅游经济具有重要影响；[3] 冯英杰和吴小根（2010）、[4] 蒋蓉华和周久贺（2010）、[5] 乌铁红等（2009）[6] 等针对中国不同区域的分析结果显示，经济发展水平对旅游经济的发展具有重要影响。一定程度上，经济发展水平越高，国内旅游经济越发达，反之国内旅游经济越落后，以城镇居民可支配收入（ci）和农村居民人均纯收入（fi）衡量。

（六）已开发旅游资源水平

旅游资源是发展旅游经济的物质性基础。[7] 冯英杰和吴小根（2010）、[8] 史春云等（2007）、[9] 翁瑾（2008）、[10] 乌铁红等（2009）、[11] 王淑新等（2012）、[12] 赵东喜（2008）[13] 的分析结果显示，旅游资源对旅游经

[1] Hamilton, J. M., Maddison, D. J., Tol, R. S. J., Climate Change and International Tourism: A Simulation Study, *Global Environmental Change*, 2005, 15 (3), pp. 253-266.

[2] Lim, C., A Meta-analytic Review of International Tourism Demand, *Journal of Travel Research*, 1999, 37 (3), pp. 273-284.

[3] Nadal, J. R., Font, A. R., Rosselló, A. S., The Economic Determinants of Seasonal Patterns. *Annals of Tourism Research*, 2004, 31 (3), pp. 697-711.

[4] 冯英杰、吴小根：《旅游产业集聚程度的时空演变研究——以浙江省为例》，《山东师范大学学报》（自然科学版）2010 年第 25 卷第 3 期，第 90—94 页。

[5] 蒋蓉华、周久贺：《基于灰色关联分析的国内旅游收入影响因素研究》，《商业研究》2010 年第 8 期，第 203—206 页。

[6] 乌铁红、张捷、李文杰等：《中国入境旅游经济发展水平的空间格局演变及成因》，《干旱区资源与环境》2009 年第 23 卷第 5 期，第 189—194 页。

[7] Melián-González, A., Arcía-Falcón, J. M., Competitive Potential of Tourism in Destination, *Annals of Tourism Research*, 2003, 30 (3), pp. 720-740。

[8] 冯英杰、吴小根：《旅游产业集聚程度的时空演变研究——以浙江省为例》，《山东师范大学学报》（自然科学版）2010 年第 25 卷第 3 期，第 90—94 页。

[9] 史春云、张捷、尤海梅等：《四川省旅游区域核心——边缘空间格局演变》，《地理学报》2007 年第 62 卷第 6 期，第 631—639 页。

[10] 翁瑾：《规模经济、产品差异与中国入境旅游空间结构的变动》，《旅游学刊》2008 年第 23 卷第 6 期，第 30—35 页。

[11] 乌铁红、张捷、李文杰等：《中国入境旅游经济发展水平的空间格局演变及成因》，《干旱区资源与环境》2009 年第 23 卷第 5 期。

[12] 王淑新、王学定、徐建卫：《西部地区旅游经济空间变化趋势及影响因素研究》，《旅游科学》2012 年第 26 卷第 6 期，第 35—47 页。

[13] 赵东喜：《中国省际入境旅游发展影响因素研究——基于分省面板数据分析》，《旅游学刊》2008 年第 23 卷第 1 期，第 41—45 页。

济的发展具有重要影响。本书采用 4A 和 5A 级景区得分衡量不同省（区、市）已开发旅游资源水平状况（sc_j），它们客观地反映了区域旅游资源开发和旅游地建设的质量水平，提供了一种较为公认的依据，且能够避免重复计算，[①] 4A 级和 5A 级景区得分越高则已开发旅游资源水平越高，计算公式为：

$$sc_j = \sum_{n=4}^{5} n \times q_{nA} \qquad\qquad 2-2-16$$

式 2 - 2 - 16 中，sc_j 和 q_{nA} 分别为 j 省（区、市）已开发旅游资源水平和 nA 级景区数量。

基于上述分析，本书将旅游经济空间结构变化影响因素的回归模型设定为如下形式：

$$\ln(r_{jt}) = c(0) + c(1)\ln(y_{jt-1}) + \sum_{k=2}^{9} c_k \ln(x_{jt}) + \varepsilon_{jt} \qquad 2-2-17$$

$$\varepsilon_{jt} \sim N(0, \sigma^2)$$

式 2 - 2 - 17 中，r_{jt} 为增长率，y_{jt-1} 为上期人均国内旅游收入水平，x_{jt} 为影响因素，包括旅游要素投入、交通设施、服务设施、经济发展水平和已开发旅游资源水平，各变量均取自然对数形式，以提高序列的平稳性。如果上期旅游收入水平的系数 $c(1)$ 为负值，则表明旅游收入水平与其增长率呈反向变化关系，即旅游收入水平高的省（区、市），其增长率较慢；旅游收入水平低的省（区、市），其增长率较快。这一现象由边际报酬递减规律引起，结果是旅游经济落后省（区、市）比发达省（区、市）有着相对更快的增长率，从而不同水平的省（区、市）间旅游经济差异逐渐缩小，出现收敛现象和均衡化发展的趋势；相反地，如果上期旅游收入水平的系数 $c(1)$ 为正值，则表明旅游收入水平与其增长率呈同向变化，即旅游收入水平高的省（区、市），其增长率较快；旅游收入水平低的省（区、市），其增长率较慢。这一现象由规模报酬递增规律引起，旅游经济相对发达省（区、市）仍然处于规模报酬递增阶段，增长率较高，或者旅游经济落后地区仍然没有驶入发展的轨道，结果是旅游经济发达省（区、市）比落后省（区、市）有着相对较高的增长率，导致较发达省（区、市）旅

---

① 敖荣军、韦燕生：《中国区域旅游发展差异影响因素研究》，《财经研究》2006 年第 32 卷第 3 期，第 32—43 页。

游经济集聚现象的产生，不同水平的省（区、市）间差异逐渐扩大，形成极化、非均衡化发展的趋势；其他影响因素具有类似效果，如果旅游要素投入、交通设施、服务设施、对外开放水平和已开发旅游资源水平系数为负值，表明其与旅游经济增长率呈反向变化关系，旅游要素投入、交通设施、服务设施、对外开放水平和已开发旅游资源水平较高地区，旅游经济增长率较慢；旅游要素投入、交通设施、服务设施、对外开放水平和已开发旅游资源水平较低地区，旅游经济增长率较快，边际报酬递减规律在其中发挥着作用。如果旅游要素投入、交通设施、服务设施、对外开放水平和已开发旅游资源水平系数符号为正值，表明其与旅游经济增长率呈同向变化关系，旅游要素投入、交通设施、服务设施、对外开放水平和已开发旅游资源水平较高地区，旅游经济增长率较快；旅游要素投入、交通设施、服务设施、对外开放水平和已开发旅游资源水平较低地区，旅游经济增长率较慢，规模报酬递增规律在其中发挥着作用。

二　回归结果分析与讨论

本研究尽管各变量已取自然对数形式提高序列的平稳性，但仍然采用了更为精确的 ADF、PP 方法进行单位根检验，以验证变量序列的平稳性，结果显示在表 2 - 2 - 9 中。国内旅游收入增长率、旅游业从业人员、第三产业比重、已开发旅游资源水平原始序列均为平稳序列，通过了显著性水平为 1% —10% 的 ADF、PP 检验，上期旅游经济发展水平、旅游业固定资产投资、等级公路密度水平、城镇居民可支配收入、农村居民人均纯收入、星级酒店水平原始序列为非平稳序列，但上期旅游经济发展水平、旅游业固定资产投资、等级公路密度水平、城镇居民可支配收入、星级酒店水平其一阶差分形式变为平稳序列，通过了显著性水平为 1% —10% 的 ADF、PP 检验，农村居民人均纯收入二阶差分形式变为平稳序列。

表 2 - 2 - 9　　　　　　　　　变量平稳性检验

变量	ADF	PP
r_t	57. 89***	125. 80***
y_{t-1}	2. 34	16. 59
$d\,(y_{t-1})$	55. 97***	121. 29***

变量	ADF	PP
iv	12.03	40.04 **
$d\,(iv)$	63.97 ***	101.37 ***
hu	38.27 **	82.46 ***
ro	6.68	4.40
$d\,(ro)$	34.02 *	60.22 ***
te	37.26 **	48.68 ***
st	44.88 ***	113.49 ***
ci	2.81	3.44
$d\,(ci)$	57.74 ***	84.59 ***
fi	0.09	0.01
$d\,(fi,\,2)$	87.31 ***	185.54 ***
sc	9.79	21.83
$d\,(sc)$	51.14 ***	120.71 ***

注：*、**、***分别表示统计量在10%、5%、1%水平下显著。

基于面板方法用 Eviews 6.0 软件对计量模型 2－2－12 进行估计，考虑到面板数据量相对较少而变量相对较多的情况，采用固定效应形式估计回归方程。事实上，固定效应模型反映了模型没有包括但长期稳定地影响旅游经济的一些变量，如地理位置、文化差异等，[1] 能够弥补模型的不足。表 2－2－10 显示了西部地区旅游经济发展影响因素的回归结果。

表 2－2－10　　　　西部、西南和西北地区国内旅游经济影响因素回归分析

变量	系数值	t 值	p 值
c	1.7762	1.7305	0.0863
$d\,(y_0)$	－0.3757	－4.4156	0.0000
$d\,(iv)$	0.1589	1.6126	0.0992

---

① 郭为、何媛媛：《旅游产业的区域集聚、收敛与就业差异：基于分省面板的说明》，《旅游学刊》2008 年第 23 卷第 3 期，第 29—36 页。

变量	系数值	t 值	p 值
hu	0. 0576	0. 8224	0. 4126
d (ro)	0. 2844	1. 5936	0. 1138
te	− 0. 2392	− 1. 1963	0. 2341
st	− 0. 1331	− 1. 4831	0. 1408
d (ci)	− 0. 9607	− 2. 1009	0. 0379
d (fi, 2)	0. 6482	1. 9851	0. 0496
d (sc)	− 0. 0890	− 2. 0082	0. 0470
R^2	0. 4974		
Adj. R^2	0. 3583		
F	3. 5755		
DW	2. 0828		
样本数量	144		

（一）西部地区回归结果

就西部地区而言，整体回归效果良好，模型拟合度 R^2 值为 0. 4974（调整的 R^2 值为 0. 3583），模型的解释能力达到了预期要求；F 检验值为 3. 5755，且在 1% 水平下显著，表明模型整体回归效果显著；DW 值为 2. 0828，表明模型基本无自相关现象。

从各影响因素的回归系数看，上期国内旅游收入水平（回归系数为 − 0. 3757，且通过了 1% 的显著性水平检验）、城镇居民可支配收入水平（回归系数为 − 0. 9607，且通过了 5% 的显著性水平检验）、已开发旅游资源水平（回归系数为 − 0. 0890，且通过了 5% 的显著性水平检验）均为负值，表明上期国内旅游收入、城镇居民可支配收入、已开发旅游资源水平与国内旅游收入增长率呈反向变化关系，即上期国内旅游收入、旅游业人力资本投入、城镇居民可支配收入、已开发旅游资源较高水平地区，国内旅游收入增长率较慢；而上期国内旅游收入、城镇居民可支配收入、已开发旅游资源较低水平地区，其增长率较快，这一变化趋势促进了不同旅游收入水平地区差异的缩小，推动了西部地区内蒙古、广西、重庆、四川、贵州、云南、西藏、陕西、甘肃、青海、宁夏、新疆 12 个省（区、市）间国内旅游经济的均衡化发展。旅游业固定资产投资系数为 0.1589 且通过了 10% 的显著性水平检验，农村居民人均纯收入系数为 0.6482 且通过了 5% 的显著性水平检验，表明旅游业固定资产投资水平、农村居民人均纯收入水平与国内旅游收入增长率呈同向变化关系，即旅游业固定资产投资水平、农村居民人均纯收入水平较高地区，国内旅游收入增长率较快；而旅游业固定资产投资水平、农村居民人均纯收入较低地区，国内旅游收入增长率较慢。实际上，在很大程度上，旅游业固定资产投资水平、农村居民人均纯收入水平较高地区是旅游经济较发达地区，旅游业固定资产投资水平、农村居民人均纯收入水平较低地区是旅游经济较落后地区。这意味着，在过去的考察时间里，相对于旅游经济较发达地区，旅游经济较落后地区的旅游业固定资产投资水平、农村居民人均纯收入水平建设并未取得更快进展，为西部地区内蒙古、广西、重庆、四川、贵州、云南、西藏、陕西、甘肃、青海、宁夏、新疆 12 个省（区、市）旅游经济的差异扩大贡献了力量。此外，旅游业人力资本投入、等级公路密度、第三产业比重、星级酒店的回归系数均未通过显著性检验，值得进一步验证。

以上分析显示，城镇居民可支配收入、已开发旅游资源水平的回归系数均为负值，表明国内旅游经济相对落后地区随着城镇居民可支配收入水平和已开发旅游资源水平的不断提高，旅游收入增长率显著快于国内旅游经济发达地区，促进了西部地区内蒙古、广西、重庆、四川、贵州、云南、西藏、陕西、甘肃、青海、宁夏、新疆 12 个省（区、市）间国内旅游经济差异的缩小，具有收敛效应。但旅游业固定资产投资、农村居民人均纯收入的系数为正值，表明国内旅游经济相对发达地区旅游业固定资产投资水平、农村居民人均纯收入水平不断提高，促使国内旅游收入增长率显著快于旅游经济落后地区，促进了西部地区内蒙古、广西、重庆、四川、贵州、云南、西藏、陕西、甘肃、青海、宁夏、新疆 12 个省（区、市）间国内旅游经济差异的扩大，具有集聚效应。前面的分析显示，西部地区内蒙古、广西、重庆、四川、贵州、云南、西藏、陕西、甘肃、青海、宁夏、新疆 12 个省（区、市）间旅游经济呈现了均衡化发展的趋势，表明收敛效应因素（城镇居民可支配收入和已开发旅游资源水平）所起的收敛作用大于集聚效应因素（旅游业固定资产投资水平、农村居民人均纯收入）所起的集聚作用。

通过公式 2 - 2 - 3 可以进一步计算西部地区内蒙古、广西、重庆、四川、贵州、云南、西藏、陕西、甘肃、青海、宁夏、新疆 12 省（区、市）间国内旅游经济的稳态值为 1. 2911，收敛速度为 3. 37%，快于绝对 β - 收敛速度（2. 91%）0. 46 个百分点、收敛时间 τ 由原来的 23. 82 年缩短至 20. 60 年。明显地，在西部地区内蒙古、广西、重庆、四川、贵州、云南、西藏、陕西、甘肃、青海、宁夏、新疆 12 个省（区、市）旅游经济发展过程中，促进旅游经济收敛的因素占了主导地位。

（二）西南地区回归结果

变量序列平稳性检验结果显示在表 2 - 2 - 11 中。国内旅游收入增长率、旅游业从业人员、第三产业比重、已开发旅游资源水平原始序列均为平稳序列，通过了显著性水平为 1% —10% 的 ADF、PP 检验，上期旅游经济发展水平、旅游业固定资产投资、等级公路密度水平、城镇居民可支配收入、农村居民人均纯收入、星级酒店水平原始序列为非平稳序列，但上期旅游经济发展水平、旅游业固定资产投资、等级公路密度水平、城镇居民可支配收入、星级酒店水平其一阶差分形式变为平稳序列，通过了显著性水平为 1% —10% 的 ADF、PP 检验，农村居民人均纯收入二阶差分形式变为平稳序列。

表 2 - 2 - 11　　　　　　　　　　变量平稳性检验

变量	ADF	PP
r_t	27. 62 ***	59. 70 ***
y_{t-1}	0. 52	0. 26
$d (y_{t-1})$	28. 62 ***	60. 17 ***
iv	4. 76	17. 09
$d (iv)$	36. 82 ***	57. 54 ***
hu	21. 63 **	54. 61 ***
ro	3. 80	2. 97
$d (ro)$	16. 87	26. 54 ***
te	20. 26 *	30. 89 ***
st	23. 09 **	67. 73 ***

续表

变量	ADF	PP
ci	1.63	1.85
$d(ci)$	28.68***	45.30***
fi	0.07	0.01
$d(fi, 2)$	45.37***	86.21***
sc	6.05	11.42
$d(sc)$	28.90***	60.66***

注：*、**、***分别表示统计量在10%、5%、1%水平下显著。

就西南地区而言，整体回归效果良好，模型拟合度 R^2 值为0.4773（调整的 R^2 值为0.2724），模型的解释能力达到了预期要求；F检验值为2.3288，且在1%水平下显著，表明模型整体上显著；DW 值为1.9872，表明模型基本无自相关现象。

表2-2-12　　西南地区国内旅游经济影响因素回归分析

变量	系数值	t 值	p 值
c	2.7682	2.0871	0.0419
$d(y_0)$	-0.4277	-3.1474	0.0028
$d(iv)$	-0.0367	-0.1993	0.8428
hu	-0.0956	-1.2120	0.2311
$d(ro)$	0.7372	2.2725	0.0273
te	-0.4844	-2.0092	0.0498
st	0.0448	0.5425	0.5898
$d(ci)$	-1.7344	-2.2920	0.0261
$d(fi, 2)$	0.7012	1.3258	0.1908
$d(sc)$	-0.0500	-0.3354	0.7387
R^2	0.4773		
Adj. R^2	0.2724		
F	2.3288		
DW	1.9872		
样本数量	72		

从各影响因素的回归系数看，上期国内旅游收入水平（回归系数为 -0.4277，且通过了1%的显著性水平检验）、第三产业比重（回归系数为 -0.4844，且通过了5%的显著性水平检验）、城镇居民可支配收入水平（回归系数为 -1.7344，且通过了5%的显著性水平检验）为负值，表明上期国内旅游收入水平、第三产业比重、城镇居民可支配收入与旅游收入增长率呈反向变化关系，即上期国内旅游收入、第三产业比重、城镇居民可支配收入较高水平地区，旅游收入增长率较慢；而上期国内旅游收入、第三产业比重、城镇居民可支配收入较低水平地区，旅游收入增长率较快。明显地，这一变化趋势促进了不同旅游收入水平地区差异的缩小，推动了西南地区重庆、四川、云南、贵州、西藏和广西6个省（区、市）间国内旅游经济的均衡化发展。等级公路密度水平系数为0.7372，且通过了5%的显著性水平检验，表明等级公路密度水平与国内旅游收入增长率呈同向变化关系，即等级公路密度水平较高地区，国内旅游收入增长率较快，而等级公路密度水平较低地区，国内旅游收入增长率较慢，加剧了不同旅游收入水平地区差异的扩大。此外，旅游业固定资产投资、人力资本投入、已开发旅游资源水平、农村居民人均纯收入和星级酒店水平回归系数均未通过显著性检验，值得进一步验证。

以上分析显示，第三产业比重、城镇居民可支配收入水平系数为负值，表明旅游经济相对落后地区随着城镇居民可支配收入水平的不断提高，促使旅游收入增长率显著快于旅游经济发达地区，促进了不同省（区、市）间旅游经济差异的缩小，具有收敛效应。但等级公路密度水平的系数为正值，表明旅游经济相对发达地区星级酒店水平不断提高，促使旅游收入增长率显著快于旅游经济落后地区，促进了不同省（区、市）间旅游经济差异的扩大，具有集聚效应。前面的分析显示，西南地区重庆、四川、云南、贵州、西藏和广西6个省（区、市）间旅游经济呈现均衡化发展的趋势，表明收敛效应因素（第三产业比重、城镇居民可支配收入）所起的收敛作用大于集聚效应因素（等级公路密度水平）所起的集聚作用。

通过公式2-2-3可以进一步计算西南地区重庆、四川、云南、贵州、西藏和广西6个省（区、市）间国内旅游经济的稳态值为1.9389，收敛速度为3.99%，快于绝对β-收敛速度（3.65%）0.34个百分点、收敛时间τ由原来的19.01年缩短至17.39年。明显地，在这一作用过程中，促进西南地区旅游经济收敛的因素占了主导地位。

（三）西北地区回归结果

变量序列平稳性检验结果显示在表2-2-13中。国内旅游收入增长率、旅游业从业人员、第三产业比重、已开发旅游资源水平原始序列均为平稳序列，通过了显著性水平为1%—10%的ADF、PP检验，上期旅游经济发展水平、旅游业固定资产投资、等级公路密度水平、城镇居民可支配收入、农村居民人均纯收入、星级酒店水平原始序列为非平稳序列，但上期旅游经济发展水平、旅游业固定资产投资、等级公路密度水平、城镇居民可支配收入、星级酒店水平其一阶差分形式变为平稳序列，通过了显著性水平为1%—10%的ADF、PP检验，农村居民人均纯收入二阶差分形式变为平稳序列。

表2-2-13　　　　　　　　　　变量平稳性检验

变量	ADF	PP
r_t	30.27***	66.10***
y_{t-1}	1.82	16.33
$d(y_{t-1})$	27.34***	61.11***
iv	7.26	22.95**
$d(iv)$	27.15***	43.83***
hu	16.64	27.85***
$d(hu)$	22.18**	33.40***
ro	2.88	1.43
$d(ro,2)$	31.04***	92.58***
te	17.00	17.79
$d(te)$	30.62***	70.25***
st	21.79**	45.76***
ci	1.18	1.59
$d(ci)$	29.06***	39.29***
fi	0.02	0.01
$d(fi,2)$	41.94***	99.33***
sc	3.74	10.40
$d(sc)$	22.23**	60.05***

注：*、**、***分别表示统计量在10%、5%、1%水平下显著。

就西北地区而言，整体回归效果良好，模型拟合度 R^2 值为 0.6775（调整的 R^2 值为 0.5024），模型的解释能力达到了预期要求；F 检验值为 3.8671，且在 1% 水平下显著，表明模型整体上显著；DW 值为 1.7765，表明模型有一定的自相关现象。

表 2－2－14　　　西北地区国内旅游经济影响因素回归分析

变量	系数值	t 值	p 值
c	0.7209	0.8475	0.4011
$d\ (y_0)$	－0.3422	－2.5403	0.0145
$d\ (iv)$	0.2504	2.2257	0.0310
$d\ (hu)$	－0.0908	－0.7225	0.4736
$d\ (ro,\ 2)$	0.0625	0.4035	0.6885
$d\ (te)$	0.1594	0.4794	0.6340
st	－0.0883	－0.6441	0.5227
$d\ (ci)$	0.0781	0.1156	0.9085
$d\ (fi,\ 2)$	0.7344	1.7149	0.0931
$d\ (sc)$	0.0052	0.0585	0.9536
R^2		0.6776	
Adj. R^2		0.5024	
F		3.8671	
DW		1.7765	
样本数量		72	

从各影响因素的回归系数看，上期国内旅游收入水平（回归系数为 －0.3422，且通过了 5% 的显著性水平检验）为负值，表明上期国内旅游收入与国内旅游收入增长率呈反向变化关系，即上期国内旅游收入较高水平地区，国内旅游收入增长率较慢；而上期国内旅游收入较低水平地区，国内旅游收入增长率较快。明显地，这一变化趋势促进了不同旅游收入水平地区差异的缩小，推动了西北地区旅游经济的均衡化发展。旅游业固定资产投资系数为 0.2504 且通过了 5% 的显著性水平检验，城镇居民人均可支配收入水平系数为 0.7344 且通过了 10% 的显著性水平检验，表明旅游

业固定资产投资、城镇居民人均可支配收入与国内旅游收入增长率呈同向变化关系，即旅游业固定资产投资、城镇居民人均可支配收入较高地区，国内旅游收入增长率较快，而旅游业固定资产投资、城镇居民人均可支配收入较低地区，国内旅游收入增长率较慢，加剧了不同旅游收入水平地区差异的扩大。此外，人力资本投入、第三产业比重、已开发旅游资源水平、星级酒店水平和农村居民人均纯收入回归系数均未通过显著性检验，值得进一步验证。

以上分析显示，旅游业固定资产投资、城镇居民人均可支配收入的系数为正值，表明旅游经济相对发达地区旅游业固定资产投资、城镇居民人均可支配收入水平不断提高，促使旅游收入增长率显著快于旅游经济落后地区，促进了不同省（区、市）间旅游经济差异的扩大，具有集聚效应。但值得注意的是，通过观察上期国内旅游收入水平的回归系数（为 -0.3422，且通过了 5% 的显著性水平检验），可以发现西北地区国内旅游经济差异仍然趋于缩小，继续延续着以往的收敛趋势。

通过公式 2-2-3 可以进一步计算西北地区 6 个省（区）间国内旅游经济的收敛速度为 2.99%，收敛时间为 23.17 年。这一变化趋势与西北地区不存在绝对 β - 收敛的结果具有差异性，可能是由于添加了解释性因素造成的结果。

第四节　政策建议

一　西部地区

分析结果显示，2000—2014 年，西部地区内蒙古、广西、重庆、四川、贵州、云南、西藏、陕西、甘肃、青海、宁夏、新疆 12 个省（区、市）间国内旅游经济不仅存在 σ - 收敛，而且呈现 β - 收敛。为了更好地促进西部地区不同省（区、市）间旅游经济的均衡化发展，旅游经济较落后地区应在以下几方面采取相应措施。

城镇居民可支配收入和已开发旅游资源等要素的差异促进了西部地区内蒙古、广西、重庆、四川、贵州、云南、西藏、陕西、甘肃、青海、宁夏、新疆 12 个省（区、市）间国内旅游经济差异的缩小，具有收敛效应，为国内旅游经济均衡化发展贡献了重要力量。今后仍需重视城镇居民可支配收入和已开发旅游资源水平的提高，继续发挥其在缩小国内旅游经济差距方面的作用。

同时，旅游业固定资产投资和农村居民人均纯收入等要素的差异促进了西部地区内蒙古、广西、重庆、四川、贵州、云南、西藏、陕西、甘肃、青海、宁夏、新疆 12 个省（区、市）间国内旅游经济差异的扩大，具有集聚效应，有扩大区域旅游经济差异的倾向，国内旅游经济较落后省（区、市）应该给予充分重视，加速提升旅游业固定资产投资和农村居民人均纯收入水平。

二 西南地区

西南地区重庆、四川、云南、贵州、西藏、广西 6 个省（区、市）间国内旅游经济不仅存在 σ - 收敛，而且呈现 β - 收敛，为了更好地促进西南地区不同省（区、市）间旅游经济的均衡化发展，旅游经济较落后地区应在以下几方面采取相应措施。

第三产业比重、城镇居民可支配收入等要素的差异促进了西南地区重庆、四川、云南、贵州、西藏、广西 6 个省（区、市）间国内旅游经济差异的缩小，具有收敛效应，为国内旅游经济均衡化发展贡献了重要力量。今后仍需重视第三产业比重、城镇居民可支配收入水平的提高，继续发挥其在缩小国内旅游经济差距方面的作用。

同时，等级公路密度等要素的差异促进了西南地区重庆、四川、云南、贵州、西藏、广西 6 个省（区、市）间国内旅游经济差异的扩大，具有集聚效应，有扩大区域旅游经济差异的倾向，国内旅游经济较落后省（区、市）应该给予充分重视，加速提升等级公路密度水平。

三 西北地区

分析结果显示，2000—2014 年，西北地区内蒙古、陕西、甘肃、青海、宁夏、新疆 6 个省（区）间国内旅游经济 σ - 收敛具有不稳定特征，但呈现条件 β - 收敛。旅游业固定资产投资和城镇居民人均可支配收入等要素的差异促进了西北地区内蒙古、陕西、甘肃、青海、宁夏、新疆 6 个省（区）间国内旅游经济差异的扩大，具有集聚效应，有扩大区域旅游经济差异的倾向，国内旅游经济较落后省（区、市）应该给予充分重视，加速提升旅游业固定资产投资和城镇居民人均可支配收入水平。

第三章　入境旅游经济空间格局
演变及其驱动因素

第一节　入境旅游经济空间变化特征

一　描述性统计：一个特征性事实

将西部地区内蒙古、广西、重庆、四川、贵州、云南、西藏、陕西、甘肃、青海、宁夏、新疆12个省（区、市）2000年的旅游外汇收入排名后发现，前两位省份形成较发达的入境旅游经济区域。从两省份在西部地区的地位讲，旅游外汇收入占西部地区的比重在2000—2014年总体呈现波动趋势（图2-3-1），呈现出阶段性的上升或下降趋势，不具有集聚或均衡发展的统一趋势。西南地区呈现了与西部地区基本一致的走势，排名前两位的省份旅游外汇收入占西南地区的比重在2000—2014年总体呈现波动趋势（图2-3-1），不具有集聚或均衡发展的统一特征。而与之不同，西北地区排名前2位的省份旅游外汇收入占西北地区的比重呈现持续上升的态势（图2-3-1），从2000年的71.79%持续上升至2014年的81.43%，意味着其他4省（区）的比重从2000年的28.21%下降到2014年的18.57%，表现出西北地区入境旅游经济的集聚态势不断加强，这与西部地区和西南地区的变化趋势不一致。

二　西部地区入境旅游经济的收敛分析与讨论

（一）σ - 收敛

由公式2-2-1可计算出2000—2014年西部地区内蒙古、广西、重庆、四川、贵州、云南、西藏、陕西、甘肃、青海、宁夏、新疆12个省

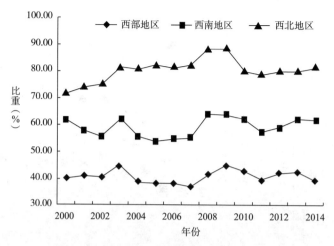

图 2 - 3 - 1 西部、西南和西北地区前两位省份旅游外汇收入占本地区比重

（区、市）及西南地区重庆、四川、云南、贵州、西藏和广西6个省（区、市）、西北地区陕西、甘肃、青海、宁夏、新疆和内蒙古6个省（区）入境旅游经济的 σ 值（表2-3-1），并据此作出趋势图2-3-2。

表 2 - 3 - 1 　　　　　2000—2014 年西部、西南和西北地区入境旅游经济 σ 值

年份	西部	西南	西北
2000	1.0076	1.0294	1.0835
2001	0.9816	0.9366	1.1148
2002	1.1057	0.9526	1.335
2003	1.1805	0.9721	1.4563
2004	1.0911	0.7893	1.4129
2005	1.0859	0.7894	1.4039
2006	1.1323	0.8461	1.4508
2007	1.2602	1.0493	1.5469
2008	1.3517	0.9866	1.7454
2009	1.4134	1.1539	1.7502
2010	1.7514	1.1115	1.7834
2011	1.8785	1.1105	1.8504
2012	1.9656	1.0754	1.922
2013	2.0755	1.0872	1.8159
2014	2.0384	1.1279	1.9440

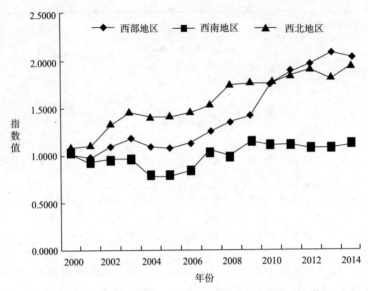

图 2 - 3 - 2　2000—2014 年西部、西南和西北地区入境旅游经济 σ 值变化趋势

由表 2 - 3 - 1 和图 2 - 3 - 2 可以看出 2000—2014 年西部、西南和西北地区入境旅游经济 σ - 收敛的变化特征：

1. 西部地区以对数形式表示的人均旅游外汇收入离差整体呈上升趋势，未表现出 σ - 收敛态势。σ 值由 2000 年的 1.0076 逐年上升至 2014 年的 2.0384，表明西部地区内蒙古、广西、重庆、四川、贵州、云南、西藏、陕西、甘肃、青海、宁夏、新疆 12 个省（区、市）间入境旅游经济差距趋于扩大。

2. 西南地区的重庆、四川、云南、贵州、西藏和广西 6 个省（区、市）间 σ 值呈现出比较缓和的上升趋势，σ 值由 2000 年的 1.0294 上升到 2014 年的 1.1279，表明重庆、四川、云南、贵州、西藏和广西 6 个省（区、市）间入境旅游经济差异扩大。

3. 西北地区的陕西、甘肃、青海、宁夏、新疆和内蒙古 6 个省（区）间入境旅游经济差异不断扩大，σ 值由 2000 年的 1.0835 上升到 2014 年的 1.9440。

4. 相比较而言，西北地区旅游外汇收入的离差值大于西南地区，表明入境旅游经济内部差距西北地区大于西南地区。

（二）β – 收敛

1. 西部地区的 β – 收敛

在进行入境旅游经济收敛分析之前，首先进行数据序列的平稳性检验。各变量的单位根检验结果显示（表 2 – 3 – 2），考察期内西部地区旅游外汇收入增长率（r）通过了 ADF、PP 检验，且在 1% 水平下显著；而基期旅游外汇收入（y_0）未通过 PP 检验，但其一阶差分形式 d（y_0）通过了 ADF、PP 检验，且在 1%—5% 水平下显著。这为进一步的计量分析奠定了基础。

表 2 – 3 – 2　　　　　　　　　变量平稳性检验

检验方式	r	d（y_0）
ADF	57.78***	41.88**
PP	150.03***	120.57***

注：＊＊＊表示统计量在 1% 水平下显著。

基于面板方法用 Eviews7.0 软件对计量模型 2 – 2 进行估计。在此之前，通过 Hausman 检验判断固定效应模型和随机效应模型的有效性，结果显示在表 2 – 3 – 3 中，就西部地区而言，适合采用双向固定效应；就西南地区而言，双向随机效应更为合适；就西北地区而言，宜采取个体固定和时间随机效应。

表 2 – 3 – 3　　　　　　　随机效应的 Hausman 检验

效应形式	西部地区	西南地区	西北地区
个体随机效应	14.5916***	1.3089	7.0979***
时间随机效应	0.3397	0.0025	1.5249
双向随机效应	6.7908***	0.8044	1.2094

注：＊＊＊表示统计量在 1% 水平下显著。

西部地区内蒙古、广西、重庆、四川、贵州、云南、西藏、陕西、甘肃、青海、宁夏、新疆 12 个省（区、市）间入境旅游经济 β – 收敛的回归结果（表 2 – 3 – 4）显示，从整体回归效果看，R^2 值为 0.6250（调整的 R^2 值为 0.5562），模型的解释能力达到了期望的要求；F 统计值为

9.0956，在1%水平下显著，表明模型整体上显著；在样本容量为156的情况下，DW值为2.0837，无自相关现象。从回归系数看，常数项为0.0348，且通过了1%的显著性水平检验；初始水平的人均旅游外汇收入系数为−0.2261，且通过了1%的显著性水平检验，表明西部地区内蒙古、广西、重庆、四川、贵州、云南、西藏、陕西、甘肃、青海、宁夏、新疆12个省（区、市）的入境旅游经济存在收敛趋势。通过公式2−2−3进一步计算收敛稳态值为0.0586，收敛速度θ为1.83%、收敛时间τ为37.86年。

表2−3−4　　　　　　西部地区入境旅游经济β−收敛回归系数值

地区	α	β	R^2	Adj. R^2	F	DW	样本数量
西部	0.0718 (3.3932)***	−0.2261 (−2.8294)***	0.6250	0.5562	9.0956***	2.0837	156

注：＊＊＊表示统计量在1%水平下显著，括号内数字为t统计值。

2. 西南地区的β−收敛

西南地区各变量的单位根检验结果显示（表2−3−5），考察期内西南地区旅游外汇收入增长率（r）通过了ADF、PP检验，且在1%水平下显著；而基期旅游外汇收入（y_0）未通过PP检验，但其一阶差分形式$d(y_0)$通过了ADF、PP检验，且在1%—10%水平下显著。这为进一步的计量分析奠定了基础。

表2−3−5　　　　　　　　　变量平稳性检验

检验方式	r	$d(y_0)$
ADF	31.67***	20.27*
PP	89.65***	62.89***

注：＊＊＊表示统计量在1%水平下显著。

表2−3−3随机效应的Hausman检验表明，西南地区重庆、四川、云南、贵州、西藏和广西6个省（区、市）间入境旅游经济β−收敛宜采用双向随机效应，回归结果显示在表2−3−6中，从整体回归效果看，R^2值

为 0.6742（调整的 R^2 值为 0.6081），模型的解释能力达到了预期；F 统计值为 10.1895，在 1% 水平下显著，表明模型整体上显著；在样本容量为 78 的情况下，DW 值为 2.2804，无自相关现象。从回归系数看，常数项为 0.1148，且通过了 1% 显著性水平检验；初始水平的旅游外汇收入系数为 -0.3855，且通过了 1% 的显著性水平检验，表明西南地区重庆、四川、云南、贵州、西藏和广西 6 个省（区、市）间的入境旅游经济存在收敛趋势。通过公式 2-3 进一步计算这一收敛趋势的稳态值为 0.0829，收敛速度 θ 为 3.48%、收敛时间 τ 为 19.93 年。

表 2-3-6　　　　　西南地区入境旅游经济 β-收敛回归系数值

地区	α	β	R^2	Adj. R^2	F	DW	样本数量
西南	0.1148 (3.9560)***	-0.3855 (-3.3921)***	0.6742	0.6081	10.1895***	2.2804	78

注：*** 表示统计量在 1% 水平下显著，括号内数字为 t 统计值。

3. 西北地区的 β-收敛

西北地区各变量的单位根检验结果显示（表 2-3-7），考察期内西北地区旅游外汇收入增长率（r）通过了 ADF、PP 检验，且在 1%—5% 水平下显著；而基期旅游外汇收入（y_0）未通过 PP 检验，但其一阶差分形式 $d(y_0)$ 通过了 ADF、PP 检验，且在 1%—5% 水平下显著。这为进一步的计量分析奠定了基础。

表 2-3-7　　　　　　　　　　变量平稳性检验

检验方式	r	$d(y_0)$
ADF	26.11**	21.61**
PP	60.39***	57.68***

注：*** 表示统计量在 1% 水平下显著。

表 2-3-3 随机效应的 Hausman 检验表明，西北地区陕西、甘肃、青海、宁夏、新疆和内蒙古 6 个省（区）间入境旅游经济 β-收敛宜采用个体固定和时间随机效应，但表 2-3-8 显示的回归结果效果较差，方程整

体效果和各项回归系数均未通过显著性检验，这表明在整个考察期内，西北地区陕西、甘肃、青海、宁夏、新疆和内蒙古6个省（区）间入境旅游经济不存在收敛趋势，尽管系数 β 为负值。

表2-3-6　　　　西北地区入境旅游经济 β-收敛回归系数值

地区	α	β	R^2	Adj. R^2	F	DW	样本数量
西北	0.0371 (1.1766)	-0.0711 (-0.6026)	0.6120	0.4936	5.1702	1.7331	78

（三）俱乐部收敛

对于入境旅游经济俱乐部收敛而言，需首先验证俱乐部内部是否趋于收敛，而后进行俱乐部之间收敛性的检验。β-收敛分析结果表明，西南地区的重庆、四川、云南、贵州、西藏和广西6个省（区、市）间入境旅游经济存在收敛特征，而西北地区的陕西、甘肃、青海、宁夏、新疆和内蒙古6个省（区）间不具有收敛趋势。接下来分析西南和西北二地区间入境旅游经济是否存在收敛趋势。根据公式2-2-4计算出了 Theil 指数 T_{BR} 值（表2-3-7），并据此做出了趋势图3-3-3。由表2-3-7和图3-3-3可以看出西南和西北二地区间入境旅游经济发展差异程度 T_{BR} 整体呈现出波动状态，未表现出一致的变化趋势。通过西南和西北二地区内部以及二地区之间的收敛分析，并根据俱乐部收敛的定义，可以判断2000—2014年西南地区入境旅游经济发展存在俱乐部收敛特征，但西北地区不存在这一趋势。

表2-3-7　　2000—2014年西南和西北地区入境旅游经济 Theil 指数值

年份	西南 T_{Pi}	西北 T_{Pi}	T_{BR}	T_P
2000	0.2471	0.1393	0.0040	0.2115
2001	0.2027	0.1664	0.0045	0.1940
2002	0.1939	0.1730	0.0025	0.1891
2003	0.2519	0.2361	0.0017	0.2481
2004	0.1292	0.2233	0.0072	0.1717
2005	0.1364	0.2368	0.0061	0.1808
2006	0.1405	0.2360	0.0030	0.1785

续表

年份	西南 T_{Pi}	西北 T_{Pi}	T_{BR}	T_P
2007	0.1713	0.2574	0.0011	0.2029
2008	0.2778	0.3822	0.0054	0.3229
2009	0.3050	0.3829	0.0005	0.3325
2010	0.2824	0.3270	0.0037	0.3027
2011	0.2304	0.3333	0.0025	0.2707
2012	0.2213	0.3256	0.0005	0.2585
2013	0.2550	0.3222	0.0001	0.2780
2014	0.2364	0.3294	0.0022	0.2671

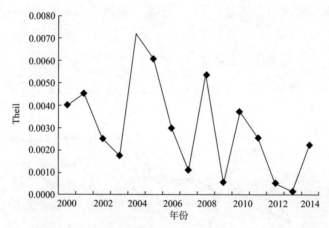

图 2 - 3 - 3　2000—2014 年西南和西北二地区间入境旅游经济 T_{BR} 变化趋势

（四）进一步的讨论

描述性统计分析显示：西部地区的内蒙古、广西、重庆、四川、贵州、云南、西藏、陕西、甘肃、青海、宁夏、新疆 12 个省（区、市）间和西南地区的重庆、四川、云南、贵州、西藏和广西 6 个省（区、市）间入境旅游经济呈现出先分散、后集聚发展的变化趋势，不同于西北地区的陕西、甘肃、青海、宁夏、新疆和内蒙古 6 个省（区）间入境旅游经济的集聚作用持续加强的态势。为降低结论偏误的概率，进一步通过 Theil 指数对上述结论进行验证和比较。根据公式 2 - 2 - 5 和公式 2 - 2 - 6 计算出了西部、西南和西北地区的 Theil 指数值，并据此做出了趋势图 3 - 3 - 4。

由图 3 - 3 - 4 可以看出:

2000—2014 年,西部地区的内蒙古、广西、重庆、四川、贵州、云南、西藏、陕西、甘肃、青海、宁夏、新疆 12 个省(区、市)间入境旅游经济差异程度 T_P 明显呈现比较明显的上升态势,T_P 值由 0.2115 上升到 0.2671,表明 12 个省(区、市)间的入境旅游经济发展差异程度扩大、集聚趋势明显。

西南地区重庆、四川、云南、贵州、西藏和广西 6 个省(区、市)间入境旅游经济差异 T_{Pi} 也表现出上升特征,由 0.2471 上升到 0.2550,表明西南地区重庆、四川、云南、贵州、西藏和广西 6 个省(区、市)间入境旅游经济差距扩大、集聚趋势明显,进一步验证了西南地区入境旅游经济的集聚发展趋势。

西北地区的陕西、甘肃、青海、宁夏、新疆和内蒙古 6 个省(区)间入境旅游经济 T_{Pi} 从 2000 年的 0.1393 上升到 2014 年的 0.3294,表现出持续扩大的趋势,集聚作用不断加强,这一结论与前述分析一致。

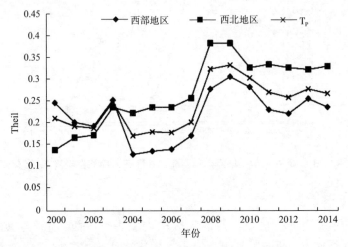

图 2 - 3 - 4　2000—2014 年西南、西北 2 地区 T_{Pi} 及西部地区 T_P 变化趋势

进一步的收敛分析对 2000—2014 年西部、西南和西北地区不同的变化趋势给出了更为精确的计量结果。就西部地区而言,2000—2014 年,β - 收敛分析结果支持西部地区的内蒙古、广西、重庆、四川、贵州、云南、西藏、陕西、甘肃、青海、宁夏、新疆 12 个省(区、市)间入境旅游经济收敛的趋势,进一步的测算显示平均收敛速度为 1.83%、收敛时间为 37.86 年。上述分析显示，2000—2014 年，西部地区内蒙古、广西、重庆、四川、贵州、云南、西藏、陕西、甘肃、青海、宁夏、新疆 12 个省（区、市）间入境旅游经济未表现出 σ - 收敛趋势，但呈现出 β - 收敛的结果，验证了 β - 收敛是 σ - 收敛非充分条件的命题，与 Barro 和 Sala-i-Martin（1992）的分析吻合。

就西南地区而言，2000—2014 年，西南地区的重庆、四川、云南、贵州、西藏和广西 6 个省（区、市）间入境旅游经济不存在 σ - 收敛，与描述性统计和 Theil 指数的分析结果西南地区重庆、四川、云南、贵州、西藏和广西 6 个省（区、市）间入境旅游经济扩大的变化特征一致，而 β - 收敛分析结果支持考察期内 6 个省（区、市）间入境旅游经济收敛的趋势。2000—2014 年，西南地区的重庆、四川、云南、贵州、西藏和广西 6 个省（区、市）间入境旅游经济不存在 σ - 收敛，但呈现 β - 收敛的结果，验证了 β - 收敛是 σ - 收敛的非充分条件的命题，与 Barro 和 Sala-i-Martin（1992）的分析吻合。

就西北地区而言，2000—2014 年，西北地区陕西、甘肃、青海、宁夏、新疆和内蒙古 6 个省（区）间入境旅游经济持续扩大，不存在 σ - 收敛，这一结果与描述性统计和 Theil 指数的分析结果西北地区入境旅游经济持续扩大的变化特征一致，β - 收敛分析结果不支持西北地区陕西、甘肃、青海、宁夏、新疆和内蒙古 6 个省（区）间入境旅游经济收敛的趋势，进一步的分析表明，西北地区内部旅游经济不存在俱乐部收敛。

第二节　空间格局演变驱动因素

一　影响因素选择及模型设定

在相关文献研究成果的启发下，结合中国入境旅游经济的特征，并根据数据资料的可得性，本书分析上期入境旅游经济水平、旅游要素投入、旅游交通设施、旅游服务设施、对外开放水平和已开发旅游资源水平 6 类因素的 8 个指标对西部地区不同省（区、市）入境旅游经济的影响。其中上期入境旅游经济水平、旅游要素投入、旅游交通设施、旅游服务设施和已开发旅游资源水平在前一章分析国内旅游经济发展影响因素时均已提及，此处不再涉及，着重解释对外开放水平指标的测算。赵东喜（2008）认为，1997—2006 年对外开放是中国入境旅游经济发展差异的决定因素之一。[①] 实际上，对外开放水平越高，能够吸引越多游客，入境旅游经济越发达；反之则入境旅游经济越落后。测算公式采用惯常的处理方法，以当年进出口总额占 GDP 比重衡量，[②] 其公式如下：

$$op_{jt} = (ex_{jt} + im_{jt})/GDP_{jt} \qquad 2-3-1$$

式 2 - 3 - 1 中，op_t，ex_t，im_t 和 GDP_t 分别为 j 省（区、市）t 年对外开放水平、出口总额、进口总额和国内生产总值。

根据上述分析，入境旅游经济影响因素的基本回归模型设定为如下形式：

$$\ln(r_{jt}) = c(0) + c(1)\ln\left[y_{j(t-1)}\right] + \sum_{k=2}^{9} c_k \ln(x_{jt}) + \varepsilon_{jt} \qquad 2-3-2$$

$$\varepsilon_{jt} \sim N(0, \sigma^2)$$

式中，r_{jt} 为增长率，$y_{j(t-1)}$ 为上期人均旅游外汇收入水平，x_{jt} 为影响因素，包括旅游要素投入、交通设施、服务设施、对外开放水平和已开发旅游资源水平，各变量均取自然对数形式，以提高序列的平稳性。尽管如此，仍然采用 PP 单位根检验验证变量序列的平稳性，除对外开放水平（PP 值为 127.32，且在 1% 水平下显著，表明对外开放水平为平稳序列）外，其他影响因素在分析国内旅游经济影响因素时已做过检验，故不再进行处理。

二　回归结果分析与讨论

基于面板方法用 Eviews7. 2 软件对计量模型 2 - 2 进行估计。考虑到面板数据量相对较少而变量相对较多的情况，采用固定效应形式估计回归方程。事实上，固定效应模型反映了模型没有包括但长期稳定地影响入境旅

[①] 赵东喜：《中国省际入境旅游发展影响因素研究——基于分省面板数据分析》，《旅游学刊》2008 年第 23 卷第 1 期，第 41—45 页。

[②] Seetanah，B.，Assessing the dynamic economic impact of tourism for island economies，*Annals of Tourism Research*，2011，38（1），pp. 291-308.

游的一些变量，如地理位置、文化差异等，[1] 能够弥补模型的不足。

（一）西部地区回归结果

变量序列平稳性检验结果显示在表 2-3-8 中。旅游业从业人员、第三产业比重、已开发旅游资源水平原始序列均为平稳序列，通过了显著性水平为 1%—10% 的 ADF、PP 检验，上期旅游经济发展水平、旅游业固定资产投资、等级公路密度水平、城镇居民可支配收入、农村居民人均纯收入、星级酒店水平原始序列为非平稳序列，但上期旅游经济发展水平、旅游业固定资产投资、等级公路密度水平、城镇居民可支配收入、星级酒店水平其一阶差分形式变为平稳序列，通过了显著性水平为 1%—10% 的 ADF、PP 检验，农村居民人均纯收入二阶差分形式变为平稳序列。

表 2-3-8　　　　　　　　　变量平稳性检验

变量	ADF	PP
r_t	63.73 ***	170.93 ***
y_{t-1}	9.67	19.69
$d(y_{t-1})$	57.22 ***	161.72 ***
op	23.50	32.16
$d(op)$	60.63 ***	105.36 ***

注：* * * 表示统计量在 1% 水平下显著。

就西部地区回归结果看，整体效果良好，模型拟合度 R^2 值为 0.2420（调整的 R^2 值为 0.1258），模型的解释能力比预期要求稍低；F 检验值为 2.08，且在 1% 水平下显著，表明模型整体上显著；DW 值为 1.92，表明模型基本无自相关现象。

表 2-3-9　　　　西部地区入境旅游经济影响因素回归分析

变量	系数值	t 值	p 值
c	-2.48	-2.81	0.0057
$d(y_0)$	-0.2181	-2.5172	0.0131

----

[1] 郭为、何媛媛：《旅游产业的区域集聚、收敛与就业差异——基于分省面板的说明》，《旅游学刊》2008 年第 23 卷第 3 期，第 29—36 页。

变量	系数值	t 值	p 值
c	-2.48	-2.81	0.0057
$d\ (iv)$	0.4361	2.0511	0.0424
$d\ (hu)$	0.3197	1.6929	0.0930
$d\ (ro,\ 2)$	0.4939	1.5171	0.1318
$d\ (te)$	-1.3066	-2.4882	0.0142
st	0.3610	2.8144	0.0057
$d\ (op)$	0.0628	0.5933	0.5541
$d\ (sc)$	0.1774	1.0429	0.2990
R^2	0.2420		
Adj. R^2	0.1258		
F	2.08		
DW	1.92		
样本数量	144		

从各影响因素的回归系数看，上期旅游外汇收入水平（回归系数为 -0.2181，且通过了 5% 的显著性水平检验）、第三产业比重水平（回归系数为 -1.3066，且通过了 5% 的显著性水平检验）回归系数均为负值，表明上期旅游外汇收入水平、第三产业比重与旅游外汇收入增长率呈反向变化关系，即上期旅游外汇收入、第三产业比重较高水平省份，旅游外汇收入增长率较慢；而上期旅游外汇收入、第三产业比重较低水平省份，旅游外汇收入增长率较快，这一变化趋势促进了不同旅游外汇收入水平省份差异的缩小，推动了西部地区入境旅游经济的均衡化发展。

旅游业固定资产投资系数为 0.4361 且通过了 5% 的显著性水平检验，旅游业人力资本投入系数为 0.3197 且通过了 10% 的显著性水平检验，星级酒店水平系数为 0.3610 且通过了 1% 的显著性水平检验，表明旅游业固定资产投资、旅游业人力资本投入、星级酒店水平与旅游外汇收入增长率呈同向变化关系，即旅游业固定资产投资、旅游业人力资本投入、星级酒店水平较高水平省份，旅游外汇收入增长率较快；而旅游业固定资产投资、旅游业人力资本投入、星级酒店水平较低水平省份，旅游外汇收入增长率较慢，促进了不同旅游外汇收入水平省份差异的扩大。此外，等级公路密度、对外开放水平、已开发旅游资源水平回归系数均为负值，但未通过显著性检验，值得进一步验证。

以上分析显示，第三产业比重水平的回归系数为负值，表明入境旅游经济相对落后省份随着星级酒店水平和对外开放水平的不断提高，促使旅游外汇收入增长率显著快于入境旅游经济发达省份，促进了不同省（区、市）入境旅游经济差异的缩小，具有收敛效应。但旅游业固定资产投资、旅游业人力资本投入、星级酒店水平的系数为正值，表明入境旅游经济相对发达地区旅游业固定资产投资、旅游业人力资本投入、星级酒店水平的不断提高，促使旅游外汇收入增长率显著快于入境旅游经济落后地区，促进了不同省（区、市）入境旅游经济差异的扩大，具有集聚效应。

（二）西南地区回归结果

变量序列平稳性检验结果显示在表 2 – 3 – 10 中。旅游业从业人员、第三产业比重、星级酒店水平原始序列均为平稳序列，通过了显著性水平为 1%—10% 的 ADF、PP 检验，上期入境旅游经济发展水平、旅游业固定资产投资、等级公路密度水平、已开发旅游资源水平原始序列为非平稳序列，但上期入境旅游经济发展水平、旅游业固定资产投资、等级公路密度水平、已开发旅游资源水平其一阶差分形式变为平稳序列，通过了显著性水平为 1%—10% 的 ADF、PP 检验。

表 2 – 3 – 10　　　　　　　　变量平稳性检验

变量	ADF	PP
op	10.54	17.56
$d(op)$	36.23 ***	65.36 ***

注：*** 分别表示统计量在 1% 水平下显著。

就西南地区回归结果看，整体效果良好，模型拟合度 R^2 值为 0.7310（调整的 R^2 值为 0.6367），模型的解释能力达到了预期要求；F 检验值为 7.7462，且在 1% 水平下显著，表明模型整体上显著；DW 值为 2.2115，表明模型基本无自相关现象。

表 2 – 3 – 11　　　　西南地区入境旅游经济影响因素回归分析

变量	系数值	t 值	p 值
c	– 0.5848	– 0.3416	0.7339
$d\ (y_0)$	– 0.3293	– 2.8904	0.0054
$d\ (iv)$	0.0499	0.2123	0.8326
hu	0.1355	1.3166	0.1932
$d\ (ro)$	0.2882	0.6609	0.5113
te	– 0.0417	– 0.1327	0.8949
st	– 0.0797	– 0.7381	0.4635
$d\ (op)$	– 0.4351	– 2.7967	0.0070
$d\ (sc)$	– 0.1625	– 0.8827	0.3811
R^2	0.7310		
Adj. R^2	0.6367		
F	7.7462		
DW	2.2115		
样本数量	78		

从各影响因素的回归系数看，上期入境旅游收入水平回归系数为
– 0.3293，且通过了1%的显著性水平检验；对外开放水平回归系数为
– 0.4351，且通过了1%的显著性水平检验，其回归系数均为负值，表明
上期旅游外汇收入水平、对外开放水平与旅游外汇收入增长率呈反向变化
关系，即上期旅游外汇收入、对外开放、水平较高省份，旅游外汇收入增
长率较慢，而上期旅游外汇收入、对外开放水平较低省份，旅游外汇收入
增长率较快，这一变化趋势促进了不同旅游外汇收入水平省份差异的缩
小，推动了西南地区重庆、四川、云南、贵州、西藏和广西6个省（区、
市）间入境旅游经济的均衡化发展。旅游业固定资产投资、旅游业人力资
本投入、等级公路密度水平、第三产业比重、星级酒店水平和已开发旅游
资源水平回归系数均未通过显著性检验，值得进一步验证。

以上分析显示，对外开放水平的系数为负值，表明入境旅游经济相对
落后省份随着对外开放水平的不断提高，促使旅游外汇收入增长率显著快
于入境旅游经济发达省份，促进了西南地区重庆、四川、云南、贵州、西

藏和广西6个省（区、市）入境旅游经济差异的缩小，具有收敛效应。可以进一步计算收敛速度为3.85%，快于绝对β - 收敛速度（3.48%）0.37个百分点，收敛时间τ由原来的19.93年缩短至16.29年。明显地，在这一作用过程中，促进西南地区旅游经济收敛的因素具有主导地位。

（三）西北地区回归结果

之前的分析结果显示，旅游收入增长率、星级酒店水平原始序列为平稳序列，通过了显著性水平为1%的ADF、PP检验，上期入境旅游经济发展水平、旅游业固定资产投资、旅游业人力资本投资、等级公路密度水平、第三产业比重、已开发旅游资源水平原始序列为非平稳序列，但上期入境旅游经济发展水平、旅游业固定资产投资、旅游业人力资本投资、第三产业比重、已开发旅游资源水平其一阶差分形式变为平稳序列，通过了显著性水平为1%—10%的ADF、PP检验。等级公路密度水平二阶差分形式变为平稳序列，通过了显著性水平为1%—10%的ADF、PP检验。对外开放水平变量序列平稳性检验结果显示在表2 - 3 - 12中，原始序列为非平稳序列，其一阶差分形式变成平稳序列。

表2 - 3 - 12 　　　　　　　　变量平稳性检验

变量	ADF	PP
op	12.96	14.60
$d(op)$	24.40**	39.99***

注：**、***分别表示统计量在5%、1%水平下显著。

就西北地区回归结果看，整体效果良好，模型拟合度R^2值为0.6484（调整的R^2值为0.4688），模型的解释能力达到了预期要求；F检验值为3.6110，且在1%水平下显著，表明模型整体上显著；DW值为1.9077，表明模型不存在自相关现象。

表2 - 3 - 13 　　　　　西北地区入境旅游经济影响因素回归分析

变量	系数值	t值	p值
c	- 1.9252	- 0.8622	0.3930
$d(y_0)$	- 0.0374	- 0.2401	0.8113
$d(iv)$	0.1370	0.4675	0.6423

变量	系数值	t 值	p 值
d（hu）	0.0319	0.0967	0.9233
d（ro，2）	− 0.2167	− 0.5333	0.5963
d（te）	− 0.0417	− 0.1327	0.8949
st	− 0.7386	− 0.7587	0.4518
d（op）	0.0315	0.1347	0.8935
d（sc）	0.1265	0.5187	0.6064
R^2		0.6484	
Adj. R^2		0.4688	
F		3.6110	
DW		1.9077	
样本数量		78	

但是，上期旅游外汇收入水平、旅游业固定资产投资、旅游业人力资本投资、等级公路密度、第三产业比重、星级酒店水平和对外开放水平的回归系数均未通过显著性检验，值得进一步验证。

第三节　政策建议

一　西部地区

分析结果显示，2000—2014 年，西部地区内蒙古、广西、重庆、四川、贵州、云南、西藏、陕西、甘肃、青海、宁夏、新疆 12 个省（区、市）间入境旅游经济不存在 σ - 收敛，但是呈现 β - 收敛。为了更好地促进西部地区不同省（区、市）间入境旅游经济的均衡化发展，入境旅游经济较落后地区应在以下几方面采取相应措施。

第三产业比重等要素的差异促进了西部地区内蒙古、广西、重庆、四川、贵州、云南、西藏、陕西、甘肃、青海、宁夏、新疆 12 个省（区、市）间入境旅游经济差异的缩小，具有收敛效应，为国内旅游经济均衡化发展贡献了重要力量。今后入境旅游经济落后地区仍需重视第三产业比重的提高，继续发挥其在缩小入境旅游经济差距方面的作用。

同时，旅游业固定资产投资、旅游业人力资本投资和星级酒店等要素的差异促进了西部地区内蒙古、广西、重庆、四川、贵州、云南、西藏、陕西、甘肃、青海、宁夏、新疆12个省（区、市）间入境旅游经济差异的扩大，具有集聚效应，有扩大区域入境旅游经济差异的倾向，入境旅游经济较落后省（区、市）应该给予充分重视，加速提升旅游业固定资产投资、旅游业人力资本投资和星级酒店水平。

二 西南地区

西南地区重庆、四川、云南、贵州、西藏、广西6个省（区、市）间国内旅游经济不存在 σ - 收敛，但呈现 β - 收敛。对外开放等要素的差异促进了西南地区重庆、四川、云南、贵州、西藏、广西6个省（区、市）间入境旅游经济差异的缩小，具有收敛效应，为入境旅游经济均衡化发展贡献了重要力量。今后仍需重视对外开放水平的提高，继续发挥其在缩小国内旅游经济差距方面的作用。

三 西北地区

分析结果显示，2000—2014年，西北地区内蒙古、陕西、甘肃、青海、宁夏、新疆6个省（区）间入境旅游经济既不存在 σ - 收敛，也不存在 β - 收敛。不同要素发挥的收敛或集聚作用并未通过显著性检验。

本篇小结

本篇基于收敛理论的 σ - 收敛、β - 收敛和俱乐部收敛、描述性统计、Theil 指数等方法分析了2000—2014年西部、西南、西北地区国内旅游经济、入境旅游经济的空间动态变化特征及其驱动因素，得到一些基本认识。

在国内旅游经济方面，一是对其空间结构的考察结果显示，2000—2014年，西部地区内蒙古、广西、重庆、四川、贵州、云南、西藏、陕西、甘肃、青海、宁夏、新疆12个省（区、市）和西南地区重庆、四川、云南、贵州、西藏、广西6个省（区、市）间国内旅游经济不仅存在 σ -收敛，而且呈现 β -收敛，验证了 σ -收敛是 β -收敛的必要条件的命题，与 Barro 和 Sala‐i‐Martin（1992）的分析吻合。而西北地区陕西、甘肃、青海、宁夏、新疆和内蒙古6个省（区）间国内旅游经济 σ -收敛和 β -收敛不具有统一特征。西南地区重庆、四川、云南、贵州、西藏和广西6个省（区、市）和西北地区陕西、甘肃、青海、宁夏、新疆和内蒙古6个省（区、市）间国内旅游经济不存在俱乐部收敛特征。二是对其空间结构变化驱动因素的考察结果显示，就西部地区而言，城镇居民可支配收入、已开发旅游资源水平等要素的差异促进了西部地区内蒙古、广西、重庆、四川、贵州、云南、西藏、陕西、甘肃、青海、宁夏、新疆12个省（区、市）间国内旅游经济差异的缩小，具有收敛效应。但旅游业固定资产投资、农村居民人均纯收入等要素的差异促进了西部地区内蒙古、广西、重庆、四川、贵州、云南、西藏、陕西、甘肃、青海、宁夏、新疆12个省（区、市）间国内旅游经济差异的扩大，具有集聚效应，收敛效应因素所起的收敛作用大于集聚效应因素所起的集聚作用。就西南地区而言，第三产业比重、城镇居民可支配收入等要素的差异促进了重庆、四川、云南、贵州、西藏和广西6个省（区、市）间旅游经济差异的缩小，具有收敛效应。但等级公路密度等要素的差异促进了不同省（区、市）间旅游经济差异的扩大，具有集聚效应，收敛效应因素所起的收敛作用大于集聚效应因素所起的集聚作用。就西北地区而言，旅游业固定资产投资、城镇居民人均可支配收入促进了内蒙古、陕西、甘肃、青海、宁夏、新疆6个省（区）间旅游经济差异的扩大，具有集聚效应。

在入境旅游经济方面，一是对其空间结构的考察结果显示，2000—2014年，西部地区的内蒙古、广西、重庆、四川、贵州、云南、西藏、陕西、甘肃、青海、宁夏、新疆12个省（区、市）、西南地区的重庆、四川、云南、贵州、西藏、广西6个省（区、市）、西北地区的陕西、甘肃、青海、宁夏、新疆和内蒙古6个省（区）间入境旅游经济不存在 σ -收敛。同时，西部地区的内蒙古、广西、重庆、四川、贵州、云南、西藏、陕西、甘肃、青海、宁夏、新疆12个省（区、市）、西南地区的重庆、四川、云南、贵州、西藏、广西6个省（区、市）间入境旅游经济存在 β -

收敛，而西北地区的陕西、甘肃、青海、宁夏、新疆和内蒙古6个省（区）间入境旅游经济不存在 β - 收敛。此外，西南地区内部重庆、四川、云南、贵州、西藏和广西6个省（区、市）存在俱乐部收敛特征，但西北地区内部陕西、甘肃、青海、宁夏、新疆和内蒙古6个省（区、市）间入境旅游经济不存在俱乐部收敛特征。二是对其空间结构变化驱动因素的考察结果显示，就西部地区而言，第三产业比重促进了西部地区内蒙古、广西、重庆、四川、贵州、云南、西藏、陕西、甘肃、青海、宁夏、新疆12个省（区、市）间入境旅游经济差异的缩小，具有收敛效应。但旅游业固定资产投资、旅游业人力资本投入和星级酒店等要素的差异促进了西部地区内蒙古、广西、重庆、四川、贵州、云南、西藏、陕西、甘肃、青海、宁夏、新疆12个省（区、市）间入境旅游经济差异的扩大，具有集聚效应，收敛效应因素所起的收敛作用大于集聚效应因素所起的集聚作用。就西南地区而言，对外开放水平等要素的差异促进了重庆、四川、云南、贵州、西藏和广西6个省（区、市）间旅游经济差异的缩小，具有收敛效应。

第三篇

西部地区旅游业发展效率分析

2000 年以来，西部地区旅游业的发展有怎样的效率特征，如何进一步促进西部地区旅游经济发展？文献分析显示当前缺乏相关方面的研究，鉴于此，本篇分析西部地区旅游业发展的效率，判别旅游经济发展所处的阶段，识别旅游经济增长的方式，进一步为西部地区旅游经济发展提供政策建议，不仅具有理论意义，而且具有实践操作意义。具体内容安排如下。

第一章分析西部地区旅游业 TFP，第一节介绍和总结 TFP 研究方法，构建符合西部地区旅游业 TFP 的研究方法；第二节分析西部地区旅游业 TFP 变化特征；第三节从不同角度深入比较和讨论 TFP；第四节提出相关政策建议。

第二章分析西部地区旅游经济供需发展平衡，第一节构建适合西部地区旅游经济供需平衡发展的研究方法和模型；第二节是旅游供需分析与讨论；第三节是西部地区旅游经济供需特征分析与讨论；第四节是政策启示。

第三章探讨西部地区旅游业的经济地位与作用，第一节对旅游业经济地位与作用的相关研究进展进行述评；第二节构建计量经济学研究方法；第三节分析西部地区旅游业的经济地位与作用；第四节提出政策建议。

第一章　西部地区旅游业 TFP 分析

第一节　TFP 研究方法构建

对经济发展生产率的研究和重视始于 18 世纪的英国经济学家斯密（Smith），而对其定量研究则始于 20 世纪 20 年代柯布和道格拉斯（Cobb、Douglas）提出 CD 生产函数理论之后，1956 年，阿布拉莫维茨（Abramovitz）在研究 1869—1878 年的美国经济时发现，除生产要素投入增长导致产出增长外，还存在其他要素对产出增长的贡献，1957 年，索洛（Solow）将它归结为因技术变化而产生的、不能被投入增长所解释的剩余的产出增长率，即索洛剩余（Solow's residual），并赋予其技术变化率或技术进步速度的含义。进一步地，1961 年，肯德里克（Kendrick）在《美国的生产率增长趋势》一书中，将生产率分为单要素生产率、全要素生产率和总生产率三个概念，并把 TFP 解释为"经济增长中不能被要素投入增长解释的部分"，包括技术进步、效率改善、规模报酬递增、测量误差等因素。此后，大多数经济学家把"索洛剩余"等同于 TFP，将其变动视为技术进步变动速率。① 虽然对 TFP 的研究越来越精细化，但索洛意义上的 TFP 及其增长模型在当代经济学界仍然被广泛认同，② 成为评价一个国家和地区经济增长质量和衡量技术进步的最基本指标。③

---

① 任若恩、孙琳琳：《我国行业层次的 TFP 估计：1981—2000》，《经济学》（季刊）2009 年第 8 卷第 3 期，第 925—950 页。

② 郭庆旺、赵志耘、贾俊雪：《中国省份经济的全要素生产率分析》，《世界经济》2005 年第 6 期，第 45—53 页。

③ 左冰、保继刚：《1992—2005 年中国旅游业全要素生产率及省际差异》，《地理学报》2008 年第 63 卷第 4 期，第 417—427 页。

从以往的文献看，TFP 的度量方法和模型选择表现出多样性。

在度量方法上，由最初的指数法，扩展到经济计量学方法，以及非参数生产率指数法等多种参数或非参数法，参数方法主要通过计量模型方法对生产函数的参数进行统计估计，非参数方法则是通过求解纯数学的线性规划来完成测定，不涉及参数估计，实际上，这两种方法的分歧可以归结为采用经济计量方法还是数学规划方法。数学规划方法不需要假设函数的具体形式，可以将 TFP 增长细分为效率变化和技术进步率两部分，提供的信息比较全面，有很强的管理决策效应，但不能提供有关估计值的统计描述和检验，因而可信度较弱；经济计量法约束条件较强，具有非常明确的经济意义，可以为判断模型拟合质量提供各种统计检验值，如果模型设定合理，经济计量方法通常会得到比数学规划方法更好的估计结果，因此被广泛应用于宏观及微观的经济分析和评价中。[①]

在模型选择上，主要有索洛余值法、数据包络分析法、扩展索洛余值法、随机前沿生产函数（Stochastic Frontier Approach，SFA）等，其中扩展的索洛剩余模型考虑了其他投入对全要素生产率的作用，与实际相符，具有十分重要的意义。[②] 应用扩展的索洛剩余模型来测度全要素生产率始于 Jorgenson 和 Grilliches，他们认为全要素生产率实际是一种计算误差，引起这种误差应归因于两个原因：投入要素度量的不准确以及生产函数中必需的变量没有考虑完全，如果解决上述两种误差，那么全要素生产率为 0。以 Jorgenson 和 Grilliches 的研究为理论基础，很多学者将一些新变量引入索洛模型，对中国的全要素生产率进行测度，如 Cohen 和 Soto（2004）、[③] 陈利华和杨宏进（2005）、[④] 陈劲等（2007）[⑤] 基于扩展的索洛剩余模型探讨了技术能力和制度能力对全要素生产率的影响；李静等（2006）将人力

[①] 郭庆旺、贾俊雪：《中国全要素生产率的估算：1979—2004》，《经济研究》2006 年第 6 期，第 51—60 页。

[②] 段文斌、尹向飞：《中国全要素生产率研究评述》，《南开经济研究》2009 年第 2 期，第 130—140 页。

[③] Cohen, D., Soto, M., "Why are poor countries poor?", *Econometric Society* 2004 Latin American Meetings, No. 75, 2004.

[④] 陈利华、杨宏进：《我国科技投入的技术进步效应——基于 30 个省市跨省数据的实证分析》，《科学学与科学技术管理》2005 年第 26 卷第 7 期，第 55—59 页。

[⑤] 陈劲、邱嘉铭、沈海华：《技术学习对企业创新绩效的影响因素分析》，《科学学研究》2007 年第 25 卷第 6 期，第 1223—1232 页。

资本项添加进了索洛模型;[①] 李小平和朱钟棣（2006）、[②] 王玲和 Szirmai
（2008）[③] 将 R&D 引入了索洛模型。实际上，经济体中任何一个层次都可
以计算 TFP，包括企业层次、行业层次和整个经济的层次。[④]

　　自 1957 年索洛提出"索洛剩余"以来，TFP 的研究就吸引了众多学
者的注意力，并发展为宏观经济研究的热点，不同国家的学者通过实证分
析了世界各国经济增长过程中的生产率变动情况，形成了一套比较成熟的
研究方法。对近年来 TFP 研究的文献分析显示，这一方法不断由宏观领域
向微观领域拓展，如某一地区、某一产业、某类企业的研究等。[⑤][⑥]

　　作为国民经济重要组成部分的旅游业也受到了不少学者的关注，从国
际层面看，如 Blake 等（2006）运用较为复杂的 CGE（Computable General
Equilibrium，CGE）模型测算了英国旅游业 TFP，并对旅游业内各细分行
业的生产效率进行了比较。其研究结果表明，英国旅游业具有较高的 TFP，
投资、新产品开发、人力资源培训与竞争性环境是提高旅游业 TFP 的主要
方式，但住宿业（特别是小企业）低于旅游景区以及旅游交通运输业的生
产效率;[⑦] Such 和 Zamora（2006）利用 1955—2005 年酒店业统计资料研
究了西班牙 17 个地区饭店业劳动生产效率的地区差异变动过程，发现西班
牙饭店业劳动生产率低于全社会平均水平，高密度的低技能工人、低密度
的物质与人力资本使旅游业劳动生产效率的提高非常困难，但开发新产品
和提高服务质量有助于提高劳动生产效率;[⑧] 方叶林等（2015）以 1997—

　　① 李静、孟令杰、吴福象:《中国地区发展差异的再检验:要素积累抑或 TFP》,《世界经济》
2006 年第 29 卷第 1 期, 第 12—22 页。

　　② 李小平、朱钟棣:《国际贸易、R&D 溢出和生产率增长》,《经济研究》2006 年第 2 期,
第 31—43 页。

　　③ 王玲、Szirmai, A.:《高技术产业技术投入和生产率增长之间关系的研究》,《经济学》
（季刊）2008 年第 7 卷第 2 期, 第 913—932 页。

　　④ 任若恩、孙琳琳:《我国行业层次的 TFP 估计:1981—2000》,《经济学》（季刊）2009 年
第 8 卷第 3 期, 第 925—950 页。

　　⑤ 段文斌、尹向飞:《中国全要素生产率研究评述》,《南开经济研究》2009 年第 2 期, 第
130—140 页。

　　⑥ 王杰、刘斌:《环境规制与企业全要素生产率——基于中国工业企业数据的经验分析》,
《中国工业经济》2014 年第 3 期, 第 44—56 页。

　　⑦ Blake, A., Sinclair, M. T., Soria, J. A. C., Tourism productivity: Evidence from the Unit-
ed Kingdom, *Annals of Tourism Research*, 2006, 33 (4), pp. 1099-1120.

　　⑧ Such, M. J. S., Zamora, M. D. M., Spanish productivity: A regional approach, *Annals of
Tourism Research*, 2006, 33 (3), pp. 666-683.

2011 年的数据为例，运用修正的 DEA 模型对中国省域旅游业发展效率进行测度，结果表明，省域旅游业发展的各项效率在波动中上升，总体上各项效率取得一定的进步，但仍需进一步提升，旅游增长模式正处于由粗放型向集约化发展的转型阶段。[①] Ma 等（2009）采用 DEA（Data Envelopment Analysis, DEA）方法和空间对比分析法，对 136 个中国国家级风景名胜区的旅游资源使用效率进行了计算和空间特征刻画，结果表明，国家级风景名胜区旅游资源的使用效率偏低，但总体上处于规模收益递增阶段。在旅游资源利用总效率的分解效率中，利用效率较高而规模效率和技术效率较低，且沿"云南—贵州—湖南—安徽—浙江（江苏）"等省份形成了一条东西走向的高效率分布带。[②] Barros 等（2011）运用数据包络分析法对法国 22 个旅游目的地的旅游资源绩效进行了分析评估。[③]

从国内层面看，对现有研究文献进行分析和考察后发现，从分析区域上看，不同研究者主要基于不同省（区、市）的整体状况做出考察，如黄秀娟和黄福才（2011）、[④] 刘致良（2009）、[⑤] 生延超和钟志平（2010）、[⑥] 吴玉鸣（2010）;[⑦] 左冰和保继刚（2008）、[⑧] 赵磊（2013）[⑨] 进行了全国范围的比较和分析，胡志毅（2015）运用 DEA-Malmquist 模型评价了中国旅行社业发展效率，结果表明，中国旅行社业技术效率逐步提高，主要得

① 方叶林、黄震方、李东和等：《中国省域旅游业发展效率测度及其时空演化》，《经济地理》2015 年第 35 卷第 8 期，第 189—195 页。

② Ma, X., Ryan, C., Bao, J., Chinese National Parks: Differences, Resources Use and Tourism Product Portfolios, *Tourism Management*, 2009, 30 (1), pp. 21-30.

③ Barros, C. P., Botti, L., Peypoch, N., et al., Perforcence of French Destinations: Tourism Attraction Perspectives, *Tourism Management*, 2011, 32 (1), pp. 141-146.

④ 黄秀娟、黄福才：《中国省域森林公园技术效率测算与分析》，《旅游学刊》2011 年第 26 卷第 3 期，第 25—30 页。

⑤ 刘致良：《资本深化、全要素生产率与中国住宿餐饮业增长》，《旅游学刊》2009 年第 24 卷第 6 期，第 71—76 页。

⑥ 生延超、钟志平：《规模扩张还是技术进步：中国饭店业全要素生产率的测度与评价——基于非参数的 Malmquist 生产率指数研究》，《旅游学刊》2010 年第 25 卷第 5 期，第 25—32 页。

⑦ 吴玉鸣：《考虑空间效应的中国省域旅游产业弹性估计》，《旅游学刊》2010 年第 25 卷第 8 期，第 18—25 页。

⑧ 左冰、保继刚：《1992—2005 年中国旅游业全要素生产率及省际差异》，《地理学报》2008 年第 63 卷第 4 期，第 417—427 页。

⑨ 赵磊：《中国旅游全要素生产率差异与收敛实证研究》，《旅游学刊》2013 年第 28 卷第 11 期，第 12—22 页。

益于规模效率的提高,东部和中部地区旅行社全要素生产率增长速度明显高于西部地区,技术进步变化是西部旅行社业发展的主要制约因素;① 马晓龙（2014）基于 DEA 方法的相关模型,以 Malmquist 指数为指标,对中国 58 个主要城市 2000—2011 年期间的旅游全要素生产效率进行了评价,结果表明,大多数城市的旅游全要素生产效率及其分解的技术变化以增长为主要特征,但效率变化以下降为主要特征。② 许陈生（2012）基于 DEA 方法,对我国地方旅游业效率水平的分析表明,总体水平偏低,空间差异较大,东部地区旅游业效率水平明显好于中部与西部地区;③ 吴旭晓（2013）在运用灰色关联分析方法筛选出评价指标体系基础上,运用投入导向的数据包络分析方法对我国 2011 年区域旅游业发展的相对效率进行评价,结果显示,在 DEA 评价指标的筛选中应用灰色关联分析方法,可使指标筛选的结果更加客观合理。从总体来看,我国旅游业发展效率整体处于中等水平,有待进一步提升。④

对于中国蓬勃发展的旅游业的生产效率、增长质量及可持续发展等问题的研究并不多见,仍然处于起步阶段,⑤⑥ 但近年来有显著增多的趋势,逐渐引起不同研究者的关注和重视,成为研究的热点领域。虽然这一研究视角能够收集到较为全面的数据资料,容易把握中国旅游经济生产效率的整体状况,但宏观分析无助于解决微观问题,⑦ 对于局部或某个地区的认识不够深入,更缺乏对西部地区旅游业生产效率的研究和分析。不过杨荣

---

① 胡志毅:《基于 DEA-Malmquist 模型的中国旅行社业发展效率特征分析》,《旅游学刊》2015 年第 30 卷第 5 期,第 23—30 页。

② 马晓龙:《2000—2011 年中国主要旅游城市全要素生产率评价》,《资源科学》2014 年第 36 卷第 8 期,第 1626—1634 页。

③ 许陈生:《财政分权、法治环境与地方旅游业效率》,《旅游学刊》2012 年第 27 卷第 5 期,第 80—87 页。

④ 吴旭晓:《基于 GRA—DEA 模型的区域旅游业发展效率研究》,《商业研究》2013 年第 20 期,第 202—209 页。

⑤ 左冰、保继刚:《1992—2005 年中国旅游业全要素生产率及省际差异》,《地理学报》2008 年第 63 卷第 4 期,第 417—427 页。

⑥ 陶卓民、薛献伟、管晶晶:《基于数据包络分析的中国旅游业发展效率特征》,《地理学报》2010 年第 65 卷第 8 期,第 1004—1012 页。

⑦ 生延超、钟志平:《规模扩张还是技术进步:中国饭店业全要素生产率的测度与评价——基于非参数的 Malmquist 生产率指数研究》,《旅游学刊》2010 年第 25 卷第 5 期,第 25—32 页。

海和曾伟（2008）对 1995 年以来云南省旅游业生产效率、[①] 赵小芸（2004）对 1992—2002 年间西部地区旅游业投资效率的研究[②]一定程度上补充了这一不足，对小区域范围的研究提供了一个良好的开端。从研究方法上看，黄秀娟和黄福才（2011）、[③] 张根水等（2006）、[④] 朱顺林（2005）[⑤] 等大部分研究者主要采用了 DEA 方法进行相关分析和探讨，研究方法较为单一，不能有效消除相关研究结果的偏误性。其后，相关研究方法得到扩充和丰富，如左冰和保继刚（2008）采用 CD 生产函数对 1992—2005 年中国旅游业的全要素生产效率以及旅游经济增长方式进行了探讨和分析。刘致良（2009）采用 CD 生产函数对 1991 年以来中国住宿餐饮业的全要素生产效率进行了实证分析和考察。[⑥] 刘建国和刘宇（2015）从全要素生产效率的视角探讨了 2006—2013 年杭州旅游发展绩效及其空间格局的变化特征。[⑦] 生延超和钟志平（2010）基于非参数 Malmquist 指数方法对中国饭店业 1997 年以来 TFP 的增长特征及变动趋势进行了研究。[⑧] 杨勇和冯学钢（2008）运用生产函数的随机前沿技术对我国旅游企业技术效率的区域差异及影响因素进行了研究。[⑨] 赵磊（2013）利用非参数 DEA-Malmquist 指数方法测算了中国省际旅游的全要素生产效率，丰富了原有的研究方法，但仍未从根本上改变研究方法较为单一的局面，无法有效衡量

① 杨荣海、曾伟：《基于 DEA 方法的云南旅游业效率研究》，《云南财经大学学报》2008 年第 24 卷第 1 期，第 88—92 页。

② 赵小芸：《旅游投资在西部旅游扶贫中的效用分析》，《旅游学刊》2004 年第 19 卷第 1 期，第 16—20 页。

③ 黄秀娟、黄福才：《中国省域森林公园技术效率测算与分析》，《旅游学刊》2011 年第 26 卷第 3 期，第 25—30 页。

④ 张根水、熊伯坚、程理民：《基于 DEA 理论的地区旅游业效率评价》，《商业研究》2006 年第 1 期，第 179—182 页。

⑤ 朱顺林：《区域旅游产业的技术效率比较分析》，《经济体制改革》2005 年第 2 期，第 116—119 页。

⑥ 刘致良：《资本深化、全要素生产率与中国住宿餐饮业增长》，《旅游学刊》2009 年第 24 卷第 6 期，第 71—76 页。

⑦ 刘建国、刘宇：《2006—2013 年杭州城市旅游全要素生产率格局及影响因素》，《经济地理》2015 年第 35 卷第 7 期，第 190—197 页。

⑧ 生延超、钟志平：《规模扩张还是技术进步：中国饭店业全要素生产率的测度与评价——基于非参数的 Malmquist 生产率指数研究》，《旅游学刊》2010 年第 25 卷第 5 期，第 25—32 页。

⑨ 杨勇、冯学钢：《中国旅游企业技术效率省际差异的实证分析》，《商业经济与管理》2008 年第 8 期，第 68—74、80 页。

不同投入要素对旅游经济发展的贡献。[①]

　　基于上述分析，本书采用计量经济学方法和扩展的索洛剩余模型对西部地区旅游业 TFP 进行定量分析。相较其他方法和模型，计量经济学方法和扩展的索洛剩余模型能够有效测量西部地区各省（区、市）不同投入要素对旅游经济发展的贡献以及旅游业发展的 TFP。

一　产出变量和投入变量选择

（一）产出变量选择

　　国内很多学者大都选择增加值和净产值作为产出的指标，增加值与总产出比较，缺少了中间产品转移价值，而正是中间产品价值的重复计算才能反映规模节约和资源配置效率的经济效能，所以用增加值代替总产出，改变了 TFP 的指标功能，这一选择欠妥当。[②] 而用净产值指标代替总产出，有两方面的不足：一是核算范围不一致，二是价值构成不一致，存在改变 TFP 指标功能的缺陷，所以沈能等（2007）、原毅军和刘浩等（2009）、[③] 庞瑞芝（2009）[④] 在研究 TFP 变动时选择总产值作为产出的价值指标。参照上述产出变量的选择方法，并结合旅游经济的统计资料特征，本书选择旅游总收入衡量旅游产出，更加真实有效地反映了规模节约和资源配置效率的经济效能，同时保持了 TFP 的指标功能。

（二）投入变量选择

　　关于影响旅游产出的投入要素问题，任若恩和孙琳琳（2009）的研究指出，测算行业生产率时需要考虑中间投入的问题，以保证结果更加准确。[⑤] 吴玉鸣（2010）考察了劳动和资本投入对全国旅游产出的影响后认为，市场区位、旅游可进入性、旅游地居民消费水平、交通可达性及信息

---

　　① 赵磊：《中国旅游全要素生产率差异与收敛实证研究》，《旅游学刊》2013 年第 28 卷第 11 期，第 12—22 页。

　　② 沈能、刘凤良、赵建强：《中国地区工业技术效率差异及变动趋势分析》，《科研管理》2007 年第 28 卷第 4 期，第 16—22 页。

　　③ 原毅军、刘浩、白楠：《中国生产性服务业全要素生产率测度》，《中国软科学》2009 年第 1 期，第 159—167 页。

　　④ 庞瑞芝：《经济转型期间中国工业增长与全要素能源效率》，《中国工业经济》2009 年第 3 期，第 49—58 页。

　　⑤ 任若恩、孙琳琳：《我国行业层次的 TFP 估计：1981—2000》，《经济学》（季刊）2009 年第 8 卷第 3 期，第 925—950 页。

技术也对旅游产业产出发挥着重要作用,纳入这些要素定量测量旅游产业多种要素投入的弹性系数,是未来重要的研究方向。① 国外研究方面,Dwyer(2000)的研究结果认为,地区旅游发展要具备吸引游客的属性,例如景观资源和膳宿等硬指标;② Holzner(2011)基于134个国家1970—2007年的面板数据进行分析后认为,作为投入要素星级酒店数量和旅游景区数量对旅游经济的发展具有重要作用;③ Ma 等(2009)参照经济学资本、劳动和土地的投入要素分析框架,进一步扩展为土地面积、从业人数、固定资产投资完成额和经营支出作为旅游风景名胜区生产的投入指标;④ Pearce(1995)识别出区域旅游供给的五大空间影响因素分别为:吸引物、旅游交通、住宿、旅游支持设施和基础设施。⑤ 国内学者敖荣军和韦燕生(2006)、⑥ 郭为(2007)、⑦ 林南芝和陶汉军(2009)、⑧ 赵东喜(2008)⑨认为旅游资源禀赋、社会经济、地理区位、基础设施、服务设施、产业结构、空间距离等因素会影响区域旅游收入。参照上述研究提供的思路,本书旅游要素投入的指标包括资本投入、劳动投入、旅游基础设施投入、旅游服务设施投入和旅游资源开发投入5项。

1. 资本投入

旅游投资是旅游业发展的原动力。⑩ 郭庆旺和贾俊雪(2004)认为采

① 吴玉鸣:《考虑空间效应的中国省域旅游产业弹性估计》,《旅游学刊》2010年第25卷第8期,第18—25页。

② Dwyer, L., Forsyth, P., Rao, R., The Price Competitiveness of Travel and Tourism: A Comparison of 19 Destinations, *Tourism Management*, 2000, 21 (1), pp. 9-22.

③ Holzner, M., Tourism and Economic Development: The Beach Disease, *Tourism Management*, 2011, 32 (4), pp. 922-933.

④ Ma, X., Ryan, C., Bao, J., Chinese National Parks: Differences, Resources Use and Tourism Product Portfolios, *Tourism Management*, 2009, 30 (1), pp. 21-30.

⑤ Pearce, D. G., *Tourist Today: A Geographical Analysis* (2nd edition), Harlow: Longman Scientific and Technical Press, 1995.

⑥ 敖荣军、韦燕生:《中国区域旅游发展差异影响因素研究》,《财经研究》2006年第32卷第3期,第32—43页。

⑦ 郭为:《入境旅游:基于引力模型的实证研究》,《旅游学刊》2007年第22卷第3期,第30—34页。

⑧ 林南枝、陶汉军:《旅游经济学》(第3版),南开大学出版社2009年版。

⑨ 赵东喜:《中国省际入境旅游发展影响因素研究——基于分省面板数据分析》,《旅游学刊》2008年第23卷第1期,第41—45页。

⑩ 王如东、诸大建:《基于投入产出分析的旅游投资对城市经济贡献的研究——以苏州市为例》,《旅游学刊》2009年第24卷第11期,第20—24页。

用物质资本的"服务流量"作为资本投入最为理想，但这一数据在实际中几乎无法获得，因为我国从未公布关于资本存量的统计数据。① 王小鲁和樊纲（2000）、② 郭庆旺和贾俊雪（2004）③ 认为目前国内理论界在处理资本存量问题上难度较大，方法存在较大分歧。本书以与旅游业密切相关的交通运输、住宿和餐饮业的固定资产投资为代理变量作为旅游业的资本投入。

2. 劳动投入

《中国旅游统计年鉴》中对旅游业从业人员的统计存在明显的异常变动，1999 年到 2000 年、2003 年到 2004 年旅游业从业人员出现了明显的异常波动，但统计年鉴没有做出具体解释，④ 基于此，且与资本投入相对应地，本书以与旅游业密切相关的交通运输、住宿和餐饮业的职工人数为代理变量作为旅游业的劳动投入。

3. 旅游基础设施投入

旅游基础设施投入以等级公路密度反映。等级公路密度是衡量一区域可进入性的重要标准，其值越高，表明公路网络越密集，可达性越强；反之，公路网络越疏松，可达性越弱，计算公式参见 3 - 3 - 3。

4. 旅游服务设施投入

旅游服务设施以星级酒店水平衡量。星级酒店水平是衡量一区域旅游接待能力的重要指标，其值越大，旅游接待能力越强；反之则旅游接待能力越弱，计算公式参见 3 - 3 - 4。

5. 旅游资源开发投入

旅游资源开发投入以 4A 和 5A 景区得分衡量不同省（区、市）旅游资源开发投入状况，它们客观地反映了区域旅游资源开发和旅游地建设的质

---

① 郭庆旺、贾俊雪：《中国经济波动的解释：投资冲击与全要素生产率冲击》，《管理世界》2004 年第 7 期，第 11—17 页。

② 王小鲁、樊纲：《中国经济增长的可持续性：跨世纪的回顾与展望》，经济科学出版社 2000 年版。

③ 郭庆旺、贾俊雪：《中国潜在产出与产出缺口的估算》，《经济研究》2004 年第 5 期，第 30—39 页。

④ 师守祥、郭为：《我国旅游统计数据评价及开发应用研究》，《旅游学刊》2010 年第 25 卷第 2 期，第 19—23 页

量水平，提供了一种较为公认的依据，且能够避免重复计算问题，[1] 4A 和 5A 级景区得分越高则旅游资源开发投入越高，吸引游客能力越强，反之，旅游资源开发投入越低，吸引游客能力越弱，计算公式参见 3 - 3 - 5。

二　模型构建

假定经济的总量生产函数为：

$$Y_t = A_t \cdot F(X_t) \qquad\qquad 3 - 1 - 1$$

式 3 - 1 - 1 中，Y_t 为产出，$X_t = (X_{1t}, X_{2t}, \cdots X_{nt})$ 为要素投入向量，$i = 1, 2, \cdots, n$。乘数因子 A_t 为技术系数，是广义技术进步的反映。式子两边同时对 t 求全微分并除以 Y_t 可得：

$$\frac{\dot{Y_t}}{Y_t} = \frac{\dot{A_t}}{A_t} + \sum_{i=1}^{n} \delta_i \left(\frac{\dot{x}_{i,t}}{x_{i,t}} \right), \delta_i = \left(\frac{\partial Y_t}{\partial x_{i,t}} \right) \left(\frac{x_{i,t}}{Y_t} \right) \qquad 3 - 1 - 2$$

式 3 - 1 - 2 中，δ_i 为各投入要素的产出弹性，在完全竞争和利润最大化条件下，各投入要素的产出弹性就等同于要素的产出份额，则式 3 - 2 - 1 中的 $\dfrac{\dot{A_t}}{A_t}$ 就是索洛意义上的 TFP。

参照上述方法，本书构建西部地区（包括西南和西北两地区）扩展的索洛余值生产函数：

$$Y_{jt} = A_{jt} K_{jt}^{\alpha} L_{jt}^{\beta} R_{jt}^{\gamma} H_{jt}^{\varphi} S_{jt}^{\eta} e^{\mu} \qquad\qquad 3 - 1 - 3$$

式 3 - 1 - 3 中，Y 为产出量，K，L，R，H，S 分别为资本、劳动、旅游基础设施、旅游服务设施和旅游资源开发投入量，α，β，γ，Φ，η 分别为资本、劳动、旅游基础设施、旅游服务设施和旅游资源开发投入的弹性系数，A 为效率系数。对参数非线性模型做对数化处理得到：

$$\ln Y_{jt} = \ln A_{jt} + \alpha \ln K_{jt} + \beta \ln L_{jt} + \gamma \ln R_{jt} + \varphi \ln H_{jt} + \eta \ln S_{jt} + \mu \qquad 3 - 1 - 4$$

如果 $\alpha + \beta + \gamma + \Phi + \eta > 1$，则旅游经济存在规模报酬递增，即旅游要素投入增加 1 单位，旅游经济产出增加大于 1 单位；

如果 $\alpha + \beta + \gamma + \Phi + \eta = 1$，则旅游经济存在规模报酬不变，即旅游要素投入增加 1 单位，旅游经济产出增加等于 1 单位；

---

① 敖荣军、韦燕生：《中国区域旅游发展差异影响因素研究》，《财经研究》2006 年第 32 卷第 3 期，第 32—43 页。

如果 $\alpha + \beta + \gamma + \varPhi + \eta < 1$，则旅游经济存在规模报酬递减，即旅游要素投入增加 1 单位，旅游经济产出增加小于 1 单位。

其中 α，β，γ，$\varPhi$，η 各个参数的估计利用面板数据最小二乘法求出。在估计出各个参数值后，容易计算得到西部地区旅游业 TFP，其计算公式可表示为：

$$TFP = \frac{\dot{A}_{jt}}{A_{j0}} = \frac{\dot{Y}_{jt}}{Y_{j0}} - \alpha \frac{\dot{K}_{jt}}{K_{j0}} - \beta \frac{\dot{L}_{jt}}{R_{j0}} - \gamma \frac{\dot{R}_{jt}}{R_{j0}} - \varphi \frac{\dot{H}_{jt}}{H_{j0}} - \eta \frac{\dot{S}_{jt}}{S_{j0}} \qquad 3-1-5$$

第二节　西部地区旅游业 TFP 分析

一　要素投入弹性分析

（一）西部地区回归结果分析

变量的单位根检验显示（表 3 - 1 - 1），旅游人力投入、星级酒店水平原始序列为平稳序列，而旅游固定资产投资、等级公路密度水平、旅游资源开发水平原始序列为非平稳序列，其一阶差分形式为平稳序列。表 3 - 1 - 1 显示，旅游总收入原始序列为非平稳序列，其一阶差分形式为平稳序列。

表 3 - 1 - 1　　　　　　　　　　变量平稳性检验

变量	ADF	PP
y	2.60	14.66
$d(y)$	52.44***	128.06***

注：* * *表示统计量在 1% 水平下显著。

基于面板方法用 Eviews 7.0 软件对计量模型 3 - 1 - 4 的各参数进行估计。在此之前，先通过 Hausman 检验判断固定效应和随机效应模型的有效性，回归结果显示，随机效应效果优于固定效应，因此采用随机效应形式。

表 3 - 1 - 2 显示，西部地区旅游业 TFP 总体回归效果较好，复相关系数 R^2 值达到了 0.9498，即使调整的 R^2 值也达到了 0.9438，F 检验统计值

为 156.7758，在 1% 水平下显著。从各系数的回归结果看，效果也较好，劳动投入弹性系数 β、旅游基础设施投入弹性系数 γ、旅游服务设施投入弹性系数 Φ、旅游资源开发水平系数 η 均在 1%—10% 水平下显著。

表 3-1-2　　　　　　2000—2014 年西部地区 TFP 回归结果

变量	系数值	t 值	p 值
c	-0.4084	-0.5977	0.5509
$d\ (iv)$	0.0641	0.6403	0.5230
hu	0.1788	2.5750	0.0110
$d\ (ro)$	0.2371	1.6742	0.0962
st	0.6070	7.4136	0.0000
$d\ (sc)$	0.1107	1.6565	0.0997
R^2	0.9498		
Adj. R^2	0.9438		
F	156.7758		
DW	1.6419		
样本数量	168		

西部地区旅游业劳动投入弹性系数为 0.1788，表明投入增加 1 单位的劳动将带来 0.1788 单位旅游经济产出的增加；旅游基础设施投入（以等级公路密度为代表）弹性系数为 0.2371，表明西部地区等级公路密度水平每提高 1 个百分点将带来 0.2371 单位旅游经济产出的增加；旅游服务设施投入（以星级酒店为代表）弹性系数为 0.6070，表明西部地区星级酒店水平每提高 1 个百分点将带来 0.6070 单位旅游经济产出的增加；旅游资源开发投入弹性系数为 0.1107，表明西部地区旅游资源开发投入每提高 1 个百分点将带来 0.1107 单位旅游经济产出的增加。上述分析显示，西部地区旅游服务设施投入的弹性系数最高，为 0.6070；旅游资源开发投资弹性系数最低，为 0.1107；劳动投入和旅游基础设施投入弹性系数则介于两者之间。

从规模报酬角度看，西部地区旅游经济的规模报酬系数为 1.1336，即增加 1 单位旅游要素投入将带来 1.1336 单位旅游经济产出的增加，这一数值显著大于 1，表明西部地区旅游经济发展处于规模报酬递增阶段。

（二）西南地区回归结果分析

变量的单位根检验显示（表 3 - 1 - 3），旅游人力资本投入、星级酒店水平原始序列为平稳序列，而旅游固定资产投资、等级公路密度水平、旅游资源开发水平原始序列为非平稳序列，其一阶差分形式为平稳序列。表 3 - 1 - 3 显示，旅游总收入原始序列为非平稳序列，其一阶差分形式为平稳序列。

表 3 - 1 - 3　　　　　　　　变量平稳性检验

变量	ADF	PP
y	0.73	0.63
$d(y)$	24.76**	54.65***

注：**、***分别表示统计量在 5%、1% 水平下显著。

表 3 - 1 - 4 显示，西南地区旅游业 TFP 总体回归也取得了较好的效果，复相关系数 R^2 值达到了 0.8139，即使调整的 R^2 值也达到了 0.8020，F 检验统计值为 68.2469，在 1% 水平下显著。

表 3 - 1 - 4　　　　　　2000—2014 年西南地区 TFP 回归结果

变量	系数值	t 值	p 值
c	-6.4397	-6.5593	0.0000
$d(iv)$	0.4284	0.9716	0.3343
hu	0.4892	3.5379	0.0007
$d(ro)$	0.4344	2.5648	0.0122
st	0.5456	3.6061	0.0005
$d(sc)$	0.3471	1.7177	0.0898
R^2	0.8139		
Adj. R^2	0.8020		
F	68.2469		
DW	1.7932		
样本数量	84		

从各系数的回归结果看，效果也较好，劳动投入系数、旅游基础设施水平系数、旅游服务设施水平系数和旅游资源开发水平系数均在1%—10%水平下显著。西南地区旅游业劳动投入弹性系数为0.4892，且在1%水平下显著，表明增加投入1单位的劳动将带来0.4892单位旅游经济产出增加；旅游基础设施投入（以等级公路密度为代表）弹性系数为0.4344，且在5%水平下显著，表明西南地区等级公路密度水平每提高1个百分点将带来0.4344单位旅游经济产出的增加；旅游服务设施投入（以星级酒店为代表）弹性系数为0.5456，且在1%水平下显著，表明星级酒店水平每提高1个百分点将带来0.5456单位旅游经济产出的增加；旅游资源开发投入弹性系数为0.3471，且在10%水平下显著，表明旅游资源开发投入每提高1个百分点将带来0.3471单位旅游经济产出的增加。就西南地区不同投入要素比较而言，旅游服务设施投入弹性系数最高，为0.5456；旅游资源开发投入弹性系数最低，为0.3471；劳动投入和旅游基础设施投入弹性系数则介于两者之间。

从规模报酬角度看，西南地区旅游经济的规模报酬系数为1.8163，即增加1单位要素投入将带来1.8163单位旅游经济产出的增加，这一数值显著大于1，表明西部地区旅游经济发展处于规模报酬递增阶段。

（三）西北地区回归结果分析

变量的单位根检验显示（表3-1-5），星级酒店水平原始序列为平稳序列，而旅游固定资产投资、旅游人力资本投入、等级公路密度水平、旅游资源开发水平原始序列为非平稳序列，其一阶差分形式为平稳序列。表3-1-5显示，旅游总收入原始序列为非平稳序列，其一阶差分形式为平稳序列。

表3-1-5 变量平稳性检验

变量	ADF	PP
y	1.87	14.03
$d(y)$	27.69***	73.40***

注：***表示统计量在1%水平下显著。

表3-1-6显示，西北地区旅游业TFP回归取得了较为满意的效果，复相关系数R^2值达到了0.7507，即使调整的R^2值也达到了0.7347，F检

验统计值为 46.9791，在 1% 水平下显著。

表 3 –1 –6　　　　　2000—2014 年西北地区 TFP 回归结果

变量	系数值	t 值	p 值
c	– 3.7687	– 11.1988	0.0000
d (iv)	0.4915	1.8974	0.0615
hu	0.6235	2.5939	0.0113
d (ro)	0.3544	0.8483	0.3989
st	0.8083	25.4347	0.0000
d (sc)	0.2147	1.3251	0.1890
R^2	0.7507		
Adj. R^2	0.7347		
F	46.9791		
DW	1.7542		
样本数量	84		

从各系数的回归结果看，效果也较好，旅游固定资产投资系数、旅游人力资本投入和旅游服务设施水平系数均在 1%—10% 水平下显著。西北地区旅游业固定资产投资弹性系数为 0.4915，且在 10% 水平下显著，这意味着西北地区增加投入 1 单位的资本将带来 0.4915 单位旅游经济产出的增加；旅游业人力资本投资弹性系数为 0.6235，且在 5% 水平下显著，这意味着西北地区增加投入 1 单位的资本将带来 0.6235 单位旅游经济产出的增加；旅游服务设施（以星级酒店为代表）弹性系数为 0.8083，且在 1% 水平下显著，表明星级酒店水平每提高 1 个百分点将带来 0.8083 单位旅游经济产出的增加。就西北地区不同投入要素比较而言，旅游服务设施投资的弹性系数最高，为 0.8083；旅游固定资产投资的弹性系数最低，为 0.4915；旅游劳动投入的弹性系数则介于两者之间。

从规模报酬角度看，西北地区旅游经济的规模报酬系数为 1.9233，即旅游要素投入增加 1 单位将带来 1.9233 单位旅游经济产出的增加，这一数值显著大于 1，表明西北地区旅游经济的发展处于规模报酬递增阶段。

二　旅游业 TFP 估算

根据公式 3 –1 –5，可以计算得到西部、西南和西北地区旅游经济发展的 TFP，2000—2014 年，西部地区旅游经济发展的年化 TFP 增长率为 0.5788%，西南地区旅游经济发展的年化 TFP 增长率为 0.4936%，西北地区旅游经济发展的年化 TFP 增长率为 0.5963%。

第三节 TFP 的比较性讨论

一 基于要素投入的视角

2000—2014 年，西部、西南和西北地区固定资产投资总增长率分别为 889.41%、944.57% 和 811.73%，年均增长率分别为 17.79%、18.24% 和 17.10%，西南地区固定资产投资增长率水平超过了西北地区。旅游业固定资产投资的弹性系数在整个西部地区和西南地区未通过显著性检验，而在西北地区，旅游业固定资产投资的弹性系数通过了显著性检验，其弹性系数为 0.4915。吴玉鸣（2010）的研究结果显示，就全国而言，2000—2007 年旅游资本投入的弹性系数为 0.7435，[①] 朱承亮等（2009）认为全国 2000—2006 年旅游业资本投入的弹性系数为 0.6179，[②] 与之相比，西北地区旅游业固定资产的投入弹性系数的结论略低；而左冰和保继刚（2008）对 1992—2005 年中国旅游业效率的研究结果显示，旅游业固定资产投资的产出弹性为 0.1177。[③] 与之相比，西北地区的分析结果高于这一数值，其中的原因比较容易理解，西部地区旅游经济相对落后，资本投入的边际报酬处于递增阶段，边际产出较高，而其他地区旅游经济相对发达，资本边际产出低于西部地区，导致整体水平下降。

2000—2014 年，西部、西南和西北地区劳动投入增长率分别为 78.44%、78.69% 和 78.01%，年均增长率分别为 4.22%、4.23% 和 4.20%。西部、西南和西北地区旅游业劳动投入弹性系数分别为 0.1788、

---

① 吴玉鸣：《考虑空间效应的中国省域旅游产业弹性估计》，《旅游学刊》2010 年第 25 卷第 8 期，第 18—25 页。

② 朱承亮、岳宏志、严汉平等：《基于随机前沿生产函数的我国区域旅游产业效率研究》，《旅游学刊》2009 年第 24 卷第 12 期，第 18—22 页。

③ 左冰、保继刚：《1992—2005 年中国旅游业全要素生产率及省际差异》，《地理学报》2008 年第 63 卷第 4 期，第 417—427 页。

0.4892 和 0.6235，表明过去 14 年西部、西南和西北地区旅游业劳动投入取得了较好的效果。西北地区劳动投入效率高于西南地区，同样地，西部地区整体水平低于西南和西北两地区水平。吴玉鸣（2010）的研究结果显示：就全国而言，2000—2007 年劳动投入的弹性系数为 0.3964，[1] 朱承亮等（2009）认为全国 2000—2006 年全国旅游业劳动投入的弹性系数为 0.3460，本书劳动投入弹性系数的结论与之相比，差别不大；而与左冰和保继刚（2008）的研究结果有较大差别，其劳动投入的产出弹性为 1.0156，劳动力投入增长是支持中国旅游业 14 年（1992—2005）来快速发展的主要因素，而资本的作用相对较低。另外，与左冰和保继刚（2008）的研究结果相比，西部、西南和西北地区的劳动产出弹性较低。造成这一现象的原因可能在于，左冰和保继刚（2008）分析的是中国旅游业发展的初始阶段，在资本相对短缺的背景下，更多地依赖劳动投入，劳动产出弹性较高。[2] 此外，唐晓云（2007）、[3] 王兆峰（2008）的研究结果显示，西部地区人力资本投入效率低下，对旅游业发展的贡献明显低于东部地区，这也可能造成西部地区旅游业劳动投入弹性系数较低。

2000—2014 年，西部、西南和西北地区等级公路增长率分别为 214.82%、195.04% 和 243.57%，年均增长率分别为 8.54%、8.03% 和 9.22%，西北地区等级公路的提升水平较西南地区更快，改善了交通条件，为旅游经济的发展奠定了基础。从等级公路密度弹性系数看，西部、西南和西北地区分别为 0.2377、0.4344 和 0.3544，表明过去 10 年西部、西南和西北地区以等级公路为代表的旅游基础设施建设取得了较好的效果。

2000—2014 年，西部、西南和西北地区星级酒店水平提高速度分别为 241.78%、190.71% 和 349.17%，年均提高速度分别为 9.18%、7.92% 和 11.33%，西北地区超过了西南地区。从星级酒店水平弹性系数看，西部、西南和西北地区分别为 0.6070、0.5456 和 0.8083，表明 2000 年以来西部、西南和西北地区以星级酒店为代表的旅游服务设施建设取得了较好的效

---

① 左冰、保继刚：《1992—2005 年中国旅游业全要素生产率及省际差异》，《地理学报》2008 年第 63 卷第 4 期，第 417—427 页。

② 同上。

③ 唐晓云：《中国旅游经济增长因素的理论与实证研究》，博士学位论文，天津大学，2007 年。

果。西北地区旅游服务设施投入效率高于西南地区。

从规模报酬看，西部、西南和西北地区的旅游经济规模报酬系数分别为 1.1336、1.8163 和 1.9233，意味着西部、西南和西北地区每增加投入 1 单位的旅游要素，将分别带来 1.1336、1.8163 和 1.9233 单位产出的增加，明显地，处于规模报酬递增阶段，但西北地区的投入产出比优于西南地区。吴玉鸣（2010）的研究结果显示，2000—2007 年，全国旅游规模报酬系数为 1.1399，① 这一结果比本书的结论低。可能的原因是旅游经济较发达的东部地区旅游规模报酬较低，从而拉低了整体水平。马晓龙（2009）对 2005 年 58 个中国主要旅游城市旅游收益的研究结果显示，北京、杭州、广州、青岛、苏州、宁波、无锡和重庆等城市处于旅游规模收益递减阶段，除重庆外，其他城市均处于中国经济最发达的长三角、珠三角、京津唐和山东半岛等沿海地区，而广大的中、西部地区城市依然处于规模报酬递增阶段。其他学者的研究成果在一定程度上为本书的研究结果提供了支持，如张根水等（2006）的研究显示，2001 年西部地区 12 省（区、市）的旅游业均处于规模报酬递增阶段；② Ma 等（2009）及黄秀娟和黄福才（2011）的研究提供了一个更为微观的视角，Ma 等（2009）认为 2005 年绝大多数中国国家级风景名胜区仍处于规模报酬递增阶段；③ 黄秀娟和黄福才（2011）的研究结果显示，2008 年，除四川森林公园的规模报酬递减，广西、重庆、贵州森林公园的规模报酬不变外，西部地区其他 8 省（区）处于规模收益递增状态。④

二　基于 TFP 的视角

技术进步既包括生产中使用的硬技术对经济增长的贡献，如资本深化（人均资本存量增加，常用资本劳动比指标衡量，其值越大，表示生产中

---

① 吴玉鸣：《考虑空间效应的中国省域旅游产业弹性估计》，《旅游学刊》2010 年第 25 卷第 8 期，第 18—25 页。

② 张根水、熊伯坚、程理民：《基于 DEA 理论的地区旅游业效率评价》，《商业研究》2006 年第 1 期，第 179—182 页。

③ Ma, X., Ryan, C., Bao, J., Chinese National Parks: Differences, Resources Use and Tourism Product Portfolios, *Tourism Management*, 2009, 30 (1), pp. 21-30.

④ 黄秀娟、黄福才：《中国省域森林公园技术效率测算与分析》，《旅游学刊》2011 年第 26 卷第 3 期，第 25—30 页。

使用的资本越多，资本深化程度越高），也包括软技术进步如劳动力质量提高、要素配置更加有效率、规模经济、组织管理等因素对经济增长的贡献①（易纲等，2003）。图 3 - 1 - 1 显示了 2000—2014 年西部、西南和西北地区资本深化的过程，西部、西南和西北地区的资本劳动比不断上升。西部地区由 2000 年的 270. 73 元/人升至 2014 年的 2583. 52 元/人，14 年间增长 854. 27%，年均增长 17. 48%；西南地区由 2000 年的 234. 53 元/人升至 2014 年的 2405. 48 元/人，14 年间增长 926. 67%，年均增长 18. 09%；西北地区由 2000 年的 345. 92 元/人升至 2014 年的 2933. 83 元/人，14 年间增长 748. 12%，年均增长 16. 50%。表明西部、西南和西北地区存在较强的资本深化过程，这很大程度上得益于西部大开发的战略部署使西部地区旅游投资增加。

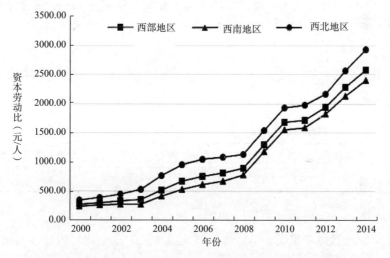

图 3 - 1 - 1　2000—2014 年西部、西南和西北地区资本劳动比

产业发展进程一般要经历具有不同特征的四个发展阶段，第一阶段是要素驱动，第二阶段是投资驱动，第三阶段是创新驱动，第四阶段是财富驱动。明显地，与其他投入要素相比，西部地区（西南地区和西北地区）旅游业的 TFP 处于较低水平，旅游经济的增长主要靠固定资产投资、劳动、旅游基础设施和旅游服务设施等旅游要素投入驱动，处于产业发展进

① 易纲、樊纲、李岩：《关于中国经济增长与全要素生产率的理论思考》，《经济研究》2003 年第 8 期，第 13—21 页。

程中的第一和第二阶段。根据魏小安和韩健民（2003）对旅游发展阶段的界定，西部地区旅游经济发展尚处于早期阶段，整体表现为受社会基础设施制约的"高投入、低产出"特征。① 一定程度上，低水平的 TFP 是旅游业不注重技术创新和产品创新的反映，很长一段时间以来，旅游业成为解决全民就业的突破口，导致行业进入门槛较低，从业人员的素质也较低，行业的创新能力严重不足。武虹剑等（2008）基于旅游发明专利、实用新型、外观设计、主题公园、学术论文、科技成果等指标，运用因子分析法和聚类分析法对我国旅游业技术应用水平进行的初步评价结果显示，西部地区的广西、重庆、四川、贵州、云南、陕西和新疆技术应用总体水平较低，低于全国平均水平；而内蒙古、西藏、甘肃、青海和宁夏技术应用总体水平很低，在全国排在末位。② 李仲广等（2008）对全国 31 个省（区、市）地区旅游研发实力、旅游基础研究、旅游应用开发和旅游企业实力的研究结果显示，西部地区旅游业整体研发水平较低，除四川排名靠前，居第 6 位，其他均在 10 名后，尤其是西北地区，除陕西外，其他省（区）基本排在末位水平（表 3 – 1 – 7）。这些研究结果为本书的结论提供了直接的证据支持。

表 3 – 1 – 7　　西部地区不同省（区、市）旅游业整体研发水平全国排名③

	重庆	四川	贵州	云南	西藏	广西	陕西	甘肃	青海	宁夏	新疆	内蒙古
排序	12	6	23	11	29	15	17	27	30	31	28	25

此外，生延超和钟志平（2010）的研究表明，中国饭店业在 1997—2007 年间虽然进步很大，但总体上粗放式增长的性质比较明显，高增长以更高的投入为代价，④ 这与本书的结论一致。刘致良（2009）的研究结果：资本深化是中国住宿餐饮业 1994—2007 年增长的主要动力，技术进步

① 魏小安、韩健民：《旅游强国之路》，中国旅游出版社 2003 年版。

② 武虹剑、谢彦君、李仲广等：《我国旅游业技术应用水平评价》，《技术经济》2008 年第 27 卷第 4 期，第 57—62 页。

③ 李仲广、王娟、宋慧林等：《我国旅游业研发总体水平、区域分布与政策建议》，《旅游科学》2008 年第 22 卷第 2 期，第 27—32、62 页。

④ 生延超、钟志平：《规模扩张还是技术进步：中国饭店业全要素生产率的测度与评价——基于非参数的 Malmquist 生产率指数研究》，《旅游学刊》2010 年第 25 卷第 5 期，第 25—32 页。

（全要素生产率）对增长也有不小的贡献，① 为本书的结论部分地提供了支持。黄秀娟和黄福才（2011）的研究显示，甘肃、陕西、新疆、宁夏、内蒙古和贵州等经济发展水平较低的省（区）其森林公园的技术效率也较低，② 这为本书的结论在微观意义上提供了支持。另外，从更为宏观的视角看，根据《2009 年世界经济论坛旅游竞争力报告》，中国排名第 47 位，在竞争力的各要素中技术创新等现代产业要素得分较低，技术创新水平的落后成为中国旅游竞争力提升的主要瓶颈。马晓龙和保继刚（2010）对中国 58 个主要旅游城市的分析显示，其旅游效率总体呈现由东部地区向中、西部地区递减的规律性，这直接表明西部地区旅游效率在全国处于较低水平。朱承亮等（2009）运用前沿随机生产函数对 2000—2006 年我国区域旅游业效率的实证研究表明，我国区域旅游业效率呈现稳步上升趋势，但总体水平偏低，仍有很大的增长潜力；旅游产业效率区域差异明显，东部地区最高、中部地区居中、西部地区最低。③ 杨勇和冯学钢（2008）的研究表明，1999—2005 年间中国省际旅游企业［包括旅行社、星级饭店、旅游区（点）及其他旅游企业］平均技术效率均呈下降趋势，中西部地区尤为明显。④

但一个比较有意思的现象同样值得注意，朱承亮等（2009）研究发现，在西部大开发战略实施后的 2000—2007 年间，西部地区经济发展 TFP 增长率远高于全国平均水平，且在三大区域中处于最高水平。⑤ 这样就出现了一个矛盾的现象，即西部地区经济发展 TFP 增长率居首位，但旅游业 TFP 增长率却居末位。可能的解释是，西部地区不同省（区、市）重视旅游要素投入，却忽略了以技术创新推动旅游经济发展。这一观点可从以往的研究中得到支持，陈秀琼和黄福才（2006）认为中国旅游业发展仍处于

---

① 刘致良：《资本深化、全要素生产率与中国住宿餐饮业增长》，《旅游学刊》2009 年第 24 卷第 6 期，第 71—76 页。

② 黄秀娟、黄福才：《中国省域森林公园技术效率测算与分析》，《旅游学刊》2011 年第 26 卷第 3 期，第 25—30 页。

③ 朱承亮、岳宏志、严汉平等：《基于随机前沿生产函数的我国区域旅游产业效率研究》，《旅游学刊》2009 年第 24 卷第 12 期，第 18—22 页。

④ 杨勇、冯学钢：《中国旅游企业技术效率省际差异的实证分析》，《商业经济与管理》2008 年第 8 期，第 68—74、80 页。

⑤ 朱承亮、岳宏志、李婷：《基于 TFP 视角的西部大开发战略实施绩效评价》，《科学学研究》2009 年第 24 卷第 11 期，第 1662—1667 页。

粗放型增长阶段，产业发展依赖要素投入拉动，具有高投入、低效率特征。[1]

第四节　政策建议

分析结果表明，西部地区（西南和西北地区）旅游经济仍处于规模报酬递增阶段，因此，在未来一段时间可以通过进一步扩大要素投入（增加旅游业固定资产投资和劳动投入、提高旅游基础设施和服务设施水平）实现旅游经济的发展。这在西部地区（西南和西北地区）旅游经济发展的初级阶段，旅游相关设施的供给和完善是必要的。

2000—2014年西部地区（西南和西北地区）旅游经济发展主要依靠要素投入推动，技术进步发挥的作用较小。林毅夫（2003）认为相对于要素投入，技术创新更为重要。并进一步指出，如果不进行技术创新，资本不断积累就会碰到投资报酬递减，资本的回报和积累的意愿会越来越低。因此，判断一个国家经济发展或生产力发展的潜力，只要看这个国家技术创新的可能性有多大。[2] 一定意义上，西部地区（西南和西北地区）旅游经济单纯靠要素驱动的发展是不可持续的，要想保持更为稳健的发展，需重视技术创新和TFP的提高，使西部地区（西南和西北地区）旅游经济逐渐走上内涵式的发展道路。因为技术创新可以降低成本并提高旅游业的生产率水平，增加潜在产出能力，是旅游业实现内涵式增长的主要途径。西部地区内蒙古、广西、重庆、四川、贵州、云南、西藏、陕西、甘肃、青海、宁夏、新疆12个省（区、市）应在以下方面予以充分重视。

（1）思想上重视技术进步和创新推动旅游经济发展。前文分析表明，政府和企业重视要素投入对旅游经济增长推动作用的发挥，但对技术进步和创新并未给予足够重视。随着边际报酬递减规律逐渐发挥作用，旅游要素投入将不足以支撑旅游经济的快速增长和发展，鉴于此，必须重视技术

---

① 陈秀琼、黄福才：《中国旅游业发展的定量评价研究》，《旅游学刊》2006年第21卷第9期，第59—63页。

② 林毅夫：《后发优势与后发劣势——与杨小凯教授商榷》，《经济学》（季刊）2003年第2卷第4期，第989—1004页。

进步和创新以推动旅游经济发展。在以往的研究中，刘朝明和任来玲（2008）认为旅游业的创新需从产品创新、服务创新与信息技术创新三方面进行；① 郑鹏等（2009）提出以信息技术促进旅游信息传播方式的变革；② 朱承亮等（2009）基于我国不同区域旅游业效率的分析后指出，应通过转变产业增长方式、整合产业链、建立和完善产业创新体系等措施提高区域旅游产业效率。③

（2）加强向旅游经济高效率地区学习和借鉴。宋慧林和马运来（2010）、④ 唐晓云（2007）、⑤ 武虹剑等（2008）、⑥ 岳宏志和朱承亮（2010）⑦ 的研究显示，就旅游业整体技术水平而言，我国呈现东高西低格局。因此，西部地区应不断通过区域合作向东部地区学习旅游先进技术，促进旅游创新能力的提高。此外，积极引进国外先进技术促进旅游经济落后地区发展。

---

① 刘朝明、任来玲：《旅游产业的技术创新模型研究》，《广西大学学报》（哲学社会科学版）2008 年第 30 卷第 5 期，第 12—14 页。

② 郑鹏、马耀峰、李天顺等：《信息技术变革中旅游信息传播概念模式研究》，《地域研究与开发》2009 年第 28 卷第 6 期，第 131—135 页。

③ 朱承亮、岳宏志、严汉平等：《基于随机前沿生产函数的我国区域旅游产业效率研究》，《旅游学刊》2009 年第 24 卷第 12 期，第 18—22 页。

④ 宋慧林、马运来：《我国旅游业技术创新水平的区域空间分布特征——基于专利数据的统计分析》，《旅游科学》2010 年第 24 卷第 2 期，第 71—76 页。

⑤ 唐晓云：《中国旅游经济增长因素的理论与实证研究》，博士学位论文，天津大学，2007 年。

⑥ 武虹剑、谢彦君、李仲广等：《我国旅游业技术应用水平评价》，《技术经济》2008 年第 27 卷第 4 期，第 57—62 页。

⑦ 岳宏志、朱承亮：《我国旅游产业技术效率及其区域差异：2001—2007》，《云南财经大学学报》2010 年第 26 卷第 2 期，第 36—43 页。

第二章 西部地区旅游经济发展供需平衡分析

自 21 世纪以来，西部地区旅游业快速发展的动力来自何处？哪些因素有效地推动了旅游经济的快速发展？哪些因素成为旅游经济发展的短板？如何更好地发挥优势因素的推动作用并缓解短板因素的制约？当前的相关研究并不能很好地回答上述问题，相比中国旅游业蓬勃发展的态势，具有鲜明特殊性的旅游业增长因素或动力的分析乏人问津，相关研究滞后。[①]在此背景下，本书针对上述一系列问题开展研究，认识中国旅游经济发展的供需平衡特征。

第一节 研究方法与模型构建

旅游经济的发展是不同要素共同推动的结果，包括需求因素、政府因素、个人因素、无形因素、外部经济因素、外部政治和健康因素等，[②] 实际上，可以从不同的视角予以系统论证和考察，基于经济学的供需原理视角进行研究是其重要维度。中国旅游经济快速发展的影响因素基本可以归结为三类：一是旅游消费需求强劲，进入 21 世纪以来中国经济的持续高速增长使民众消费水平和消费结构不断提升，使居民用于旅游消费的支出显著增加；二是旅游供给能力不断增强，包括旅游吸引物的开发、建设，旅

---

① 左冰：《中国旅游经济增长因素及其贡献度分析》，《商业经济与管理》2011 年第 10 期，第 82—90 页。

② Prideaux, B., The Role of Transport in Destination Development, *Tourism Management*, 2000, 21 (1), pp. 53-64.

游基础设施和服务设施的持续改善；三是旅游供给和旅游需求基本表现出了平衡发展的状态。以此为基础，从旅游供给、旅游需求和旅游供需平衡角度对国内外相关研究文献进行回顾和总结，为本书的实证分析提供依据。

旅游供给因素，包括旅游吸引物、旅游交通、旅游基础设施和服务设施等，更多的实证分析研究了不同旅游供给要素对旅游业发展的影响，如Melián-González 和 Arcía-Falcón（2003）、[1] Papageorgiou（2008）、[2] 李连璞等（2006）[3] 认为旅游资源（产品）是旅游业发展的物质基础；Khadaroo和 Seetanah（2007）、[4] 苏建军等（2012）[5] 认为旅游基础设施是旅游业发展的重要支撑要素和旅游活动实现的必要条件，在旅游经济发展过程中发挥着重要作用；Zhang 和 Song（2009）、[6] 王淑新等（2011）、[7] 李爽等（2012）[8] 认为旅游服务设施及供给管理在旅游业发展过程中扮演了重要角色，对推动旅游经济发展产生了重要影响。

在旅游需求因素方面，陶伟和倪明（2010）指出旅游需求影响因素可以归结为经济因素、非经济因素和特殊事件，其对旅游需求产生着重要影响，[9] 中外文献在探讨旅游需求时通常将收入、价格和交通费用等不同因素纳入计量模型，分析其对不同地区旅游业的影响，如 Song 等（2003）

---

[1] Melián-González, A., Arcía-Falcón, J. M., Competitive Potential of Tourism in Destination, *Annals of Tourism Research*, 2003, 30 (3), pp. 720-740.

[2] Papageorgiou, G. C., The Human Dimension of Tourism: Supply-side Perspectives, *Annals of Tourism Research*, 2008, 35 (1), pp. 211-232.

[3] 李连璞、曹明明、杨新军：《"资源、规模和效益"同步错位关系及路径转化》，《旅游学刊》2006 年第 21 卷第 12 期，第 81—84 页。

[4] Khadaroo, J., Seetanah, B., Transport Infrastructure and Tourism Development, *Annals of Tourism Research*, 2007, 34 (4), pp. 1021-1032.

[5] 苏建军、孙根年、赵多平：《交通巨变对中国旅游业发展的影响及地域类型划分》，《旅游学刊》2012 年第 27 卷第 6 期，第 41—51 页。

[6] Zhang, X., Song, H., Huang, G., Tourism Supply Chain Management: A New Research Agenda, *Tourism Management*, 2009, 30 (3), pp. 345-358.

[7] 王淑新、何元庆、王学定：《中国旅游经济的区域发展特征及影响因素实证研究》，《商业经济与管理》2011 年第 4 期，第 89—96 页。

[8] 李爽、黄福才、钱丽芸：《旅游公共服务多元化供给：政府职能定位与模式选择研究》，《旅游学刊》2012 年第 27 卷第 2 期，第 13—22 页。

[9] 陶伟、倪明：《中西方旅游需求预测对比研究：理论基础与模型》，《旅游学刊》2010 年第 25 卷第 8 期，第 12—17 页。

通过分析香港 16 个主要客源国的旅游需求后认为旅游产品价格、经济发展水平、旅游费用等是旅游需求最主要的影响因素;① Garín-Munoz 和 Montero-Martín（2007）以巴克莱群岛为例的分析显示，经济发展水平和价格水平是影响旅游需求的重要因素;② 代姗姗和徐红罡（2008）以武陵源为例的研究表明，游客人数随国民平均收入的增长而增长。③

在旅游供需平衡方面，当前国外研究成果比较具体和深入，如 Albalate 和 Bet（2010）考察了公共交通系统供给约束对旅游需求的阻碍，④ Ashworth 和 Page（2011）分析了城市旅游供给与需求的矛盾，认为其对城市旅游的发展具有重要影响;⑤ 而国内研究主要进行现状描述和发展战略探讨，不少为探索性研究，集中在旅游供需状态及矛盾、⑥ 乡村旅游供需状况⑦等方面。国内外文献分析显示，相比旅游供给和旅游需求影响因素方面的研究成果，旅游供需平衡方面的分析则显得相对薄弱和不足。事实上，旅游供给与需求是对立统一的两个方面，保持供需平衡是推动旅游业发展的必要条件。

基于文献回顾和分析，结合西部地区旅游经济发展的实际情况，本部分从供需原理出发，对旅游供给和需求的不同因素进行定量化测算，并将其纳入统一的分析框架构建计量经济学模型进行实证分析，同时与国内外相关研究成果进行比较、讨论，有效探究西部地区旅游业发展动力，查找短板因素，考察旅游经济运行过程中的供需状态。

① Song, H., Wong, K. F., Chon, K. K. S., Modelling and Forecasting the Demand for Hong Kong Tourism, *International Journal of Hospitality Management*, 2003, 22（4）, pp. 435-451.

② Garín-Munoz, T., Montero-Martín, L. F., Tourism in the Balearic Islands: A Dynamic Model for International Demand Using Panel Data, *Tourism Management*, 2007, 28（5）, pp. 1224-1235.

③ 代姗姗、徐红罡：《武陵源旅游需求预测模型精确性的研究》，《旅游论坛》2008 年第 1 卷第 2 期，第 283—287、313 页。

④ Albalate, D., Bet, G., Tourism and Urban Public Transport: Holding Demand Pressure Under Supply Constraints, *Tourism Management*, 2010, 31（3）, pp. 425-433.

⑤ Ashworth, G., Page, S. J., Urban Tourism Research: Recent Progress and Current Paradoxes, *Tourism Management*, 2011, 32（1）, pp. 1-15.

⑥ 郑志刚：《我国旅游市场总体供需态势分析》，《中国软科学》2002 年第 8 期，第 57—60 页。

⑦ 张树民、钟林生、王灵恩：《基于旅游系统理论的中国乡村旅游发展模式探讨》，《地理研究》2012 年第 31 卷第 11 期，第 2094—2103 页。

一　研究方法

(一) 旅游供给系统要素的定量化测算

旅游供给系统涉及"吃、住、行、游、购、娱"的方方面面,内容丰富且庞杂,在实际研究中无法面面俱到,本书抽出具有代表意义的旅游吸引物、基础设施和服务设施作为供给系统的组成要素,其中旅游吸引物是旅游业发展的基础,旅游基础设施和服务设施是旅游业发展的支撑要素,这三类因素基本能够反映"吃、住、行、游、购、娱"的供给功能。

旅游资源以4A 和5A 级景区为基础构建旅游吸引物指数 (sc_{jt}),衡量不同省(区、市)旅游资源建设的质量水平,指数越高,旅游资源的吸引能力越强,越有利于区域旅游经济发展,其参考公式 2 – 2 – 16 进行计算。

旅游基础设施以旅游交通最具代表性,[①] 采用等级公路密度指数 (ro_{jt}) 衡量旅游交通设施水平,指数越高,旅游交通可达性越强,越有利于区域旅游经济发展,其参考公式 2 – 2 – 14 进行计算。

星级酒店是反映旅游服务设施水平和服务能力的重要指标,[②] 以星级酒店为基础构建发展水平指数 (st_{jt}),衡量旅游服务设施水平,指数越大,旅游服务设施越完善,越有利于区域旅游业发展,其参考公式 2 – 2 – 15 进行计算。

(二) 旅游需求系统要素的定量化测算

按照经济学需求原理,旅游需求影响因素可以归结为收入水平、闲暇时间和旅游意愿三类。在当前阶段,城镇居民因 1999 年以来新休假制度的实施而享有充足的休闲时间,农村居民则受益于农业现代化发展,其闲暇时间越来越充裕;同时,按照马斯洛需求层次理论,我国民众在解决了温饱问题之后,象征更高生活品质的旅游越来越成为民众的向往和期盼,表现出较强的旅游意愿。因此,影响旅游需求的闲暇时间和旅游意愿已大大弱化,而最根本的决定力量在于可供旅游消费的收入水平。在以往的相关

---

① 王淑新、王学定、徐建卫:《西部地区旅游经济空间变化趋势及影响因素研究》,《旅游科学》2012 年第 26 卷第 6 期,第 35—47 页。

② Wang, S., He, Y., Wang, X., et al., Regional disparity and convergence of China's inbound tourism economy, *Chinese Geographical Science*, 2011, 21 (6), pp. 715-722.

研究中，主要采用 GDP 或人均 GDP 衡量经济发展水平对旅游需求的影响，但与旅游需求关系更为密切的是实际收入水平，因此，本书考察城镇居民可支配收入（ci_{jt}）和农村居民人均纯收入（fa_{jt}）对区域旅游经济发展的影响，其收入水平越高，旅游消费能力越强，越有利于区域旅游经济发展。

（三）计量经济学模型构建

基于上述不同要素的定量化测度，将旅游供给系统的 3 要素（旅游吸引物、基础设施和服务设施）、旅游需求系统的 2 要素（城镇居民可支配收入和农村居民人均纯收入）纳入统一的计量经济学模型，分析不同要素对旅游经济发展的作用，具体回归模型设定为如下形式：

$$\ln(in_{jt}) = c(0) + c(1)\ln(sc_{jt}) + c(2)\ln(ro_{jt}) + c(3)\ln(st_{jt}) +$$
$$c(4)\ln(ci_{jt}) + c(5)\ln(fa_{jt}) + \varepsilon_{jt}$$
$$\varepsilon_{jt} \sim N(0, \sigma^2)$$

$$3-2-1$$

式 $3-2-1$ 中，in_{jt} 为人均国内旅游收入，是旅游供给系统要素（sc_{jt}、ro_{jt} 和 st_{jt}）和旅游需求系统要素（ci_{jt} 和 fa_{jt}）共同作用的结果，ε_{jt} 为随机误差项。各变量均进行自然对数形式处理，其好处一是保证各序列变量的平稳性；二是回归系数能够反映变量之间的响应强度，刻画变量之间的弹性，能够有效测算、比较不同因素对旅游经济发展的贡献程度。

第二节　旅游供需分析与讨论

一　旅游供给系统因素作用的计量分析

变量的单位根检验结果显示，星级酒店水平原始序列为平稳序列，而人均国内旅游收入、旅游资源开发水平、等级公路密度水平、城镇居民可支配收入原始序列为非平稳序列，但其一阶差分形式为平稳序列，而农村居民人均纯收入的原始序列、一阶差分序列均为非平稳序列，但其二阶差分形式变为平稳序列，以数据的平稳形式进行计量分析。

同时，通过 Hausman 检验判断固定效应和随机效应的有效性，结果表明双向固定效应更为合适。

　　基于面板方法用 Eviews7.0 软件对计量模型 3 - 6 进行估计，回归结果（表 3 - 2 - 1）显示，R^2 值为 0.9593（调整的 R^2 值为 0.9499），模型的解释能力达到了期望要求；F 统计值为 101.3463，在 1% 水平下显著，表明模型整体上显著，为进一步精确的分析提供了支持和依据。

表 3 - 2 - 1　　　　　　旅游经济发展影响要素计量分析回归结果

变量		回归系数	t 值	p 值
常数项		3.1659	4.7633	0.0000
供给因素系统	sc_{jt}	0.2161	2.3490	0.0205
	ro_{jt}	0.1206	1.5509	0.0828
	st_{jt}	0.5642	5.4295	0.0000
需求因素系统	ci_{jt}	0.9359	1.7745	0.0786
	fa_{jt}	0.2104	0.5398	0.5904
R^2		0.9593		
调整的 R^2		0.9499		
F 检验值		101.3463		

（一）旅游吸引物指数提升及影响

　　旅游吸引物指数由 2000 年的 288 提高至 2014 年的 2942，年均提升率达到 18.06%，旅游资源的开发、建设及品质的提升表现出较快的发展速度。其带来的影响从游客的角度看，提供了更多可供选择的机会，增强了旅游消费的动机，有利于旅游消费意愿的实现；从对产业发展的角度看，旅游吸引物计量回归系数为 0.2161，且通过了 5% 的显著性水平检验（表 3 - 2 - 1），表明旅游资源供给与旅游收入增长具有协调性，在以往的相关研究中，绝大多数理论分析认同旅游资源是旅游业发展的基础和必要条件，旅游资源丰富的地区这一基础和条件越优越，越有利于推动旅游经济发展。[1]

---

　　[1] Papageorgiou, G. C., The Human Dimension of Tourism: Supply-side Perspectives, *Annals of Tourism Research*, 2008, 35 (1), pp. 211-232.

（二）旅游基础设施发展及影响

旅游交通设施水平指数由 2000 年的 661 提高至 2014 年的 2091，年均增长率达到 8.57%，以旅游交通为代表的旅游基础设施得以不断改善。其计量回归系数为 0.1206，且通过了 5% 的显著性水平检验（表 3 - 2 - 1），意味着以旅游交通为代表的旅游基础设施的改善直接推动了西部地区旅游经济发展，指数每提高 1 个百分点，人均国内旅游收入将提高 0.1206 个百分点。其作用途径表现在两方面，一是公路系统的不断完善为旅游者出行提供了很大方便，使旅游目的地可进入性增强，一定程度上缩短了旅游者与目的地之间的时空距离和心理距离，使消费者更容易进行旅游消费；二是交通条件的改善缩短了旅游者的旅途时间，增加了游玩时间，提高了旅游效率，客观上推动了旅游经济发展。本书的研究结论与以往的实证分析结果具有较好的吻合性，如苏建军等（2012）的研究结果显示，1985—2008 年交通巨变对我国旅游业的发展起了巨大的推动作用；[①] 张广海和赵金金（2015）的研究结果显示，西部地区旅游经济的发展对铁路设施、高速公路设施、一级公路设施、二级公路设施、民航航线等交通设施反应敏感；[②] 王淑新等（2012）的研究结果表明，西部地区以等级公路为代表的旅游基础设施水平每提高 1 个百分点将带动旅游收入增长 0.44 个百分点，在促进旅游经济发展过程中发挥着较为重要的作用。[③]

（三）旅游服务设施发展及影响

旅游服务设施水平指数由 2000 年的 3634 提高至 2014 年的 10202，年均提升率为 7.65%，以星级酒店为代表的旅游服务能力得以不断改善，表现在数量增长和质量提升两个方面，西部地区专业服务业、信息服务业、创意服务业引致旅游业内部结构和能级提升，专业化的服务业分工促进了星级酒店建设与发展，提升了其接待能力和服务水平，缓解了旅游服务设施服务水平和能力不高的问题，提高了游客旅游舒适度，客观上促进了旅

---

① 苏建军、孙根年、赵多平：《交通巨变对中国旅游业发展的影响及地域类型划分》，《旅游学刊》2012 年第 27 卷第 6 期，第 41—51 页。

② 张广海、赵金金：《我国交通基础设施对区域旅游经济发展影响的空间计量研究》，《经济管理》2015 年第 37 卷第 7 期，第 116—126 页。

③ 王淑新、王学定、徐建卫：《西部地区旅游经济空间变化趋势及影响因素研究》，《旅游科学》2012 年第 26 卷第 6 期，第 35—47 页。

游意愿和旅游出行的实现，推动了旅游经济发展。向艺等（2012）的实证分析显示，2000—2009 年我国旅游接待设施数量的增加对旅游经济增长具有显著的促进作用，[①] 本书更进一步的计量分析结果（表 3 - 2 - 1）显示，星级酒店水平的回归系数为 0.5642，且通过了 1% 的显著性水平检验，表明以星级酒店为代表的旅游服务设施的改善直接推动了西部地区旅游经济的发展，其指数每提高 1 个百分点，人均国内旅游收入将提高 0.5642 个百分点。

（四）旅游供给系统不同因素作用的比较分析

2000—2014 年，以旅游吸引物指数、旅游基础设施水平指数和旅游服务设施水平指数为表征的旅游供给能力有较大程度提升，其中旅游吸引物指数的年均增长率最快，为 18.06%；旅游基础设施和服务设施水平年均提升率相对较慢，但其绝对数值仍然达到了 8.78% 和 7.65%。从不同供给要素发挥作用的方向看，以旅游交通为代表的基础设施和以星级酒店为代表的服务设施的回归系数为正值，且通过了显著性水平检验，意味着旅游基础设施和服务设施的改善稳定、持续地推动着西部地区旅游经济发展；而旅游吸引物建设虽然表现出较快的提升速度，但仍然无法满足更快的旅游消费增长需求，表现出供给短缺的特征，一定程度上制约了西部地区旅游经济发展。从不同供给要素发挥作用的大小看，以旅游交通为代表的基础设施水平每提高 1 个百分点，人均国内旅游收入将提高 0.1206 个百分点；以星级酒店为代表的服务设施水平每提高 1 个百分点，人均国内旅游收入将提高 0.5642 个百分点。显然，以星级酒店为代表的服务设施大于以旅游交通为代表的基础设施对旅游经济发展的推动作用。

二　旅游需求系统因素作用的计量分析

（一）城镇居民可支配收入提高及影响

西部地区城镇居民可支配收入由 2000 年的 5647 元提高至 2014 年的 13482 元，年均增长率为 6.41%；其计量回归系数为 0.9359，且通过了

---

① 向艺、郑林、王成璋：《旅游经济增长因素的空间计量研究》，《经济地理》2012 年第 32 卷第 6 期，第 162—166 页。

10%的显著性水平检验（表3－2－1），表明城镇居民可支配收入的增加对推动旅游经济发展发挥了重要作用。一般认为当人均GDP超过1000美元时，居民消费模式将由小康型转向消费型，至2005年，西部地区人均GDP首次超过1000美元，城镇居民可支配收入达到7704元，意味着消费模式进入消费型阶段。同时，可支配收入的不断增加推动消费结构发生重要变化，恩格尔系数整体呈现逐年降低的态势（图3－2－1），由2000年的39.4%降低到2013年的35.0%，更多的可自由支配收入进入享受型消费领域，其中旅游成为基本内容之一。更精确的计量分析结果（表3－2－1）显示，城镇居民可支配收入每提高1个百分点，将引致人均国内旅游收入增长0.9359个百分点，对西部地区旅游经济的发展贡献了重要力量。

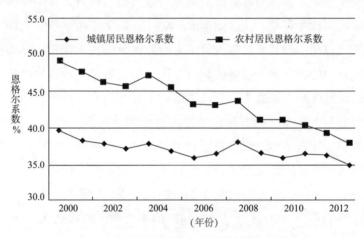

图3－2－1　2000—2013年城镇和农村居民家庭恩格尔系数变化趋势

（二）农村居民人均纯收入增长及影响

一般认为，当恩格尔系数低于50%的关键水平时，居民生活进入小康型。2000年我国农村居民家庭的恩格尔系数降至50%以下，为49.1%，并且整体呈现快速降低的趋势，至2013年进一步降至37.7%（图3－2－1），意味着农村居民家庭恩格尔系数在考察初期开始进入小康型，伴随着农村居民人均纯收入的持续增加（由2000年的1632元提高至2014年的4561元，年均增长率为7.62%），促使消费结构不断升级，推动小康型生活品质进一步提升，除了填饱肚子、解决掉温饱问题之外，有了更高的经济和支付能力实现旅游等服务性消费需求。仍然值得关注的是，西部地区农村居民人均纯收入仍然不高，成为制约旅游经济发展的一个重要因素，周文丽（2013）的研究证实了这一点，与东、中部较发达地区农村居民旅游消费有所不同，可自由支配收入及旅游产品价格依然是影响甘肃省农村居民旅游消费的主导因素。①

（三）旅游需求系统因素作用的比较分析

2000—2014 年，反映旅游需求能力的城镇居民可支配收入和农村居民人均纯收入均有较大程度提升，其中农村居民人均纯收入增长率较快，为7.62%，城镇居民可支配收入增长率较慢，为 6.41%，收入的增长为旅游消费提供了最基本的源泉。同时，城镇居民家庭和农村居民家庭消费结构快速升级，提高了出游频率，使旅游日益成为重要消费内容，直接推动了西部地区旅游经济发展。计量分析结果表明，城镇居民可支配收入（回归系数为 0.9359，且在 10% 的水平上显著）的提高对旅游经济发展具有明显的推动作用，这也可以从城镇居民仍然是当前旅游消费的主体得到印证（相当于总旅游花费的四分之三左右）。但农村居民旅游消费已经渐入佳境，随着其收入快速增长，旅游需求将进一步释放，为西部地区旅游业发展提供新的增长源泉。

三 旅游经济发展的供需平衡分析

我国旅游业已进入大众化发展阶段，并越来越广泛地被纳入国民消费体系中，② 城镇居民可支配收入的增长促使恩格尔系数持续降低，推动旅游消费成为增长最快和最主要的消费内容之一（其回归系数为0.9359，且通过了 10% 的显著性水平检验），显著大于旅游资源开发、旅游基础设施和服务设施（回归系数分别为 0.2161、0.1206、0.5642，且分别通过了 5%、10%、1% 的显著性水平检验）对旅游经济发展的贡献度，意味着以城镇居民可支配收入为表征的旅游需求因素成为促进旅游经济发展的核心力量，是当前大众化旅游发展阶段的主导因素。在强

---

① 周文丽：《西部典型农村居民旅游消费特征及影响因素研究——以甘肃省农村居民为例》，《人文地理》2013 年第 28 卷第 3 期，第 148—153 页。

② 戴斌、夏少颜：《论我国大众旅游发展阶段的运行特征与政策取向》，《旅游学刊》2009 年第 24 卷第 12 期，第 13—17 页。

劲旅游需求的推动下，旅游吸引物、旅游基础设施和服务设施 3 类供给要素也表现出快速增长趋势，年均提升率分别达到 18.06%、8.78% 和 7.65%，以进一步满足民众的旅游消费需求；从其发挥的作用看，旅游基础设施和服务设施为推动旅游经济发展贡献了重要力量。但值得注意的是，尽管旅游吸引物实现了快速提升和发展，但仍然表现出供给的不足对旅游经济发展的约束，尤其是在旅游需求旺盛的节假日期间，这一矛盾更为突出。2000—2014 年，西部地区旅游供给能力和需求能力不断提高，推动西部地区旅游经济快速发展，总体表现出以旅游需求为核心和主导的、旅游供需平衡相对稳定的发展态势，这一结论与郑志刚（2002）考察的 2000 年以前的我国旅游市场的供大于求的整体发展态势①有差别，原因在于不同考察时间段旅游供给和需求发生了显著变化，2000 年以后随着城镇居民可支配收入和农村居民人均纯收入的增加，旅游消费需求迅速增长，弥补了 2000 年以前消费需求不足的问题，扭转了旅游供给大于旅游需求的发展特征。

第三节　政策启示

为更好地推动西部地区旅游经济持续、快速、稳定发展，从政策启示的角度看需要做到以下几点。

第一，西部地区的旅游吸引物建设成为制约旅游经济发展的短板，理顺体制、建立健全政策体系，② 提升景区的建设和发展水平，创新旅游产品，促进旅游吸引物的有效供给显得必要和迫切。

第二，尽管考察期内西部地区旅游总体表现出供需平衡的稳定发展态势，有效推动了西部地区旅游经济发展，但未来仍需在遵循旅游产业发展的客观规律基础上，实现旅游需求政策与供给政策的协调配合，保持供需平衡状态，推动旅游业持续、快速、稳定发展。

第三，在重视旅游供给和旅游需求平衡发展的基础上，通过产业生态

---

① 郑志刚：《我国旅游市场总体供需态势分析》，《中国软科学》2002 年第 8 期，第 57—60 页。

② 罗明义：《现代旅游经济学》，云南大学出版社 2008 年版。

化发展促进旅游业内涵式提升和竞争力提高，以生态化和低碳化理念引领旅游消费，以旅游产业链的循环化推动供给结构和内容生态化，为推动西部地区生态文明建设贡献力量。

第三章 西部地区旅游业的 经济地位与作用

客观评价旅游的经济贡献是科学地发展旅游的前提。从旅游业促进整个国民经济发展角度评价旅游产业在国民经济中的重要地位和作用是旅游产业经济学研究的重要内容①，其研究既不能拘泥于传统的观念和结论，更不能撇开旅游业发展的实践②。先行的旅游业在西部地区不同省（区、市）的经济发展中是否发挥了应有的作用？其与经济发展的关系如何？先前的研究无法回答这些问题，本章对此进行探讨，以期对西部地区旅游经济的地位和作用有更深入的认识，并为进一步的政策制定和实施提供建议。

第一节 旅游业经济地位与作用相关研究进展

旅游业能够增加外汇收入、税收，促进就业、经济增长，缩小区域差异③④，不仅受到世界范围内不同国家政府的重视，而且吸引了诸多学者的注意力。旅游经济效应，指由旅游消费引起的目的地国家或地区产生连

---

① 罗明义：《关于"旅游产业范围和地位"之我见》，《旅游学刊》2007 年第 22 卷第 10 期，第 5—6 页。

② 高舜礼：《对旅游产业范围与地位问题的思考》，《旅游学刊》2007 年第 22 卷第 11 期，第 6—7 页。

③ Figini, P., Vici, L., Tourism and growth in a cross section of countries. *Tourism Economics*, 2010, 16 (4): 789-805.

④ Matarrita-Cascante, D., Beyond growth: Reaching tourism-led development. *Annals of Tourism Research*, 2010, 37 (4): 1141-1163.

锁效应，扩大经济再循环，促进经济增长与发展的作用①，从其影响过程看，旅游不仅作为一个产业或经济部门对整个经济做出贡献，而且能够通过物质资本和人力资本等传导渠道间接促进经济增长②；从其发挥作用的尺度看，基于经济学的视角可分为微观尺度下的民众效应、中观尺度下的区域效应和宏观尺度下的国家效应（尺度概念同时具有人文地理学意义，是研究数据收集和分析的宏观、中观、微观空间维度③）。尺度视角下旅游经济效应分析的具体意义体现在，相关文献研究对象主要涉及不同层面区域，尺度分析与之吻合，有助于经济效应的综合评价，且相同尺度下的研究结果可以提供有意义的比较；同时，尺度经济效应分析有助于为不同尺度区域旅游发展政策的制定提供有意义的参考。

一　国外相关研究进展

目前，国外文献在分析旅游业与经济发展的关系时，主要基于国家尺度和区域尺度两个层面。

（一）国家层面

在国家层面上，得到了三方面不同的结论：一是旅游业的发展促进了经济增长，二是经济增长促进了旅游业发展，三是旅游业与经济增长相互促进、共同发展。

1. 旅游业的发展促进了经济增长

旅游业发展对经济增长的推动作用又被称为"旅游带动经济增长假说"（tourism-led growth hypothesis，TLGH）。Brida 等（2008）运用协整检验、VAR 模型、Granger 因果关系检验和脉冲响应函数对墨西哥 1965—2007 年季度数据的实证分析表明，旅游发展与经济增长之间存在一个协整向量，旅游发展是经济增长的单向 Granger 原因④。Belloumi（2010）发现

①　刘迎辉、郝索：《TSA 与 I/O 法评价旅游经济效应的比较研究》，《旅游学刊》2010 年第 25 卷第 10 期，第 18—22 页。

②　Holzner, M. , Tourism and economic development: The beach disease. *Tourism Management*, 2011, 32（4）：922-933.

③　刘云刚、王丰龙：《三鹿奶粉事件的尺度政治分析》，《地理学报》2011 年第 66 卷第 10 期，第 1368—1378 页。

④　Brida, J. G. , Carrera, E. S. , Risso, W. A. , Tourism's impact on long-run Mexican economic growth, *Economics Bulletin*, 2008, 3（21）, pp. 1-8.

在 1970—2007 年间突尼斯旅游发展与经济增长存在单向 Granger 因果关系[①]。Kumar（2010）利用斐济、汤加、所罗门群岛和巴布亚新几内亚 4 个太平洋岛国 1980—2008 年面板数据实证分析发现，旅游发展对经济增长具有显著促进作用，旅游发展每增长 1%，分别在短期和长期带动该地区经济增长上升 0.24% 和 0.72%[②]。Fayissa 等（2011）对 1990—2005 年 18 个拉丁美洲国家的旅游发展与经济增长关系的实证检验结果显示，旅游发展可以显著促进经济增长率，可在开发其他经济增长必需资源时，实行旅游产业发展战略[③]。Seetanah（2011）依据古典扩展索洛增长理论模型，对 19 个岛屿经济体 1985—2007 年的动态面板数据进行系统广义矩估计（one-step SYS-GMM）分析，结果显示，无论是总体样本还是经济发达子样本与欠发达子样本，旅游发展对经济增长均具有显著促进作用，估计系数分别为：0.14、0.08 和 0.03[④]。Lee 和 Chang（2008）使用动态异质面板协整技术对经合组织国家和非经合组织国家 1990—2004 年旅游发展与经济增长关系的实证检验发现，两者之间存在长期稳定的协整关系，因考虑到了截面个体效应可能引发的异方差以及内生性问题，对模型进行完全修正最小二乘法（Fully Modified OLS，FM OLS）估计表明，相比非经合组织国家，经合组织国家旅游发展对经济增长的正向影响效应更大[⑤]。Dritsakis（2012）对 1980—2007 年间地中海沿岸 7 个国家入境旅游发展的经济影响效应进行了估计，发现其弹性系数值为 1.24[⑥]。Tang（2011）利用 1995—2009 年的月度数据分析了马来西亚 12 个主要入境旅游市场与经济增长之间的协整关系，发现在短期内仅在澳大利亚、德国、日本、新加

① Belloumi, M., The relationship between tourism receipts, real effective exchange rate and economic growth in Tunisia, *International Journal of Tourism Research*, 2010 (5), pp. 550-560.

② Kumar, N., Seema, N., Arti, P., Tourism and economic growth: A panel data analysis for Pacific island countries, *Tourism Economics*, 2010 (1), pp. 169-183.

③ Fayissa, B., Nsiah, C., Tadesse, B., Impact of tourism on economic growth and development in Africa, *Tourism Economics*, 2011 (4), pp. 807-818。

④ Seetanah, B., Assessing the dynamic economic impact of tourism for island economies, *Annals of Tourism Research*, 2011, 38 (1), pp. 291-308.

⑤ Lee, C., Chang, C., Tourism development and economic growth: A closer look at panels, *Tourism Management*, 2008, 29 (1), pp. 180-192.

⑥ Dritsakis, N., Tourism development and economic growth in seven Mediterranean countries: A panel data approach, *Tourism Economics*, 2012, 18 (4), pp. 801-816.

坡、中国台湾和泰国成立，在长期内来自新加坡、中国台湾、泰国、英国和美国的入境旅游也推动了马来西亚经济的发展①。进一步地，Tang 和 Tan（2013）利用不同方法再次对马来西亚的 12 个入境旅游市场进行了检验，发现仅有 8 个入境旅游市场发展是马来西亚经济增长的原因②。Eeckels 等（2012）分析了希腊 1976—2004 年入境旅游收入和经济增长的周期变化及其相互影响，发现 GDP 的波动周期为 9.3 年，旅游收入的波动周期为 7 年，在短期内旅游收入对经济增长有积极的拉动作用③。

2. 经济增长促进了旅游业发展

经济增长对旅游业发展的推动一般又被称为"经济驱动旅游增长假说"（economic-driven tourism growth，EDTG）。Oh（2005）以韩国为例的研究证实，韩国经济的扩张有利于国际旅游业的发展④。同时，Narayan（2004）对斐济⑤、Tang 和 Jang（2009）⑥ 对美国的分析支持这一假说。

3. 旅游业与经济增长相互促进、相互发展

在一般意义上，由于旅游发展和经济增长之间存在相互作用和反馈，经济增长能够驱动旅游发展，旅游发展也能够带动经济增长，因此旅游发展和经济增长互为因果关系被认为是普遍存在的规律⑦。Dritsakis（2004）对希腊⑧、Durbarry（2004）对毛里求斯⑨、Lean 和 Tang（2010）对马来

① Tang, C. , Is the tourism – led growth hypothesis valid for Malaysia? A view from disaggregated tourism markets, *International Journal of Tourism Research*, 2011, 13 (1), pp. 97-101.

② Tang, C. , Tan, E. , How stable is the tourism-led growth hypothesis in Malaysia? Evidence from disaggregated tourism markets, *Tourism Management*, 2013, 37 (8), pp. 52-57.

③ Eeckels, B. , Filis, G. , Leon, C. , Tourism income and economic growth in Greece: Empirical evidence from their cyclical components, *Tourism Economics*, 2012, 18 (4), pp. 817-834.

④ Oh, C. O. , The contribution of tourism development to economic growth in the Korean economy, *Tourism Management*, 2005, 26 (1), pp. 39-44.

⑤ Narayan, P. K. , Economic impact of tourism on Fiji's economy: Empirical evidence from the computable general equilibrium model, *Tourism Economics*, 2004, 10 (4), pp. 419-433.

⑥ Tang, C. , Jang, S. , The tourism-economy causality in the United States: A sub-industry level examination, *Tourism Management*, 2009, 30 (4), pp. 553-558.

⑦ Brida, J. G. , Pulina, M. , A literature review on the tourism-led growth hypothesis. *Working paper of Center for North South Economic Research*, 2010.

⑧ Dritsakis, N. , Tourism as a long-run economic growth factor: An empirical investigation for Greece using causality analysis, *Tourism Economics*, 2004, 10 (3), pp. 305-311.

⑨ Durbarry, R. , Tourism and economic growth: The case of Mauritius, *Tourism Economics*, 2004, 10 (4), pp. 389-401.

西亚①、Lee 和 Chang（2008）对部分非 OECD 国家②、Chen 和 Chiou
（2009）对韩国③、中国台湾等国家和地区的研究得到了旅游发展和经济增
长互为因果的结论。这方面的研究成果相对较少，一方面可能由于旅游发
展受到经济周期和旅游者偏好等外部因素影响；另一方面可能是政府在吸
引外国投资和促进国际旅游发展等方面扮演着重要角色④。

（二）区域层面

部分文献研究了一个国家内部不同区域间旅游业发挥的作用，如
Cortés-Jiménez（2006）指出在西班牙和意大利的一些地区，国内和国际旅
游在区域经济增长中扮演了重要角色⑤；Polo 和 Valle（2008）基于投入产
出模型对西班牙巴利亚里群岛（the Balearic Islands）地区旅游业发展的经
济影响进行分析后认为，旅游业在该地区发挥着不可替代的主导性作用⑥；
Pratt（2011）用产业关联分析法、投入产出分析法和 CGE 模型研究了美国
夏威夷地区（Hawaii）旅游业在不同发展阶段对经济的影响⑦；Soukiazis
和 Proenca（2008）基于收敛假设及内生经济增长理论，利用面板数据模
型探讨了旅游发展对葡萄牙地区经济增长及其收敛性的影响，结果发现旅
游发展对葡萄牙地区人均收入增长产生积极影响的同时会加速其收敛速
度，弥补区域经济发展的差距，使区域经济增长趋于均衡，因此，旅游业
可以成为葡萄牙提高区域经济增长可供选择的手段⑧。但值得注意的是，

---

① Lean, H., Tang, C., Is the tourism-led growth hypothesis stable for Malaysia? A note, *International Journal of Tourism Research*, 2010 (4), pp. 375-378.

② Lee, C., Chang, C., Tourism development and economic growth: A closer look at panels, *Tourism Management*, 2008, 29 (1), pp. 180-192.

③ Chen, C., Chiou, S. Z., Tourism expansion, tourism uncertainty and economic growth: New evidence from Taiwan and Korea, *Tourism Management*, 2009, 30 (6), pp. 812-818.

④ 刘睿、李立华、唐伟：《旅游是战略性支柱产业还是独立经济增长因子？——关于国外旅游和经济增长关系研究的综述》，《旅游学刊》2013 年第 28 卷第 5 期，第 35—42 页。

⑤ Cortés-Jiménez, I., Which type of tourism matters to the regional economic growth? The case of Spain and Italy, *International Journal of Tourism Research*, 2006, 10 (2), pp. 127-139.

⑥ Polo, C., Valle, E., An assessment of impact of tourism in the Balearic Islands, *Tourism Economics*, 2008, 14 (3), pp. 615-630.

⑦ Pratt, S., Economic linkages and impacts: Across the TALC, *Annals of Tourism Research*, 2011, 38 (2), pp. 630-650.

⑧ Soukiazis, E., Proenca, S., Tourism as an alternative source of regional growth in Portugal: A panel data analysis at NUTS Ⅱ and Ⅲ levels, *Portuguese Economic Journal*, 2008, 7 (1), pp. 43-61.

依靠旅游发展的落后地区，在依靠旅游谋求均衡发展的同时必须考虑其他竞争性因素发挥的作用①。

二　国内相关研究进展

国内研究主要围绕微观维度下的民众效应、中观维度下的区域效应和宏观维度下的国家效应三个层面展开。

（一）微观维度下的民众效应

微观维度下的民众效应研究主要围绕民众收入增加效应、旅游收入增加的差异效应和旅游业对城乡居民收入差距的收敛效应三方面展开。

1. 民众收入的增加效应

旅游业具有促进旅游地民众就业提升、收入增加的作用，其中乡村旅游业的发展对解决"三农"问题意义深远，带动了特色农家乐、牧家乐、渔家乐的发展，促进了乡村土特产品的生产、加工、销售链条的完善，农民作为旅游的直接参与者，对其经济收入影响明显。尤其在贫困地区，微观意义上的旅游经济效应更容易与旅游扶贫联系起来，决策者希望旅游业发挥独有的富民优势，促进贫困人口就业和收入水平提高，实现脱贫致富。相关成果主要通过实地调查进行分析，如唐代剑和黎彦（2009）对浙江省3个乡村旅游点的调查显示，乡村旅游发展可带动农村就业率提高13.26%、农民增收12.17%②；王兆峰和李晓静（2011）对张家界的研究显示，旅游流增加不仅可以直接带动居民收入增加，而且可以通过推动集群的形成与产业结构升级进而促进居民收入增加③；杨启智和向银（2012）对成都市的乡村旅游发展调查发现，有64.81%的当地农民通过在农家乐打工所获得的收入占总收入的20%—80%，乡村旅游发展促进了农民收入水平的提高，并且成为一些农村家庭的主要收入途径④；李瑞等（2012）

---

① Pessoa A. , Tourism and regional competitiveness: The case of the Portuguese Douro Valley, *Revista Portuguesa de Estudos Regionais*, 2008（18）, pp. 55-75.

② 唐代剑、黎彦:《乡村旅游对农民收入、就业实证研究》,《改革与战略》2009 年第 12 期,第 122—125 页。

③ 王兆峰、李晓静:《近 20 年来张家界入境旅游流与居民收入增长的考察》,《经济地理》2011 年第 31 卷第 12 期, 第 2122—2127 页。

④ 杨启智、向银:《乡村旅游对农民收入的贡献研究——基于成都市的实证分析》,《经济问题》2012 年第 9 期, 第 123—125 页。

河南重渡沟景区的开发让社区居民充分受益，人均收入由 2000 年的不足 500 元提升到 2007 年的近万元，远超同期河南省人均水平 3851 元①；吴忠军和吴少峰（2014）对广西龙脊平安壮寨进行的田野调查显示，20 年的乡村旅游促使平安壮寨进入小康社会，逐渐脱离了以农为本的生活模式，跨入以旅游服务业为主的生产经营中②。进一步分析发现，近年来运用统计数据进行计量分析的研究趋于增多，黎洁等（2010）基于社会核算矩阵账户法（social accounting matrix，SAM）对江苏省旅游业发展的分析显示，2002 年其对农村居民收入总贡献达到 253.17 亿元③；肖宏伟（2014）基于面板数据空间杜宾模型对中国乡村旅游发展的研究显示，2006—2012 年乡村旅游发展对促进农民增收发挥了关键性作用④。民众收入增加效应与韩国的案例研究具有一致性，Hwang 和 Lee（2015）的研究认为韩国乡村旅游政策的实施在增加非农收入方面发挥了积极作用⑤。

同时，中国旅游业发展在促进城镇居民就业、增收方面同样发挥着重要作用，黎洁等（2010）基于 SAM 账户测算得到 2002 年江苏旅游业对城镇居民收入总贡献达 355.30 亿元；于正松等（2014）的研究显示，1997—2011 年中国入境旅游业发展对城镇居民人均收入影响明显⑥。

2. 旅游收入的差异效应

由于受到旅游地民众自身能力、参与意愿影响的参与程度，以及旅游景区开发主导方式的影响，旅游业发展的民众收入效应具有差异性。黎洁（2005）的研究显示，陕西太白山国家森林公园周边 3 个农村社区 42.8%

① 李瑞、黄慧玲、刘竞：《山岳型景区旅游扶贫模式探析》，《地域研究与开发》2012 年第 31 卷第 1 期，第 94—98 页。

② 吴忠军、吴少峰：《乡村旅游与壮族农民增收研究》，《广西民族大学学报》（哲学社会科学版）2014 年第第 36 卷 3 期，第 54—61 页。

③ 黎洁、连传鹏、黄芳：《旅游活动对江苏居民收入的贡献》，《人文地理》2010 年第 25 卷第 1 期，第 76、111—117 页。

④ 肖宏伟：《乡村旅游发展对农民增收的影响研究》，《发展研究》2014 年第 11 期，第 75—81 页。

⑤ Hwang, J., Lee, S., The effect of the rural tourism policy on non-farm income in South Korea, *Tourism Management*, 2015（46），pp. 501-513.

⑥ 于正松、莫君慧、李同昇等：《入境旅游业发展的居民收入响应强度省际差异》，《经济地理》2014 年第 34 卷第 12 期，第 188—193 页。

的家庭没有旅游业收入，而33.4%的家庭50%以上的收入来自旅游业①；周荣华等（2012）的研究结果显示，四川都江堰7个行政村的乡村旅游发展使农民收入不同程度增加，超过50%的农民收入增加3000—8000元②；王一帆等（2014）对不同旅游开发形式进行的对比研究显示，社区主导型旅游开发对农民增收效果不明显，导致乡村旅游经营质量和利润水平下降，而政府主导型旅游开发对农民增收效果明显，但容易导致贫富差距拉大等问题③。旅游收入增加的差异效应与西班牙的案例研究具有一致性，Incera 和 Fernández（2015）的研究表明，加利西亚地区旅游业发展使高收入人群比低收入人群受益更多，一定程度上扩大了区域内部不同民众之间的收入差距④。

3. 旅游发展的收敛效应

乡村旅游发展对于改善城乡居民收入差距具有重要意义和作用，赵磊（2011）基于分省动态面板数据系统广义矩估计方法进行的研究显示，1999—2008年中国旅游发展能够显著减小城乡收入差距⑤；袁智慧和王东阳（2014）对2003—2012年海南省17个市（县）面板数据的分析表明，旅游发展与城乡收入差距存在协整关系，旅游发展能够缩小城乡居民收入差距⑥。

（二）中观维度下的区域效应

中观维度下的区域效应主要沿着区域旅游业增加值的核算、区域旅游业的经济拉动作用两个方向进行。

1. 区域旅游业增加值的核算

旅游业成为区域经济发展的重要组成部分，不少研究者对区域旅游业

---

① 黎洁：《西部生态旅游发展中农村社区就业与旅游收入分配的实证研究》，《旅游学刊》2005年第20卷第3期，第18—22页。

② 周荣华、向银、张学兵：《基于IPA分析的乡村旅游对农民收入影响的实证研究》，《农村经济》2012年第8期，第39—43页。

③ 王一帆、吴忠军、高冲：《我国乡村旅游发展模式对农民增收的比较研究》，《改革与战略》2014年第11期，第50—54页。

④ Incera, A., Fernández, M., Tourism and income distribution：Evidence from a developed regional economy, *Tourism Management*, 2015（48），pp. 11-20.

⑤ 赵磊：《旅游发展能否减小城乡收入差距——来自中国的经验证据》，《旅游学刊》2011年第26卷第12期，第15—25页。

⑥ 袁智慧、东阳：《海南省旅游发展与城乡居民收入差距关系的研究》，《中国农学通报》2014年第30卷第8期，第96—99页。

增加值的核算及其在国民经济中的比重进行了分析，广泛应用的研究方法主要包括旅游卫星账户法（Tourism Satellite Account，TSA）、投入产出法（Input-Output Analysis，IOA）和剥离系数法，曾国军和蔡建东（2012）的研究结果显示旅游业占 GDP 比重呈现差异性，大部分地区旅游业对 GDP 的贡献率主要集中在 3%—8%[①]。在旅游业占主导地位的城市或省份，成功的旅游业发展模式对区域经济发展的贡献率较高，如李兴绪（2009）的研究结果显示，2002 年昆明旅游业直接增加值为 48.41 亿元，占 GDP 比重为 6.54%[②]；潘建民（2004）的研究表明，2001 年广西旅游业增加值为 72.91 亿元，对 GDP 的贡献为 6.70%[③]；张凌云和朱新芝（2010）的研究结果显示，2004 年北京旅游业增加值为 314.13 亿元，占 GDP 的比重为 5.18%[④]。这些区域旅游业对经济增长的贡献已达到 5%（通常作为支柱产业衡量标准）以上，在国民经济中发挥着举足轻重的地位。

　　另一个值得注意的现象是，在经济较发达的东部地区的一些城市或省份，尽管旅游业比较发达，但其增加值占 GDP 的比重相对较低，大多数不足 5%，如李作志和王尔大（2010）的研究结果表明，2005 年大连旅游增加值为 83.22 亿元，对 GDP 的贡献为 3.9%[⑤]；黎洁（2007）的研究结果显示，2002 年江苏旅游业增加值为 446.63 亿元，对 GDP 的贡献为 4.2%[⑥]。进一步对旅游业发展趋势分析后发现，尽管不同区域旅游业增加值比重表现出差异性，但几乎所有区域近年来均表现出持续提高的趋势。

　　2. 区域旅游业的经济拉动作用

　　中观尺度下区域旅游业的经济拉动作用主要通过相关指数构建、协整分析、时间序列回归模型，以及可计算一般均衡模型（Computable General Equilibrium，CGE）进行分析，一致的观点认为，旅游业在不同区域占有

　　① 曾国军、蔡建东：《中国旅游产业对国民经济的贡献研究》，《旅游学刊》2012 年第 27 卷第 5 期，第 23—31 页。

　　② 李兴绪：《昆明市旅游产业增加值核算及影响力研究》，《云南财经大学学报》2009 年第 24 卷第 6 期，第 65—68 页。

　　③ 潘建民：《中国创建与发展优秀旅游城市研究》，中国旅游出版社 2004 年版，第 109 页。

　　④ 张凌云、朱新芝：《社会实验：旅游业对地区国民经济影响测度的一种简易方法——以"非典"时期的北京为例》，《旅游学刊》2010 年第 25 卷第 6 期，第 32—36 页。

　　⑤ 李作志、王尔大：《旅游卫星账户的模型研究——以大连旅游业为例》，《旅游学刊》2010 年第 25 卷第 11 期，第 26—33 页。

　　⑥ 黎洁：《旅游卫星账户与旅游统计制度研究》，中国旅游出版社 2007 年版，第 23—24、52 页。

重要地位，无论是经济发达的东部地区，还是欠发达的西部地区，旅游业在推动区域经济发展过程中均显示出重要作用，尽管其强度具有地域差异性。钟伟（2013）对40个典型旅游城市的研究显示，旅游业扩张有利于城市经济规模增长，每增加1个产出点，将带动城市经济总量增长0.171个点[①]；黎洁和连传鹏（2009）分别基于投入产出开模型、局部闭模型和社会核算矩阵对江苏的测算结果显示，2002年旅游业的产出乘数分别为2.2517、2.8896和3.8758，增加值乘数分别为1、1.2189、1.5737[②]，进一步地，黎洁和韩飞（2009）认为当入境旅游需求分别增长10%、20%、30%时，GDP将分别增长0.114%、0.231%、0.353%，即入境旅游消费每增长1元，GDP分别增长1.36元、1.38元和1.41元[③]；崔峰和包娟（2010）对浙江的分析结果显示，旅游业的影响力系数为1.14，高于全社会平均水平，旅游业推动着国民经济发展[④]；张世兵（2013）的研究结果显示，1999—2011年期间，入境旅游业对湖南GDP增长率的贡献平均值为0.35%，其对经济增长发挥了重要作用[⑤]；程晓丽和王逢春（2014）对安徽省的研究结果显示，2000—2012年旅游总收入、旅游外汇收入与GDP之间存在长期的协整关系，旅游总收入、外汇收入每增加1%，GDP将分别增长约0.55%、0.65%[⑥]；曾国军和蔡建东（2012）的一项综合研究表明，2000—2008年中国大部分地区旅游业对GDP的拉动系数在0.5—1.5个百分点之间[⑦]。

　　进一步研究证实在更大区域层面上，不论是东部、中部，还是西部地区，旅游业发展对经济增长发挥着推动作用，刘佳等（2013）对2002—

---

① 钟伟：《旅游业扩张对城市经济增长的影响》，博士学位论文，华东师范大学，2013年。

② 黎洁、连传鹏：《基于投入产出表和社会核算矩阵的2002年江苏旅游乘数的比较研究》，《旅游学刊》2009年第24卷第3期，第30—35页。

③ 黎洁、韩飞：《基于可计算一般均衡模型（CGE）的江苏入境旅游需求变化对地区经济的影响分析》，《旅游学刊》2009年第24卷第12期，第23—30页。

④ 崔峰、包娟：《浙江省旅游产业关联与产业波及效应分析》，《旅游学刊》2010年第25卷第3期，第13—20页。

⑤ 张世兵：《湖南省入境旅游发展与经济增长的关系研究》，《经济地理》2013年第33卷第7期，第182—186页。

⑥ 程晓丽、王逢春：《安徽省旅游产业发展与经济增长相关性分析》，《经济地理》2014年第34卷第3期，第182—186页。

⑦ 曾国军、蔡建东：《中国旅游产业对国民经济的贡献研究》，《旅游学刊》2012年第27卷第5期，第23—31页。

2010 年中国 53 个沿海城市的分析显示，旅游发展对经济增长具有显著推动作用①；杨梅（2012）的研究结果表明，1997—2010 年，中部地区各省旅游业发展与经济增长间存在长期稳定的均衡关系，旅游业发展通过直接效应和对其他非旅游部门的溢出效应显著地推动着区域经济增长②；刘长生和简玉峰（2008）的研究结果表明，1990—2006 年期间，东部发达地区"经济增长对旅游业发展的影响"远大于"旅游业发展对经济增长的影响"，而西部地区"旅游业发展对经济增长的影响"远大于"经济增长对旅游业发展的影响③。上述研究结果与 Paci 和 Marrocu（2014）的研究结果"欧洲 179 个地区 1999—2009 年国内和入境旅游显著影响着区域经济发展"④ 具有一致性。

（三）宏观维度下的国家效应

宏观维度下的国家效应主要围绕旅游业增加值的测算、旅游业对经济发展影响的检验两个方面进行。

1. 旅游业增加值的测算

研究者主要采用 TSA 法和剥离系数法测算旅游业增加值，曾国军和蔡建东（2012）对中国大陆 31 个省（区、市）旅游业增加值的测算结果表明，由 2000 年的 3893.71 亿元增长至 2008 年的 14766.66 亿元⑤，而张小利（2014）的研究结果显示，中国旅游业增加值由 1994 年的 838.02 亿元增长至 2011 年的 11565.67 亿元⑥；马仪亮（2014）对 2007 年中国旅游业与 GDP 关系的研究表明，旅游业增加值占 GDP 的比重约为 2.67%⑦。

① 刘佳、赵金金、杜亚楠：《沿海城市旅游发展与地区经济增长关系研究》，《经济问题探索》2013 年第 7 期，第 172—180 页。

② 杨梅：《我国中部地区旅游业发展与经济增长关系研究》，《统计与决策》2012 年第 16 期，第 140—143 页。

③ 刘长生、简玉峰：《我国旅游业发展与经济增长的关系研究——基于不同省份的个体数据和面板数据分析》，《旅游科学》2008 年第 22 卷第 5 期，第 23—32 页。

④ Paci, R., Marrocu, E., Tourism and regional growth in Europe, *Regional Science*, 2014, 93 (S1), pp. 25-50。

⑤ 曾国军、蔡建东：《中国旅游产业对国民经济的贡献研究》，《旅游学刊》2012 年第 27 卷第 5 期，第 23—31 页。

⑥ 张小利：《基于旅游业增加值测度的我国旅游就业弹性分析》，《经济经纬》2014 年第 31 卷第 3 期，第 72—77 页。

⑦ 马仪亮：《中国旅游卫星账户 2007 年延长表编算研究》，《旅游学刊》2014 年第 29 卷第 1 期，第 47—54 页。

2. 旅游业对经济发展影响的检验

大多数研究者采用 VAR 模型和 Granger 因果检验方法分析旅游业与经济发展之间的关系，研究结果倾向于自 1985 年以来旅游业与经济增长存在长期稳定的协整关系，对全国的经济增长具有显著正效应，发展旅游业可以引致经济增长，如 Ma 等（2015）[1]、赵磊和全华（2011）[2]、王良健等（2010）[3]、瞿华和夏杰长（2011）[4]、赵磊等（2014）[5] 进行了证实。进一步地，张攀等（2014）的一项基于中国 254 个地级市 2001—2012 年动态面板数据模型的实证研究表明，旅游业的发展能够显著促进中国区域经济增长，旅游业每增长 1 个百分点，能够带动地级市人均 GDP 增长约 0.03 个百分点[6]。同时，陈刚强等（2014）[7] 的研究结果表明，中国旅游业发展对经济的推动作用呈现持续增强的趋势。这些研究观点符合"旅游导向型经济增长"假说，即旅游发展对经济增长具有显著的促进作用。也与近年来的相关研究成果具有较好的一致性，如 Jalil 等（2013）对欧盟 27 个国家的研究显示，旅游业在较为显著地促进着经济增长[8]；Tang 和 Abosedra（2014）对中东的研究结果显示，经济增长受到了旅游业发展的推动[9]；Tang 和 Tan（2015）对北非 24 个国家的研究发现旅游业显著地促进着经济

① Ma, T., Hong, T., Zhang, H., Tourism spatial spillover effects and urban economic growth, *Journal of Business Research*, 2015, 68（1）, pp. 74-80.

② 赵磊、全华：《中国国内旅游消费与经济增长关系的实证分析》，《经济问题》2011 年第 4 期，第 32—38 页。

③ 王良健、袁凤英、何琼峰：《基于异质面板模型的我国省际旅游业发展与经济增长研究》，《经济地理》2010 年第 30 卷第 2 期，第 311—316 页。

④ 瞿华、夏杰长：《我国旅游业发展与经济增长关系的实证研究》，《财贸经济》2011 年第 8 期，第 106—113 页。

⑤ 赵磊、方成、吴向明：《旅游发展、空间溢出与经济增长》，《旅游学刊》2014 年第 29 卷第 5 期，第 16—30 页。

⑥ 张攀、杨进、周星：《中国旅游业发展与区域经济增长——254 个地级市的面板数据》，《经济管理》2014 年第 36 卷第 6 期，第 116—126 页。

⑦ 陈刚强、李映辉、胡湘菊：《基于空间集聚的中国入境旅游区域经济效应分析》，《地理研究》2014 年第 33 卷第 1 期，第 167—178 页。

⑧ Jalil, A., Mahmood, T., Idrees, M., Tourism – growth nexus in Pakistan: Evidence from ARDL bounds tests, *Economic Modelling*, 2013（35）, pp. 185-191.

⑨ Tang, C., Abosedra, S., The impacts of tourism, energy consumption and political instability on economic growth in the MENA countries, *Energy Policy*, 2014（68）, pp. 458-464.

增长①。

但也有研究者指出，1984—2004 年中国旅游业与经济增长之间不存在稳定关系②，旅游业对经济发展的影响尚处于"较弱"阶段③。造成这一结果的原因可能与旅游业发展的门限效应有关，在达到门限值之前影响不明显，而在门限值之后，影响显著；并且，不同研究者采用的数据序列时间不一致，而动态性和阶段性特征数据预示着旅游业地位与作用经历着快速变化，可能导致不同结果之间的差异。

三 相关研究评价

（一）数据统计体系角度

完善的数据统计体系是进行统计计量分析的基本前提，但当前我国旅游统计制度不健全，TSA 尚未建立，统计数据的精确性、适用性难以保证④⑤，而开展计量分析需要以大量的、准确的数据为基础，致使对数据要求极高的 CGE 模型难以操作和实施⑥，在国内应用进展缓慢。另一方面，省级旅游统计数据与国家旅游统计数据存在较大差别，统计数据准确性不高，直接影响研究结果的精确性。因此，急需完善旅游基础统计体系，建立 TSA 体系，规范旅游统计口径，为旅游经济效应研究提供基础。同时，实地调查过程中数据的准确、科学获取也极其重要。微观视角的旅游民众效应研究主要采用点对点实地调查的方法，其中问卷调查具有代表性，得到广泛应用，尽管取得了重要成果，但仍有大量问卷设计不规范，调查组

---

① Tang, C., Tan, E., "Does tourism effectively stimulate Malaysia's economic growth?", *Tourism Management*, 2015 (46), pp. 158-163.

② 杨勇：《中国旅游业与国民经济发展的关系分析》，《江西财经大学学报》2006 年第 2 期，第 101—107 页。

③ 罗文斌、徐飞雄、贺小荣：《旅游发展与经济增长、第三产业增长动态关系》，《旅游学刊》2012 年第 27 卷第 10 期，第 20—26 页。

④ 武虹剑、谢彦君、李仲广等：《我国旅游学定量研究进展及评价》，《辽宁大学学报》（哲学社会科学版）2008 年第 36 卷第 2 期，第 138—143 页。

⑤ 康蓉、吴越：《中国旅游消费统计与国际标准的差距及解决对策》，《统计研究》2009 年第 26 卷第 12 期，第 56—59 页。

⑥ 宋涛、牛亚菲：《国外基于 CGE 模型的旅游经济影响评价研究》，《旅游学刊》2008 年第 23 卷第 10 期，第 23—28 页。

织缺乏经验，样本控制缺乏科学性①。因此，精心设计调查问卷，认真组织实地调查，确保调查的规范性、科学性是相关研究者必须充分重视的问题。旅游业增加值的核算作为旅游经济效应研究的基础和依据，重要性不言而喻，中观尺度下的区域层面和宏观尺度下的全国层面旅游业增加值的核算，尽管取得了不少进展，但总体上看研究成果仍然比较缺乏，如何准确、科学测度不同区域以及国家层面的旅游业增加值问题是值得关注的重要方向。

（二）研究过程角度

规范的研究过程与方法是得出准确结论的必要前提，如果方法应用不当，可能得到有偏差、甚至完全错误的结论。在经济效应研究过程中，在数据的采用与处理、不同指标的选择、不同方法的应用方面存在不足，导致不少研究寻求关系不紧密的替代数据或对不同类型数据进行直接比较，大大降低了分析结论的可靠性，针对同一对象、同一时期的不同研究结果之间存在较大差别，如王良健等（2010）②、王良健等（2010）③、程晓丽和王逢春（2014）④ 等研究者认为入境旅游对经济增长的促进作用更显著，但刘佳等（2013）⑤、张攀等（2014）⑥ 研究者认为国内旅游对经济增长的促进作用需要进一步的科学分析和考察。因此，需要通过数据处理标准化、计量过程规范化确保研究过程的科学性。

1. 数据处理标准化

研究开展前数据的标准化处理极为重要，非标准化和规范化的数据输入模型容易导致结果偏差，甚至错误。但在旅游经济效应研究中，不少研究者忽视了数据的预处理过程，直接用于模型分析，如以当年价格核算的

---

① 惠红：《关于我国旅游研究方法的思考》，《旅游学刊》2010 年第 25 卷第 12 期，第 10—11 页。

② 王良健、袁凤英、何琼峰：《基于异质面板模型的我国省际旅游业发展与经济增长研究》，《经济地理》2010 年第 30 卷第 2 期，第 311—316 页。

③ 王良健、袁凤英、何琼峰：《针对我国省际旅游业发展与经济增长间关系的空间计量方法应用》，《旅游科学》2010 年第 24 卷第 2 期，第 49—54 页。

④ 程晓丽、王逢春：《安徽省旅游产业发展与经济增长相关性分析》，《经济地理》2014 年第 34 卷第 3 期，第 182—186 页。

⑤ 刘佳、赵金金、张广海：《中国旅游产业集聚与旅游经济增长关系的空间计量分析》，《经济地理》2013 年第 33 卷第 4 期，第 186—192 页。

⑥ 张攀、杨进、周星：《中国旅游业发展与区域经济增长——254 个地级市的面板数据》，《经济管理》2014 年第 36 卷第 6 期，第 116—126 页。

旅游业增加值，显然不能用作不同年度的直接比较；不少研究在衡量旅游业的重要性时，采用旅游业总收入与 GDP 比重进行衡量，甚至有些研究者通过两者的比重直接计算旅游业的拉动系数，事实上，旅游业总收入并非增加值指标，将其与 GDP 两类不一致的指标直接比较存在不妥，且容易夸大旅游业对区域经济发展的带动作用。

2. 计量过程规范化

充足的样本数量对提升结果的准确性具有重要意义，但不少研究因数据量较少，致使在时间序列或截面数据回归时变量选择方面受到制约，直接进行旅游收入与经济发展之间的线性回归，忽略了控制性变量的参与，简单的线性回归形式可能无法准确评估旅游业在经济发展过程中的作用，并且数据量不足容易造成研究结果不准确。近年越来越多的研究力求通过面板数据模型弥补不足，面板数据方法克服了不能完全控制截面的固有特征差异以及简单的线性模型无法刻画旅游业和经济增长之间复杂关系的缺点[1]，越来越成为精确分析的基本方法。

同时，在计量分析过程中应充分重视假设检验，其是定量研究区别于定性研究的根本所在，缺少了假设检验就会失去使人信服的力量[2]。在应用经典计量模型时，为避免数据伪回归情况出现，应对数据进行平稳性检验与协整检验，判断分析数据序列是否平稳、旅游业发展与经济增长之间是否具有稳定关系；并且采用不同模型的平均估计替代模型的选择估计，因为模型平均组合利用了不同模型的信息，可以有效提高估计稳健性、降低估计风险[3]。

（三）研究方法角度

研究者应不断探索新的研究方法，朝着新、细、深的方向寻找突破[4]。在应用 IOA 法、TSA 法、SAM 法及近来的 CGE 法对旅游业增加值进行核

---

① 王良健、袁凤英、何琼峰：《基于异质面板模型的我国省际旅游业发展与经济增长研究》，《经济地理》2010 年第 30 卷第 2 期，第 311—316 页。

② 武虹剑、谢彦君、李仲广等：《我国旅游学定量研究进展及评价》，《辽宁大学学报》（哲学社会科学版）2008 年第 36 卷第 2 期，第 138—143 页。

③ 张新雨：《使用统计建模进行旅游研究时需要注意的几点》，《旅游学刊》2010 年第 25 卷第 12 期，第 7—8 页。

④ 吴必虎、马世罕：《减少旅游研究中的重复研究》，《旅游学刊》2010 年第 25 卷第 12 期，第 6—7 页。

算时，如何结合中国实际情况，体现各种方法的优势，开发独具特色的研究方法，成为旅游基础理论研究的重要课题和方向。中观与宏观尺度的旅游经济效应研究方法与国际旅游学界的研究趋势越来越表现出一致性，计量经济分析方法正逐渐成为旅游研究的主要手段之一，且应用日渐成熟①。尽管旅游业的计量化、模型化已成为研究的重要趋势和方向，但模型选择估计往往具有较高风险，可能选择与实际情况相去甚远的模型，导致较大误差②，尽管过去10年中国旅游研究贡献了成百上千的数量模型，但真正对实践有指导意义的屈指可数③。因此，设计科学合理的计量模型，提高计量分析的准确性应受到充分重视和关注。

（四）研究内容角度

文献分析表明，当前乡村旅游经济效应实地调查研究比较丰富，有效分析了不同地区乡村旅游的经济效应，但在广度和深度上仍然存在不足，主要以小区域范围、短时间调查为主，而跨区域的综合调查、跨时间段的序列调查仍然较为缺乏；尽管较好地考察了旅游业的民众增收效应特征，但对隐藏在背后的影响因素与作用机制缺乏系统的分析。因此，跨区域的综合调查与跨时间段的序列调查应成为扩充研究样本数量的主要方式，为影响因素和作用机制的分析提供基本依据，推动计量分析精确度的提高和科学结论的提出。并且，旅游扶贫的案例分析及人类学方面的研究比较缺乏④，值得进一步研究。同时，与较为丰富的乡村旅游经济效应研究相比，旅游对城镇居民个体增收效应的研究明显不足，与其在解决城镇居民就业、增收方面的重要地位不相称，需要引起研究者进一步的关注和重视。

国内旅游业发展的经济效应研究主要关注了旅游业在就业与增收方面的带动与拉动作用，而旅游业引起的财政收入效应、区域发展的收敛效应，对其他产业的挤出效应，进而对经济增长影响等方面的研究比较缺

---

① 李爽、黄福才、饶勇等：《计量经济分析方法在国外旅游研究中的应用——基于ATR和TM所载文献的统计分析》，《旅游科学》2006年第20卷第5期第1—7页。

② 张新雨：《使用统计建模进行旅游研究时需要注意的几点》，《旅游学刊》2010年第25卷第12期，第7—8页。

③ 惠红：《关于我国旅游研究方法的思考》，《旅游学刊》2010年第25卷第12期，第10—11页。

④ Zeng, B., Ryan, C., Assisting the poor in China through tourism development: A review of research, *Tourism Management*, 2012, 33 (2), pp. 239-248.

乏，如近来受到关注的旅游业荷兰病效应问题，Honzer（2011）对 134 个国家 38 年面板数据的研究结果显示，在中短期，旅游业的过度繁荣有可能导致荷兰病效应（即旅游业的过度繁荣可能导致去工业化，影响其他产业发展，整体上拖累经济增长）的发生①。随着中国旅游业规模快速扩张，旅游业地位日趋重要，旅游业发展将引发多方面的直接和间接经济效应，急需予以关注和重视，扩充研究广度和深度，全面评估中国旅游业发展的经济效应。

第二节　研究方法

一　GMM 检验

因为旅游业不是单一产业，所以在测量旅游业的经济影响方面面临困难，当前采用的方法和模型包括旅游乘数（Tourism Multiplier，TM）、投入产出分析（Input-Output，IO）、旅游卫星账户（Tourism Satellite Account，TSA）、社会核算矩阵（Social Accounting Matrices，SAM）和可计算一般均衡模型（Computable General Equilibrium，CGE）等②③，这些方法和模型对数据要求较高，而我国的旅游统计口径规范性较差，缺乏 TSA、SAM 等国际通用的旅游基础数据，所以在我国现行统计制度下难以操作和实施。在以往某一产业与经济发展的关系研究中，Solow 增长模型被广泛应用，并取得了较为满意的研究结果④⑤，参照这一模型，本书计量方程的具体形式设定为：

---

① Holzner, M. , Tourism and economic development: The beach disease, *Tourism Management*, 2011, 32 (4), pp. 922-933.

② 黎洁、韩飞:《基于可计算一般均衡模型（CGE）的江苏入境旅游需求变化对地区经济的影响分析》,《旅游学刊》2009 年第 24 卷第 12 期, 第 23—30 页。

③ 宋涛、牛亚菲:《国外基于 CGE 模型的旅游经济影响评价研究》,《旅游学刊》2008 年第 23 卷第 10 期, 第 23—28 页。

④ Durbarry, R. , Tourism and economic growth: The case of Mauritius, *Tourism Economics*, 2004, 10 (4), pp. 389-401.

⑤ Seetanah, B. , Assessing the dynamic economic impact of tourism for island economies, *Annals of Tourism Research*, 2011, 38 (1), pp. 291-308.

$$y_{it} = c(1)iv_{it} + c(2)hu_{it} + c(3)op_{it} + c(4)re_{it} + \varepsilon_{it}$$

$$\varepsilon_{it} \sim N(0, \sigma^2)$$

3 – 3 – 1

式 3 – 3 – 1 中，y_{it}，iv_{it}，hu_{it}，op_{it}，re_{it} 和 ε_{it} 分别表示不同省（区、市）、不同年度人均国内生产总值、人均全社会固定资产投资、人力资本投资、对外开放水平、人均旅游业收入和回归残差。各变量取对数形式，其好处是在不改变变量动态关系的前提下消除异方差。但这一方程形式可能导致动态面板数据解释变量信息的丢失[1]，为了弥补这一不足，将方程 3 – 3 – 1 变化为如下形式：

$$y_{it} - y_{it-1} = \beta y_{it-1} + cx_{it} + \mu_i + \varepsilon_{it}$$

$$\varepsilon_{it} \sim N(0, \sigma^2)$$

3 – 3 – 2

方程 3 – 3 – 2 中，等式左边是人均 GDP 的增长率，x_{it} 为解释变量（包括固定资产投资、人力资本投资、对外开放水平和旅游收入），ε_{it} 为未观察到的地区和时间效应，方程 3 – 3 – 2 可进一步变换为：

$$y_{it} = (1 + \beta)y_{it-1} + cx_{it} + \mu_i + \varepsilon_{it}$$

$$\varepsilon_{it} \sim N(0, \sigma^2)$$

3 – 3 – 3

对方程 3 – 3 – 3 进行一阶差分，其形式可进一步表示为：

$$\Delta y_{it} = (1 + \beta)\Delta y_{it-1} + c\Delta x_{it} + \Delta \varepsilon_{it}$$

$$\varepsilon_{it} \sim N(0, \sigma^2)$$

3 – 3 – 4

关于上述方程系数求解问题，1991 年，Arellano 和 Bond 提出了一种广义矩估计方法（Generalized Method of Moments，GMM）估计方程，即 DIF-GMM 估计（First-differenced GMM），其基本思路是先对方程求差分，然后用一组滞后的解释变量作为差分方程中相应变量的工具变量[2]。而 Blundell 和 Bond（1998）以及 Bond 和 Hoeffler 等（2001）的进一步研究认为，DIF-GMM 估计量容易受弱工具变量的影响而产生有限样本偏误（Finite-

---

① Levine, R., Loayza, N., Beck, T., Financial intermediation and growth: Causality and causes, *Journal of Monetary Economics*, 2000, 46 (1), pp. 31-77.

② Arellano, M., Bover, O., Another look at the instrumental variable estimation of error – component models, *Journal of Econometrics*, 1995, 68 (1), pp. 29-51.

sample Bias）①②。为了克服这一问题，Arellano 和 Bover（1995），Blundell 和 Bond（1998）提出了另一种 GMM 估计量，即 SYS-GMM 估计量（System GMM），SYS-GMM 估计量结合了差分方程和水平方程，此外还增加了一组滞后的差分变量作为水平方程相应变量的工具。相比较而言，SYS-GMM 估计量具有更好的有限样本性质。Bond 等（2001）建议使用 SYS-GMM 方法估计增长模型。另外，根据对权重矩阵的不同选择，GMM 估计可分为一步（one-step）和两步（two-step）估计，Bond 等（2001）认为在有限样本条件下，两步 GMM 估计量的标准误差会严重向下偏误，从而影响统计推断。基于减小误差考虑，本书采用一步 SYS-GMM 估计法对方程 3-3-4的各系数做出估计。

二　Granger 因果检验

为判断旅游业和经济增长的变动关系，采用 Granger 因果检验对其进行验证。Granger 分别在 1969、1980、1988 年提出和完善了以其名字命名的检验形式，其回归方程形式被设定为：

$$X_t = \sum_{j=1}^{m} a_j X_{t-j} + \sum_{j=1}^{m} b_j Y_{t-j.} + \varepsilon_t \qquad 3-3-5$$

$$Y_t = \sum_{j=1}^{m} c_j X_{t-j} + \sum_{j=1}^{m} d_j Y_{t-j} + \eta_t \qquad 3-3-6$$

式 3-3-5 和 3-3-6 中，X_t、Y_t 为两变量。对方程 3-3-5 检验的零假设为：$H_0: b_1 = b_2 = \cdots = b_m = 0$，若零假设成立则有：

$$X_t = \sum_{j=1}^{m} a_j X_{t-j} + \varepsilon_t \qquad 3-3-7$$

据此可计算 F 统计值：

$$F = \frac{\dfrac{(SSE_r - SSE_u)}{m}}{\dfrac{SSE_u}{(T-k)}} \qquad 3-3-8$$

① Blundell, R., Bond, S., Initial conditions and moment restrictions in dynamic panel data models, *Journal of Econometrics*, 1998, 87（1），pp. 115-143.

② Bond, S., Hoeffler, A., Temple, J., GMM estimation of empirical growth models, *CEPR discussion paper*, No. 3048, 2001.

式 3 – 3 – 8 中，SSE_r 是方程 3 – 3 – 6 回归的残差平方和，SSE_u 是方程 3 – 3 – 5 回归的残差平方和，m 为 Y_t 滞后项的个数，T 为观察值个数，k 为无约束回归中待估计参数的个数。在置信度 α 下，如果 $F > F_\alpha (m, T - k)$ 则拒绝零假设。即方程 3 – 3 – 5 中至少存在一个 Y_t 滞后变量的回归系数估计值显著不为零，意味着 Y_t 是 X_t 的 Granger 原因。若不能拒绝零假设，意味着 Y_t 不是 X_t 的 Granger 原因。同理，可以判断 X_t 是否是 Y_t 的 Granger 原因。

三 旅游业经济影响的测算

旅游业对区域经济差异的影响采用如下回归模型进行测算：

$$\ln(r_{jt}) = c(0) + c(1)\ln(y_{jt-1}) + \sum_{k=2}^{5} c_k \ln(x_{jt}) + \varepsilon_{jt} \qquad 3 – 3 – 9$$

$$\varepsilon_{jt} \sim N(0, \sigma^2)$$

式 3 – 3 – 9 中，r_{jt} 为人均国内生产总值增长率，y_{jt-1} 为上期人均国内生产总值水平，x_{jt} 为影响因素（包括固定资产投资、人力资本投资、对外开放水平和旅游经济发展），各变量均取自然对数形式，以提高序列的平稳性。

此外，在计算平均增长速度时，国家统计局（2001）建议，除固定资产投资用"累计法"计算外，其余均用"水平法"计算。"水平法"又称几何平均法，是以间隔期最后一年的水平同基期水平对比来计算平均每年增长（或下降）速度，且从某年到某年平均增长速度的年份，均不包括基期年在内。根据这一定义，其计算公式可表示为：

$$r_t = \sqrt[t]{\frac{Y_t}{Y_0}} - 1 \qquad 3 – 3 – 10$$

式 3 – 3 – 10 中，r_t 表示 0 到 t 期平均增长率，Y_0 和 Y_t 分别表示基期水平和末期水平。

对外开放水平采用惯常的处理方法，以当年进出口总额占 GDP 比重衡量[1]，公式参照 2 – 2 – 18。

---

[1] Seetanah, B., Assessing the dynamic economic impact of tourism for island economies, *Annals of Tourism Research*, 2011, 38 (1), pp. 291-308.

第三节　西部地区旅游业经济
地位与作用的分析

一　一个描述性统计

2000—2014 年，西部地区旅游经济呈现持续快速增长趋势。2000 年，内蒙古、广西、重庆、四川、贵州、云南、西藏、陕西、甘肃、青海、宁夏、新疆 12 个省（区、市）旅游总收入为 1163×10^8 元，2014 年增长至 12111×10^8 元，14 年间增长了 10948×10^8 元，年均增长率达到 18.22%，而西部地区同期 GDP 年均增长率为 13.28%，旅游经济平均增速快于 GDP 平均增速 4.94 个百分点。进一步地，西部地区旅游总收入相当于本地区 GDP 的比重不断提高，从 2000 年的 7.40% 提高至 2014 年的 15.47%，14 年间提高了 8.07 个百分点。这表明西部地区旅游业在经济发展中的地位不断提高，且作用越来越重要。接下来对这一初步结论进行更为严格的计量检验。

二　GMM 检验结果分析

西部地区各变量的单位根检验结果显示（表 3 - 3 - 1），解释变量全社会固定资产投资（iv）、人力资本投资（hu）、对外开放水平（op）、人均旅游收入（re）和被解释变量人均国内生产总值（y）均通过了 PP 检验，分别在 1%—10% 水平下显著。

表 3 - 3 - 1　　　　　　　　变量的单位根检验

变量	ADF	PP
iv	13.73*	89.13**
hu	28.98**	105.27***
op	23.50	32.16
$d(op)$	60.63***	105.36***
re	9.67	19.69

变量	ADF	PP
d (re)	57.22***	161.72***
y	33.34**	122.61***

注：*、**、***分别表示统计量在10%、5%、1%水平下显著。

表3－3－2显示多数解释变量通过了显著性检验，且通过了表明方程总体效果的过度约束Sargan检验。总体上，SYS-GMM一步法对各系数的估计达到了比较理想的效果。西部地区人均旅游收入的估计值为0.0293，且通过了5%的显著性水平检验，即人均旅游收入每提高1个百分点，将促进人均国内生产总值增长0.0293个百分点，表明旅游业直接推动了西部地区经济发展，支持前述描述性统计分析的初步结论。

表3－3－2 西部地区GMM一步法估计结果

变量	系数值	t值	p值
y_{t-1}	0.9918	68.3213	0.0010
iv	0.2634	11.1467	0.0412
hu	0.0642	1.2346	0.3115
d (op)	-0.0700	-7.2682	0.0043
d (re)	0.0293	3.6957	0.0216
$sargan$	0.18		
样本数量	168		

西部地区旅游业与全社会固定资产投资、人力资本投资和对外开放水平对经济的推动作用相比，占有重要地位。全社会固定资产投资的弹性系数为0.2634，表明固定资产投资在西部地区经济发展过程中发挥了重要作用，与通常结论一致；人力资本投资的弹性系数为0.0642，且未通过显著性检验，表明劳动力对西部地区经济发展的促进作用不显著；对外开放水平的弹性系数为-0.0700，这一负值可能的含义是西部地区对外开放水平较低，不仅没能促进经济增长，反而拖了经济发展的后腿。考察期内，旅游发展对经济增长的贡献程度虽不及固定资产投资作用那样大，但高于人力资本投入和对外开放水平。

三　Granger 因果检验分析

SYS – GMM 分析结果能够测定旅游业在经济发展进程中的作用，但无法明确经济发展与旅游业的关系，Oh（2005）[①]、Tang 和 Jang（2009）[②]、Lee 和 Chang（2008）[③] 等以往的研究应用 Granger 因果检验在处理这一问题时得到了较为满意的结果。鉴于此，本书用 Granger 因果检验分析西部地区旅游业与经济发展的动态变化关系。

Granger 因果检验（表 3 – 3 – 3）显示，2000—2014 年，西部地区经济发展促进旅游业增长、旅游业增长促进经济发展不成立的假设均遭到拒绝，且在 1% 水平下显著，表明西部地区旅游和经济相互促进、共同发展。一方面，区域经济水平是旅游产生、发展、规模扩张以及在区域中扮演的功能角色的先决条件，它不仅决定了旅游的潜在需求与需求总量、购买能力、新增投资与旅游资本存量，而且决定了旅游主导功能的变化，旅游发展到一定阶段后，进一步的增长要求增加对旅游配套设施，如旅游交通设施、旅游服务设施等的投入，这一定程度上要求旅游目的地经济增长水平足以支付旅游配套设施所需的资金或者可以吸引到足够的外来投资。另外，经济发展水平的提高将有效带动居民可支配收入水平的提高，从而带来旅游需求；另一方面，旅游经济是国民经济的重要组成部分，旅游业的发展对区域经济的发展贡献了力量，直接促进了其发展。

表 3 – 3 – 3　　　　　　旅游业与经济发展的 Granger 因果检验

地区	假设条件	F-values
西部	GDP→Receipts 不成立	7. 1436 * * *
	Receipts→GDP 不成立	3. 6435 * * *

注：* * * 表示统计量在 1% 水平下显著。

① Oh, C. O., The contribution of tourism development to economic growth in the Korean economy, *Tourism Management*, 2005, 26 (1), pp. 39-44.

② Tang, C., Jang, S., The tourism – economy causality in the United States: A sub-industry level examination, *Tourism Management*, 2009, 30 (4), pp. 553-558.

③ Lee, C., Chang, C., Tourism development and economic growth: A closer look at panels, *Tourism Management*, 2008, 29 (1), pp. 180-192.

四　旅游业经济影响的测算分析

在分析之前，首先对不同变量的平稳性进行检验。全国及西部地区各变量的单位根检验结果显示（表3－3－4），全国全社会固定资产投资的二阶差分形式、人力资本投资的一阶差分形式通过了显著性检验，其他变量则在常规形式下通过了显著性检验，这为进一步的分析奠定了基础。

表3－3－4　　　　　　　　　　　变量的单位根检验

变量	ADF	PP
iv	3.86	23.22
$d(iv, 2)$	23.95***	223.96***
hu	5.14	29.58*
$d(hu)$	47.02**	161.23***
op	24.74*	86.90**
re	39.47**	123.93***
y	45.36***	172.84***

注：*、**、***分别表示统计量在10%、5%、1%水平下显著。

表3－3－5随机效应和固定效应的Hausman检验显示，全国和西部地区采取双向固定效应应有更好的效果。

表3－3－5　　　　　　随机效应和固定效应的 **Hausman** 检验

地区	截面和时间双向随机效应
全国	54.1497***
西部	28.9264***

注：***表示统计量在1%水平下显著。

表3－3－6显示了旅游业在缩小地区差距中的作用。西部地区旅游业的回归系数为0.0041，且在1%水平下显著，表明西部地区旅游经济水平与国内生产总值的增长率呈同向变化，即旅游经济水平高的省（区、市），国内生产总值增长率也较高，意味着旅游业未能发挥促进地区内部差距缩小的作用。在全国层面上，也呈现了与西部地区一致的趋势，旅游业的回

归系数为 0.0025，且在 5% 水平下显著，表明全国旅游经济水平与国内生产总值的增长率呈同向变化，即旅游经济水平高的省（区、市），国内生产总值增长率也较高，意味着旅游业未能发挥促进地区间差距缩小的作用。

表 3 - 3 - 6　　　　　　　　旅游业在缩小地区差距中的作用

变量	全国	西部
c	0.1623（4.6929）***	0.2497（2.2525）**
y_{t-1}	−0.0163（−3.8623）***	−0.0201（−2.3669）**
d（iv, 2）	−0.0136（−3.9475）**	0.0054（1.3674）
d（hu）	0.0112（2.6484）*	−0.0093（−0.9252）
op	−0.0042（−2.5627）***	−0.0043（−2.3678）***
re	0.0031（2.5243）**	0.0047（1.9632）***
R^2	0.6123	0.5841
Adj. R^2	0.5236	0.4735
F	6.7520***	5.5923***
DW	1.8526	1.7421
样本数量	434	168

注：*、**、***分别表示统计量在 10%、5%、1% 水平下显著，括号内数字为 t 统计值。

五　进一步的讨论

描述性统计和 GMM 分析结果显示，2000—2014 年西部地区旅游业直接推动了经济的发展。这一结论与 Cortés-Jiménez（2006）的研究结果：国内和国际旅游在西班牙和意大利一些地区的区域经济增长中扮演了重要角色[1]；Soukiazis 和 Proenca（2008）的观点：旅游业在葡萄牙区域经济中发

---

[1] Cortés – Jiménez, I., Which type of tourism matters to the regional economic growth? The case of Spain and Italy, *International Journal of Tourism Research*, 2006, 10（2）, pp. 127-139.

挥了重要作用①，具有一致性。进一步地，Seetanah（2011）的研究结果表明：巴西等 19 个发展中国家、美国等 10 个发达国家、新加坡等 10 个海岛国家人均旅游收入的弹性系数分别为 0.0330、0.0800 和 0.1400②。与之相比，西部地区旅游收入的弹性系数 0.0187 不仅低于发展中国家水平，更低于发达国家和海岛国家水平，仍有进一步提升的空间。但庞丽等（2006）的研究结果显示，入境旅游对东部地区经济增长影响显著，通过对第三产业的带动引起 GDP 增长加快，而中、西部地区则不明显③，这一结论与本书的结果有差别。

Granger 因果检验表明，2000—2014 年西部地区旅游业和经济发展存在双向因果关系，其延续了 1990 年以来两者相互影响的变化趋势，且与东、中部地区不同，西部地区旅游业发展对经济增长的影响大于经济增长对旅游业发展的影响④。以往的研究从不同角度对这一结论提供了支持，周旋和甘晓蓉（2010）认为 1990—2007 年陕西经济增长和国际旅游收入之间存在协调互动的反馈机制，这一结论与西部地区的整体变化趋势一致。武春友和谢风媛等（2009）的研究结果显示，1994—2007 年，中国国内旅游发展与经济增长具有双向 Granger 因果关系⑤。刘晓欣等（2011）基于 2002 年和 2007 年的中国投入产出表的测算分析显示旅游业和国民经济存在相互作用关系，旅游业对国民经济发展有较大的推动力，且 2007 年较 2002 年推动作用加强；同时，国民经济对旅游业有拉动作用但较弱，且2007 年较 2002 年拉动作用下降⑥。Kim 等（2006）的研究证实，1971—2003 年中国台湾地区旅游业和经济发展存在双向因果关系，两者相互促

① Soukiazis, E., Proenca, S., Tourism as an alternative source of regional growth in Portugal: A panel data analysis at NUTS Ⅱ and Ⅲ levels, *Portuguese Economic Journal*, 2008, 7 (1), pp. 43-61.

② Seetanah, B., Assessing the dynamic economic impact of tourism for island economies, *Annals of Tourism Research*, 2011, 38 (1), pp. 291-308.

③ 庞丽、王铮、刘清春：《我国入境旅游和经济增长关系分析》，《地域研究与开发》2006 年第 25 卷第 3 期，第 51—55 页。

④ 刘长生、简玉峰：《我国旅游业发展与经济增长的关系研究——基于不同省份的个体数据和面板数据分析》，《旅游科学》2008 年第 22 卷第 5 期，第 23—32 页。

⑤ 武春友、谢风媛、全华：《旅游发展与我国经济增长关系的实证研究》，《科技与管理》2009 年第 11 卷第 6 期，第 8—11、16 页。

⑥ 刘晓欣、胡晓、周弘：《中国旅游产业关联度测算及宏观经济效应分析——基于 2002 年与 2007 年投入产出表视角》，《旅游学刊》2011 年第 26 卷第 3 期，第 31—37 页。

进、共同发展。Dritsakis（2004）对希腊[1]、Durbarry（2004）对毛里求斯[2]、Lee 和 Chang（2008）[3] 对部分非 OECD 国家的研究结论认为，旅游业与经济增长相互促进、共同发展。

旅游业对区域经济差异的影响回归结果表明，尽管 2000—2014 年全国范围内经济发展存在收敛特征（上期人均 GDP 系数为 -0.0163，且通过了 1% 的显著性检验），经济较发达省（区、市）和经济较落后省（区、市）差距趋于缩小，但旅游业并未对这一趋势贡献任何力量，反而起了相反的作用，拉大了发展差距。就西部地区内部看，旅游业也未对经济发展的收敛（上期人均 GDP 系数为 -0.0201，且通过了 5% 的显著性检验）、经济差距的缩小起到促进作用，而是促使差距扩大。GÖymen（2000）[4]、Seckelmann（2002）[5] 等以往的研究认为土耳其旅游业的发展（更为深层次的原因是与之相关的财政政策和货币政策）加剧了国内发达地区和不发达地区的差距；Tosun 等（2003）的研究指出，尽管旅游业在促进当地就业、税收、经济增长方面发挥了作用，但在土耳其这样的发展中国家，将旅游业作为手段缩小由多种原因引起的区域差异是很困难的，沿海地区旅游业的发展甚至使这种差异扩大[6]，本书的结论与其具有一致性。但与 Holzner（2011）的研究结果有差别，其基于 134 个国家 1970—2004 年的面板数据分析显示，旅游业发挥了缩小发达国家与落后国家经济差距的作用，从而使经济出现收敛特征[7]。

认识旅游业的产业功能和产业地位是旅游经济学研究的重要而迫切的

① Dritsakis, N., Tourism as a long-run economic growth factor: An empirical investigation for Greece using causality analysis, *Tourism Economics*, 2004, 10 (3), pp. 305-311.

② Durbarry, R., Tourism and economic growth: The case of Mauritius, *Tourism Economics*, 2004, 10 (4), pp. 389-401.

③ Lee, C., Chang, C., Tourism development and economic growth: A closer look at panels, *Tourism Management*, 2008, 29 (1), pp. 180-192.

④ GÖymen, K., Tourism and governance in Turkey, *Annals of Tourism Research*, 2000, 27 (4), pp. 1025-1048.

⑤ Seckelmann, A., "Domestic tourism: A chance for regional development in Turkey?", *Tourism Management*, 2002, 23 (1), pp. 85-92.

⑥ Tosun, C., Timothy, D. J., Ozturk, Y., Tourism growth, national development and regional inequality in Turkey, *Journal of Sustainable Tourism*, 2003, 11 (2), pp. 133-161.

⑦ Holzner, M., Tourism and economic development: The beach disease, *Tourism Management*, 2011, 32 (4), pp. 922-933.

问题，特别是在全国各地日益重视旅游业发展的形势下，科学制定旅游产业政策，更加需要对旅游业的产业功能和产业地位有一个客观和全面的认识①。不能因为旅游产业是一个关联性强、辐射力度大的产业②，就不对具体情况做出分析，而做出一刀切式判断。类似土耳其政府实施的 GAP 计划将旅游业作为缩小区域差异的重要工具③，中国政府和不少学者也寄希望于经济较落后地区通过旅游业发展缩小区域间的发展差距，这夸大了旅游业的经济地位和作用，本书分析显示旅游业发展并未推动地区差距缩小，尽管旅游业是西部各省（区、市）普遍的优势产业，是西部特色经济、生态经济、绿色经济的最佳结合点④，促进了西部地区经济发展。

本篇小结

本篇通过构建计量经济学模型，着重分析了西部地区旅游经济发展效率、旅游供需特征以及旅游业的经济地位和作用，得到的基本结论如下。

一　旅游经济发展效率分析

（一）西部地区

计量分析结果显示，西部地区旅游业劳动投入弹性系数为 0.1788，投入增加 1 单位的劳动将带来 0.1788 单位旅游经济产出的增加；旅游基础设施投入（以等级公路密度为代表）弹性系数为 0.2371，等级公路密度水平每提高 1 个百分点将带来 0.2371 单位旅游经济产出的增加；旅游服务设施投入（以星级酒店为代表）弹性系数为 0.6070，星级酒店水平每提高 1 个百分点将带来 0.6070 单位旅游经济产出的增加；旅游资源开发投入弹性系

---

① 刘益：《旅游业产业功能和产业地位的理论思考》，《旅游学刊》2007 年第 22 圈第 10 期，第 7—8 页。

② Cai, J., Leung, P., Mak, J., Tourism's forward and backward linkages, *Journal of Travel Research*, 2006, 45 (1), pp. 36-52。

③ Tosun, C., Timothy, D. J., Ozturk, Y., Tourism growth, national development and regional inequality in Turkey, *Journal of Sustainable Tourism*, 2003, 11 (2), pp. 133-161.

④ 刘锋：《中国西部旅游发展战略研究》，中国旅游出版社 2001 年版。

数为 0.1107，旅游资源开发投入每提高 1 个百分点将带来 0.1107 单位旅游经济产出的增加。比较而言，西部地区旅游服务设施投入的弹性系数最高，旅游资源开发投资弹性系数最低，劳动投入和旅游基础设施投入弹性系数则介于两者之间。从规模报酬角度看，西部地区旅游经济的规模报酬系数为 1.1336，增加 1 单位旅游要素投入将带来 1.1336 单位旅游经济产出的增加，西部地区旅游经济发展处于规模报酬递增阶段。

（二）西南地区

计量分析结果显示，西南地区旅游业劳动投入弹性系数为 0.4892，增加投入 1 单位的劳动将带来 0.4892 单位旅游经济产出增加；旅游基础设施投入（以等级公路密度为代表）弹性系数为 0.4344，等级公路密度水平每提高 1 个百分点将带来 0.4344 单位旅游经济产出的增加；旅游服务设施投入（以星级酒店为代表）弹性系数为 0.5456，星级酒店水平每提高 1 个百分点将带来 0.5456 单位旅游经济产出的增加；旅游资源开发投入弹性系数为 0.3471，旅游资源开发投入每提高 1 个百分点将带来 0.3471 单位旅游经济产出的增加。比较而言，旅游服务设施投入弹性系数最高，旅游资源开发投入弹性系数最低，劳动投入和旅游基础设施投入弹性系数则介于两者之间。从规模报酬角度看，西南地区旅游经济的规模报酬系数为 1.8163，增加 1 单位要素投入将带来 1.8163 单位旅游经济产出的增加，西部地区旅游经济发展处于规模报酬递增阶段。

（三）西北地区

计量分析结果显示，西北地区旅游业固定资产投资弹性系数为 0.4915，增加投入 1 单位的资本将带来 0.4915 单位旅游经济产出的增加；旅游业人力资本投资弹性系数为 0.6235，增加投入 1 单位的资本将带来 0.6235 单位旅游经济产出的增加；旅游服务设施（以星级酒店为代表）弹性系数为 0.8083，星级酒店水平每提高 1 个百分点将带来 0.8083 单位旅游经济产出的增加。比较而言，旅游服务设施投资的弹性系数最高，旅游固定资产投资弹性系数最低，旅游劳动投入弹性系数则介于两者之间。从规模报酬角度看，西北地区旅游经济的规模报酬系数为 1.9233，旅游要素投入增加 1 单位将带来 1.9233 单位旅游经济产出的增加，西北地区旅游经济的发展处于规模报酬递增阶段。

同时，2000—2014 年，西部地区旅游经济发展的年化 TFP 增长率为
0.5788%，西南地区旅游经济发展的年化 TFP 增长率为 0.4936%，西北地
区旅游经济发展的年化 TFP 增长率为 0.5963%。

二　旅游供需特征分析

（一）旅游供给特征

2000—2014 年，西部地区以旅游吸引物指数、旅游基础设施水平指数
和旅游服务设施水平指数为表征的旅游供给能力有较大程度提升，其中旅
游吸引物指数的年均增长率最快，为 18.06%；旅游基础设施和服务设施
水平年均提升率相对较慢，但其绝对数值仍然达到了 8.78% 和 7.65%。从
不同供给要素发挥作用的方向看，以旅游交通为代表的基础设施和以星级
酒店为代表的服务设施的改善稳定、持续地推动着西部地区旅游经济发
展；而旅游吸引物建设虽然表现出较快的提升速度，但仍然无法满足更快
的旅游消费增长需求，表现出供给短缺的特征，一定程度上制约了西部地
区旅游经济发展。从不同供给要素发挥作用的大小看，以星级酒店为代表
的服务设施大于以旅游交通为代表的基础设施对旅游经济发展的推动
作用。

（二）旅游需求特征

2000—2014 年，反映旅游需求能力的城镇居民可支配收入和农村居民
人均纯收入均有较大程度提升，其中农村居民人均纯收入增长率较快，为
7.62%，城镇居民可支配收入增长率较慢，为 6.41%，收入的增长为旅游
消费提供了最基本的源泉。同时，城镇居民家庭和农村居民家庭消费结构
快速升级，提高了出游频率，使旅游日益成为重要消费内容，直接推动了
西部地区旅游经济发展。计量分析结果表明，城镇居民可支配收入的提高
对旅游经济发展具有明显的推动作用，同时农村居民旅游消费已经渐入佳
境，随着其收入快速增长，旅游需求将进一步释放，为西部地区旅游业发
展提供新的增长源泉。

（三）旅游供需平衡特征

西部地区城镇居民可支配收入的增长促使恩格尔系数持续降低，推动
旅游消费成为增长最快和最主要的消费内容之一，显著大于旅游资源开

发、旅游基础设施和服务设施对旅游经济发展的贡献度，意味着以城镇居民可支配收入为表征的旅游需求因素成为促进旅游经济发展的核心力量，是当前大众化旅游发展阶段的主导因素。在强劲旅游需求的推动下，旅游吸引物、旅游基础设施和服务设施 3 类供给要素也表现出快速增长趋势，以进一步满足民众的旅游消费需求；从其发挥的作用看，旅游基础设施和服务设施为推动旅游经济发展贡献了重要力量。但值得注意的是，尽管旅游吸引物实现了快速提升和发展，但仍然表现出供给的不足对旅游经济发展的约束，尤其是在旅游需求旺盛的节假日期间，这一矛盾更为突出。

三　旅游业经济地位与作用

Sargan 检验分析结果显示，西部地区人均旅游收入的估计值为 0.0293，人均旅游收入每提高 1 个百分点，将促进人均国内生产总值增长 0.0293 个百分点，表明旅游业直接推动了西部地区经济发展。西部地区旅游业与全社会固定资产投资、人力资本投资和对外开放水平对经济的推动作用相比，其占有重要地位，旅游发展对经济增长的贡献程度虽不及固定资产投资作用那样大，但高于人力资本投入和对外开放水平。Granger 因果检验结果显示，2000—2014 年，西部地区经济发展促进旅游业增长、旅游业增长促进经济发展不成立的假设均遭到拒绝，且在 1% 水平下显著，表明西部地区旅游和经济相互促进、相互发展。计量分析结果显示，西部地区旅游经济水平与国内生产总值的增长率呈同向变化，即旅游经济水平高的省（区、市），国内生产总值增长率也较高，意味着旅游业未能发挥促进地区内部差距缩小的作用。

第四篇

西部地区旅游经济发展策略探讨

19 世纪古典学派代表人物大卫·李嘉图（David Ricardo）提出了比较优势理论，认为一个国家总能从诸多劣势中找到相对优势进行产业生产。比较优势理论强调利用具有比较优势的资源发展具有比较优势的产业部门，依托特定资源禀赋形成特定地理区位上发展某种产业的潜力，并不断积累自身的产业潜力。旅游资源在西部地区具有比较优势，加快旅游经济发展，是发挥比较优势的需要，也是促进地区经济发展，改善社会福利水平，把资源优势转变为经济优势的必然选择和必由之路。未来一段时间，西部地区旅游经济发展将保持怎样的发展势头，如何充分利用机遇、发挥优势，消除威胁、避免劣势？本篇探讨西部地区旅游经济发展策略，以期为西部地区旅游经济平稳、协调、可持续发展提供可行的建议支持，具体内容结构安排如下。

第一章是西部地区旅游发展 SWOT 分析，第 1 部分介绍 SWOT 分析框架；第 2 部分对西部地区旅游经济发展的优势、劣势、机遇与威胁进行分析；第 3 部分基于上述分析讨论西部地区旅游经济未来的发展战略。

第二章是西部地区旅游业生态化发展策略分析，第 1 部分指出旅游产业生态化是西部地区可行的战略目标；第 2 部分探讨旅游产业生态化发展的基本要求；第 3 部分分析西部地区旅游产业生态化发展的实现路径；第 4 部分构建西部地区旅游产业生态化发展的支撑体系。

第三章是西部地区旅游业创新发展战略分析，第 1 部分提出创新发展是西部地区旅游业的必然战略选择；第 2 部分分析西部地区旅游业创新发展的短板；第 3 部分分析西部地区旅游业创新发展战略布局。

第一章 西部地区旅游发展 SWOT 分析

第一节 SWOT 分析框架及其旅游应用

一 SWOT 框架内容

1982 年，Weihrich 提出分析企业战略决策的 TOWS 分析框架，后经演变形成现在广泛应用的 SWOT 理论框架（Strengths，Weaknesses，Opportunities and Threats，SWOT），其中 S 代表系统内部的优势、W 代表系统内部的劣势、O 代表系统发展的机遇、T 代表系统面临的威胁。SWOT 理论框架是分析内外环境变化的常用工具，且能为决策提供系统支持，不仅能在微观领域（企业），且能在宏观领域的分析决策中发挥作用①。

SWOT 分析沟通了环境审视和战略制定之间的联系，既使得 SWOT 分析的结果得以利用，同时为旅游发展战略制定以及其他相关旅游决策提供可靠的依据②。具体包括以下几点。

SO 战略，着重考虑区域旅游系统的优势因素和机会因素，目的在于使两者的有利影响趋于最大，即为"Maxi-Maxi"原则。

WT 战略，着重考虑区域旅游系统的劣势因素和威胁因素，力求使两者的不利影响趋于最小，即为"Mini-Mini"原则。

WO 战略，着重考虑区域旅游系统的弱势因素和机会因素，力求使前者的不利影响趋于最小而后者的有利影响趋于最大，即为"Mini-Maxi"原则。

---

① David, F., *Strategic Management*: *Concepts and Cases*. New York: Prentice Hall, 2007.
② 同上。

ST 战略，着重考虑区域旅游系统的优势因素和威胁因素，力求使前者的有利影响趋于最大而后者的不利影响趋于最小，即为"Maxi-Mini"原则。

1982 年，Weihrich 提出了由 4 种因素交叉结合生成的 4 种关系概念，即杠杆效应（Lever effects），只有在优势与机遇相互一致和适应的时候才会产生，系统利用自身的优势撬起了外部的机遇，使得机遇与优势充分发挥和结合起来；抑制性（Control），当机遇与系统内部的优势不相适应，而与劣势相遇时，劣势会影响机遇的利用和发挥，机遇受到抑制。在此情况下，必须促进系统内部劣势向优势转化，从而适应发展机遇；脆弱性（Vulnerability），当环境状况对系统构成威胁时，优势得不到充分发挥，出现优势不强的脆弱局面；问题性（Problem），当系统内部的劣势与外部威胁同时并存，系统将面临重大问题。这 4 种关系概念的指导思想就是发挥区域旅游的优势因素，克服弱势因素，利用机会因素，化解威胁因素，立足当前，着眼未来。就旅游地系统而言，其外部环境因素主要包括由经济发展水平所限定的潜在旅游市场规模和容量、人们休闲行为模式的改变、其他旅游地的崛起和衰退，以及国家、地方政府发展方面的政策；其内部因素则主要包括系统发展过程中的各种基本要素，旅游地的旅游产品规模、结构和品质，基础设施和旅游服务设施的数量、结构和质量，旅游服务和旅游管理的水平，当地居民对旅游的态度和参与程度，当地经济发展程度等①。本书运用系统分析的综合方法，将各种因素相互匹配，对西部地区旅游经济发展的优势、劣势、机遇与挑战进行逐一分析，得出一系列可供选择的区域旅游发展战略。

二　SWOT 在旅游研究中的应用进展

（一）国外研究进展

在国外旅游业发展研究中，SWOT 分析框架得到了良好的应用，如 Bardolet 和 Sheldon（2008）对夏威夷群岛和巴利阿里群岛旅游业发展的分

---

① 龙江智、朱竑：《基于 TOWS 分析的区域旅游发展战略规划——以辽宁鞍山为例》，《人文地理》2007 年第 22 卷第 1 期，第 40—44 页。

析①；Kajanus 等（2004）结合 AWOT 模型分析了 SWOT 模型在旅游管理中的应用②；Lordkipanidze 等（2005）应用 SWOT 框架分析了企业家精神在可持续旅游发展中的作用③。

（一）国内研究进展

国内采用 SWOT 框架分析旅游业发展的文献较多，可以归入以下几个方面。

1. 旅游资源开发与发展

陈炜和张瑾（2009）在对百色壮族布洛陀文化进行 SWOT 分析的基础上提出了进一步推动布洛陀文化旅游开发的对策建议④。邓立斌（2012）运用 SWOT 分析法对滦河源国家森林公园的旅游开发进行了分析，结果表明，滦河源国家森林公园发展生态旅游的优势明显，也存在较多限制因素，机遇与挑战并存，并据此提出了科学规划、保护资源、加强宣传、引进人才、协同发展等森林公园旅游开发基本对策，以期为森林公园生态旅游可持续发展提供参考⑤。苟俊豪和乔晗（2015）运用 SWOT 分析法对新疆的冰雪旅游资源发展及其前景进行了梳理分析⑥。梁小翠和罗静（2010）对邯郸市文化旅游发展的条件进行了 SWOT 分析，并提出了邯郸市文化旅游需要加强对文物古迹的保护与开发、增强资源保护意识、加大宣传促销，提高知名度和邯郸文化旅游的文化竞争力、加强景区建设及相应的服务设施建设、提高从业人员素质，以及加强与周边地区的文化旅游合作等

① Bardolet, E., Sheldon, P. J., Tourism in archipelagos: Hawaiʻi and the Balearics, *Annals of Tourism Research*, 2008, 35 (4), pp. 900-923.

② Kajanus, M., Kangas, J., Kurttila, M., The use of value focused thinking and the AWOT hybrid method in tourism management, *Tourism Management*, 2004, 25 (4), pp. 499-506.

③ Lordkipanidze, M., Brezet, H., Backman, M., The entrepreneurship factor in sustainable tourism development, *Journal of Cleaner Production*, 2005, 13 (8), pp. 787-798.

④ 陈炜、张瑾：《少数民族非物质文化遗产旅游开发 SWOT 分析及其对策——以白色壮族布洛陀文化为例》，《社会科学家》2009 年第 6 期，第 89—92 页。

⑤ 邓立斌：《基于 SWOT 分析的森林公园旅游开发研究——以内蒙古滦河源国家森林公园为例》，《中南林业科技大学学报》（社会科学版）2012 年第 6 卷第 3 期，第 16—19 页。

⑥ 苟俊豪、乔晗：《新疆冰雪旅游发展战略 SWOT 分析》，《新疆社会科学》2015 年第 5 期，第 50—55 页。

发展对策，来实现邯郸市文化旅游业的可持续发展①。马东跃等（2010）
采用 SWOT 方法，分析宁夏开发回族文化旅游资源中所具有的优势、劣
势、机遇和威胁，定位宁夏的整体旅游形象②。欧阳正宇（2011）运用
SWOT 分析法，详细分析了甘肃非物质文化遗产旅游开发的优势、劣势、
机遇和挑战，为甘肃开展非物质文化遗产旅游提供借鉴③。任小红和韩景
（2015）在简述杏花村酒文化旅游开发现状及旅游资源基础上，通过 SWOT
分析对当地的酒文化旅游开发的优势、劣势、机会和威胁进行了分析，并
有针对性地提出了旅游开发的相关对策④。赵鹏旭等（2012）采用 SWOT
分析法对三门峡黄河湿地自然保护区生态旅游资源的分析结果显示，三门
峡黄河湿地自然保护区存在一定的劣势，但总体上发展生态旅游优势明
显，机遇大于挑战⑤。赵祎和王金叶（2015）运用 SWOT 分析法分析了河
南汤河国家湿地公园生态旅游发展中拥有的良好区位条件、丰富的动植
物、深厚的文化资源等优势，存在一定外源污染、管理经验不足、知名度
不高等劣势，面临生态旅游发展、政策机遇以及保护与利用矛盾、区域同
类旅游产品竞争的威胁，建立 SWOT 分析矩阵，提出河南汤河国家湿地公
园发展生态旅游中突出地方特色、开发特色旅游产品、打造湿地生态旅游
品牌、加强公园形象策划传播、提高知名度等对策建议⑥。周彬等（2013）
在界定民族文化创意旅游内涵的基础上，分析了青海省发展民族文化创意
旅游的优势、劣势、机遇和威胁，并提出青海省民族文化创意旅游的发展
对策与建议⑦。

---

① 梁小翠、罗静：《基于 SWOT 分析的邯郸文化旅游可持续发展研究》，《山西师范大学学报》（自然科学版）2010 年第 24 卷第 3 期，第 105—110 页。

② 马东跃：《宁夏回族文化旅游资源开发的 SWOT 分析》，《中央民族大学学报》（哲学社会科学版）2010 年第 37 卷第 1 期，第 44—48 页。

③ 欧阳正宇：《甘肃省非物质文化遗产旅游开发 SWOT 分析》，《干旱区资源与环境》2011 年第 25 卷第 7 期，第 201—208 页。

④ 任小红、韩景：《基于 SWOT 分析的山西杏花村酒文化旅游开发探析》，《国土与自然资源研究》2015 年第 6 期，第 87—90 页。

⑤ 赵鹏旭、李若凝、张亚兵等：《三门峡黄河湿地自然保护区生态旅游 SWOT 分析与开发对策》，《中南林业科技大学学报》2012 年第 6 卷第 12 期，第 203—207 页。

⑥ 赵祎、王金叶：《SWOT 分析法下汤河湿地旅游发展对策探讨》，《中南林业科技大学学报》（社会科学版）2015 年第 9 卷第 6 期，第 70—73 页。

⑦ 周彬、钟林生、孙琨等：《青海省民族文化创意旅游发展的 SWOT 分析及对策》，《干旱区资源与环境》2013 年第 27 卷第 11 期，第 192—196 页。

2. 旅游地发展

毕丽芳等（2015）基于旅游管理部门人员、旅游专业学者和旅游从业人员三类群体的深度访谈资料对成都市的入境旅游发展进行了分析，探讨了成都市入境旅游的发展策略[①]。陈蓉等（2013）采用SWOT分析法对青藏地区入境旅游业现状和存在问题进行了研究，认为青藏地区入境旅游经济总量较低，市场潜力巨大，旅游资源优势和环境劣势并存，发展机遇良好，但面临挑战与威胁，并提出了相关建议[②]。蒋伟（2009）运用SWOT分析发现桂林市会展旅游优势与劣势并存，机遇与挑战并存。在经济全球化的背景下，桂林市会展旅游应在会展旅游品牌建设、人才培养、中介机构建设、营销策略、信息化、产品开发等方面加以完善[③]。李松柏（2014）对环太湖区域旅游合作进行SWOT分析，结果表明，环太湖区域旅游合作具有旅游资源、产业基础、经济实力、区位、交通等多方面的优势，并且可以借助国内外旅游市场需求旺盛、长江三角洲区域一体化加速的机遇，采取增长型发展战略[④]。刘长运等（2009）对南阳发展旅游的优势、劣势、机遇和挑战进行了深入分析，结果显示，实现南阳旅游可持续发展必须处理好保护和开发的关系，增强资源保护意识；整合旅游资源，实施精品名牌战略；大力挖掘南阳历史文化，重视历史名人文化游开发；完善现代城市职能，实现旅游开发与城市建设一体化发展；强化管理，全面提升旅游服务质量；加强宣传促销工作，积极开拓客源市场；加快旅游人才培养，妥善使用旅游人才[⑤]。邱钟鸿和魏卫（2013）通过对东莞市石排镇旅游发展的SWOT分析，阐明其旅游发展所处内外部环境状况；从区域蓄能、产业转型、旅游效益3个方面论证其旅游发展的必要性，分析石排镇的旅游

① 毕丽芳、郑荣娟、李森等：《基于深度访谈的成都市入境旅游发展分析》，《资源开发与市场》2015年第31卷第2期，第212—215页。

② 陈蓉、黄芸玛、李春花等：《青藏入境旅游业发展现状及对策建议》，《青海民族大学学报》（社会科学版）2013年第39卷第4期，第142—146页。

③ 蒋伟：《桂林市会展旅游SWOT分析及发展策略》，《广西社会科学》2009年第10期，第24—27页。

④ 李松柏：《环太湖城市旅游竞争力与区域旅游合作研究》，《经济地理》2014年第34卷第2期，第180—186页。

⑤ 刘长运、徐敏、薛宝琪：《基于SWOT分析的南阳旅游可持续发展研究》，《地域研究与开发》2009年第28卷第2期，第77—80、93页。

发展潜力；在理清石排镇旅游发展定位和形象塑造策略的基础上，提出石排镇应通过旅游支持系统打造、区域旅游合作、项目持续创新、利益相关者权衡发展等维度来促进旅游业开发①。张慧霞和刘斯文（2007）在对青藏高原旅游带的开发进行 SWOT 分析的基础上，建构了青藏铁路旅游带"点——轴"系统开发模式，重点提出了青藏铁路旅游带开发的六大战略举措②。王莉红和马耀峰（2007）运用 SWOT 法分析探讨了运城市旅游业发展的优势与劣势、机会与威胁，提出加快旅游业发展的形象驱动模式、区域联合发展模式与重点旅游产品开发模式③。魏艳等（2010）以郑州市金水区为例对中心城区发展旅游进行了 SWOT 分析，中心城区具有区位交通优势明显、经济基础良好、基础设施服务设施较为完善、商务活动平台优越、城市旅游兴起、旅游形式丰富等优势和机遇，但也存在着竞争压力大、与城市规划需要衔接等劣势和挑战④。杨萍芳和苏云海（2010）运用 SWOT 分析法对西双版纳旅游业的自身状况和外部环境进行分析，同时提出了相应的发展模式和对策⑤。余凤龙和王英利（2016）通过 SWOT 分析，提出推进南通沿海旅游产品开发的对策，包括统一规划和产品形象建设、海洋文化挖掘和特色产品打造、市场营销和产品品牌塑造、完善设施和新产品培育等方面⑥。张怀英（2011）认为芙蓉镇旅游发展的优势比较突出，但劣势也比较明显，在大湘西新一轮旅游产业发展与旅游宣传的机遇下，芙蓉镇旅游市场应明确自己的市场地位，与周边景点建立合作共赢的关系，通过多方筹资，科学合理地对旅游资源进行全方位、多层次的递进开

---

① 邱钟鸿、魏卫：《基于旅游发展过程的旅游开发对策——以东莞石排镇为例》，《地域研究与开发》2013 年第 32 卷第 5 期，第 167—171 页。

② 张慧霞、刘斯文：《青藏铁路旅游带开发研究》，《山西财经大学学报》2007 年第 29 卷第 2 期，第 50—56 页。

③ 王莉红、马耀峰：《基于 SWOT 分析的运城市旅游业发展模式研究》，《山西师范大学学报》（自然科学版）2007 年第 21 卷第 3 期，第 90—94 页。

④ 魏艳、于跃洋、吕迎：《中心城区发展旅游的思考——以郑州市金水区为例》，《地域研究与开发》2010 年第 29 卷第 6 期，第 110—114 页。

⑤ 杨萍芳、苏云海：《基于 SWOT 分析的西双版纳旅游业发展新模式研究》，《经济问题探索》2010 年第 8 期，第 164—168 页。

⑥ 余凤龙、王英利：《江苏沿海区域旅游经济发展特征、影响因素与对策研究》，《资源开发与市场》2016 年第 32 卷第 2 期，第 244—248 页。

发和深度开发，从而彻底改变在夹缝中生存的尴尬境地①。张洁和赵黎明（2008）采用SWOT分析法概述了天津滨海新区旅游业发展的优势、劣势、机会和威胁，在新的形势下，滨海新区旅游业要有一个长远的发展规划，从而避免资源浪费；要进一步推进京津冀合作，形成一个和谐有序的环渤海旅游圈；要大力研制开发旅游产品，以满足旅游者的不同需求；要进一步完善旅游业服务体系，加强旅游基础设施和环境建设，促进滨海新区旅游业又好又快地发展②。

3. 特殊旅游发展

柴迪迪等（2015）运用SWOT法对灵山景区旅游发展进行分析，结果表明：景区优势有资源丰富、基础设施健全、政策优势、成立生态修复基地、开展生态修复项目；劣势为思想认识不足、人才短缺、产品单一、交通不便、禁牧难推；机遇有旅游业蓬勃发展、市民健康消费、景区发展势头好、有力的战略引导；威胁有区域竞争激烈、欠缺文化发展、景区经营不成熟、生态环境脆弱。灵山旅游的发展应以"S＋O"战略为主，积极发展农业生态旅游③。贾媛和傅桦（2009）对延安地区发展红色旅游进行了SWOT分析，同时对红色旅游资源的开发提出了建议④。林绍华和郑耀星（2010）分析了福建省发展乡村旅游的优势、劣势以及面临的机遇和挑战，并着重阐述新时期福建乡村旅游发展的对策与建议⑤。骆培聪和张莹莹等（2011）采用SWOT方法分析以厦门市为中心的海峡西岸经济区邮轮旅游发展具有个人收入不断提高、旅游产业发展迅速、邮轮旅游发展初具规模、地理位置优越等优势；存在中心城市集聚和辐射带动功能不够、邮轮旅游高级人才较少、旅游者消费观念比较落后等劣势；存在世界邮轮旅游

① 张怀英：《边缘型古镇旅游市场营销的SWOT分析——以湘西芙蓉镇为例》，《吉首大学学报》（社会科学版）2011年第32卷第2期，第103—106页。

② 张洁、赵黎明：《滨海新区旅游业发展的SWOT探析》，《天津大学学报》（社会科学版）2008年第10卷第5期，第437—440页。

③ 柴迪迪、沈应柏、张永等：《北京灵山景区旅游发展的SWOT分析研究》，《中国农学通报》2015年第31卷第29期，第279—284页。

④ 贾媛、傅桦：《延安地区红色旅游资源开发的SWOT分析》，《首都师范大学学报》（自然科学版）2009年第30卷第3期，第66—70页。

⑤ 林绍华、郑耀星：《福建省乡村旅游发展的SWOT分析》，《福建师范大学学报》（哲学社会科学版）2010年第6期，第169—172页。

发展潜力大、海西发展机遇良好、政府有关部门出台各项相关政策等机遇，同时还面临着全国许多正在发展邮轮的旅游城市的挑战①。吴小玲（2009）通过采用 SWOT 法分析岷江上游地区生态旅游业开发的优势、劣势、机会和挑战，提出适宜的生态旅游业开发对策，更好地利用旅游资源，实现产业结构的优化升级，促进灾后重建工作中生态旅游业的发展②。严卿方（2015）用 SWOT 分析法对动漫产业发展存在的问题进行了分析，并提出依靠贵州少数民族文化艺术资源和旅游资源，创新营销传播和人才培养方式，促进产业集聚发展，构建网络循环经济模式，以动漫形象和品牌为基础进行动漫直接产品和衍生产品的开发、生产、销售，激发大众文化消费，发展低能耗、低污染、高效益的生态动漫产业③。杨韩涛和李才（2010）采用 SWOT 分析模式对藏北羌塘自然保护区发展生态旅游的可行性和潜力进行了客观分析，认为在羌塘自然保护区发展生态旅游，优势与劣势同样显著，机遇和挑战并存，并据此提出在生态保护的基础上适度开发高端特种旅游产品、打造特种旅游品牌、建构保护区生态旅游"点—轴"系统开发模式，整合资源，走联合发展道路④。

（三）研究成果述评

国外文献与国内文献应用 SWOT 分析旅游发展的不同在于，国外文献通常在定量分析得出基本结论之后，再运用 SWOT 框架分析，为决策提供建议参考。显然，这样的分析建立在基本的事实依据之上，基础更牢固，结论更具说服力；而国内文献通常省略了第一个环节，直接进入 SWOT 分析，容易导致所得结论缺少依据支持，论证过程明显比较乏力。基于这一认识，本书在吸取国外研究长处、克服国内研究不足的基础上，依据前述章节所得到的基本结论，应用 SWOT 框架分析西部地区旅游经济发展面临

① 骆培聪、张莹莹、余赛芬：《海峡西岸经济区邮轮旅游 SWOT 分析》，《重庆师范大学学报》（自然科学版）2011 年第 28 卷第 1 期，第 82—87 页。
② 吴小玲：《震后岷江上游地区生态旅游开发的 SWOT 分析》，《软科学》2009 年第 23 卷第 7 期，第 68—71、82 页。
③ 严卿方：《用 SWOT 分析法看贵州少数民族动漫产业的发展》，《贵州民族研究》2015 年第 36 卷第 12 期，第 169—172 页。
④ 杨韩涛、李才：《藏北羌塘自然保护区生态——特种旅游开发的 SWOT 分析》，《地质通报》2010 年第 29 卷第 12 期，第 1884—1890 页。

的优势、劣势、机遇和威胁，为促进其健康、协调、可持续发展提供决策参考。

第二节 西部地区旅游经济发展的 SWOT 分析

一 优势分析

总体看，西部地区旅游经济发展面临两方面的优势，一是具备发展旅游的资源优势，这为旅游经济的发展奠定了物质基础；二是地方政府重视旅游业发展，这为旅游经济的发展提供了政策支持。

（一）丰富、独特的旅游资源优势

西部地区丰富、独特的旅游资源成为旅游经济发展的基础和优势。赫克歇尔-俄林（Heckscher-Ohlin）的要素禀赋理论表明，一个地区某种生产要素越丰富，越有利于形成某种比较优势产业。与东、中部地区相比，西部地区是旅游资源类型最多、最丰富的地区，涵盖了《中国旅游资源普查规范》（由国家旅游局和中国科学院地理科学与资源研究所出版）提出的旅游资源分类系统 3 景系、10 景类、98 个景型中的全部。据世界旅游组织预测，未来的 5 大时尚旅游产品是海洋旅游、文化旅游、生态旅游、沙漠旅游和探险旅游，这些旅游资源西部地区全部拥有[1]。

此外，从已开发旅游景区看，西部地区旅游资源占有较强的优势。截至 2014 年，西部地区共有 4A 级旅游景区 668 处；截至 2014 年，西部地区共有 5A 级旅游景区 54 处，占全国 5A 级景区总数量 184 处的比重为 29.35%。旅游产品的差异性是旅游者离开惯常生活地进行观光、度假活动的主要原因，异地，特别是在自然条件和文化背景上存在着显著差异的地区所具有的"新奇性"和"复杂性"，能满足旅游者的好奇心和探索欲[2]，西部地区得天独厚的自然条件、雄浑秀丽的自然景观、高大奇绝的地形地

---

① 郭来喜、吴必虎：《中国旅游资源分类系统与类型评价》，《地理学报》2000 年第 55 卷第 3 期，第 294—301 页。

② 翁瑾、杨开忠：《旅游空间结构的理论与应用》，新华出版社 2005 年版。

貌、异彩纷呈的人文景观、色彩缤纷的民俗风情，使西部地区旅游资源具有大容量、多样性、独特性、垄断性强的总体特征，这为西部地区旅游经济比较优势的发挥奠定了基础，并有广阔的发展前景。

（二）地方政府重视旅游发展

Howlett 和 Mamesh（2003）①、Kerr（2003）② 认为政策制定在旅游业发展过程中扮演着重要角色，Airey 和 Chong（2010）以中国为例，具体阐释了这一作用③。1999 年，"西部大开发"战略实施以来，西部地区内蒙古、广西、重庆、四川、贵州、云南、西藏、陕西、甘肃、青海、宁夏、新疆 12 个省（区、市）均把旅游业作为支柱产业加以优先发展和重点扶持④。2009 年 6 月 18 日，西部地区 12 个省（区、市）旅游局代表联合签署《中国西部旅游合作框架协议书》，旨在加强联合、资源共享、优势互补、互利共赢。在"十二五"规划中，西部地区内蒙古、广西、重庆、四川、贵州、云南、西藏、陕西、甘肃、青海、宁夏、新疆 12 个省（区、市）均明确了旅游业发展的目标与定位，对旅游经济发展给予充分重视，近年来，不同省（区、市）进一步强调了旅游业的重要地位和作用（见表 1 - 1 - 1）。地方政府的重视及相关政策的出台，为西部地区旅游业发展提供了良好的发展空间。

二　劣势分析

西部地区旅游经济发展也面临不少劣势，如旅游景区分散、旅游设施不完善、旅游业创新不足等。

（一）旅游景区分散

西部地区较分散的景区景点阻碍了旅游经济的发展。距离衰减规律表

---

① Howlett, M., Mamesh, M., *Studying Public Policy：Policy Cycles and Policy Subsystems*, Toronto：Oxford University Press, 2003.

② Kerr, W. R., *Tourism Public Policy, and the Strategic Management of Failure*, Oxford：Pergamon, 2003.

③ Airey, D., Chong, K., National policy-makers for tourism in China, *Annals of Tourism Research*, 2010, 37（2）, pp. 295-314.

④ 邓晨晖、吴晋峰、辛亚平：《中国西部地区旅游规模分析》，《经济地理》2010 年第 30 卷第 9 期，第 1557—1562 页。

明，随着空间距离的增加，地理现象之间的相互作用减弱，其经济学上的含义是，旅行成本将随着旅行距离的增加而增加，并使到岸价格上升，致使旅游需求减少。西部地区国土面积辽阔，旅游资源分布较为稀疏和分散，致使旅游景点之间间距很大。以西北地区为例，旅游城市间的平均距离达886公里，而华东地区旅游城市间的平均距离仅为211公里，过大的城市间距使旅游者将大量的时间浪费在了景区间的行程上，实际游览时间很短①，不利于吸引游客和发展旅游经济。

（二）旅游设施不完善

在旅游基础设施方面，西部地区交通设施不完善，致使可进入性较差，直接制约着客源腹地的拓展和旅游经济的发展。以等级公路为例，尽管其密度由2000年的661公里/10^4平方公里提高至2014年的1091公里/10^4平方公里，年均增长率达到8.57%，但与东、中部地区相比，这一差距仍然明显，以等级公路密度为代表的基础设施水平较低直接限制了游客进入西部地区旅游的可能性，影响了旅游经济的发展。在旅游服务设施方面，旅游服务设施不完善，严重削弱了西部地区的接待能力。以星级酒店为例，2014年，西部地区12个省（区、市）五星到一星级酒店占全国的比重分别为16.31%、20.95%、25.78%、32.14%和44.78%，这一数字显示西部地区高等级酒店数量较少，而低等级酒店数量较多。可能带来两方面的不利影响，一是无法有效满足消费者的消费需求，二是不能有效促进西部地区旅游经济发展。

（三）旅游业创新不足

研究表明，与其他投入要素相比，西部地区（西南地区和西北地区）旅游业的TFP处于较低水平，旅游经济的增长主要靠固定资产投资、劳动、旅游基础设施和旅游服务设施等旅游要素投入驱动。一定程度上，低水平的TFP是旅游业不注重技术创新和产品创新的反映，很长一段时间以来，旅游业成为解决全民就业的突破口，导致行业进入门槛较低，从业人员的素质也较低，行业的创新能力严重不足。西部地区旅游业整体研发水

---

① 刘睿文、吴殿廷：《西北旅游落后现状的突破及列车旅游的新思路——兼论"西部之星"旅游列车的产品设计》，《地域研究与开发》2006年第25卷第1期，第88—92页。

平较低，除四川排名靠前，居第 6 位，其他均在 10 名后，尤其是西北地区，除陕西外，其他省（区）基本排在末位水平①。同时，旅游管理体制机制创新乏力②。

三　机遇分析

西部地区旅游经济发展面临两方面的机遇，一是国家重视旅游业发展，二是旅游业面临良好的发展契机。

（一）国家重视旅游业发展

一系列战略决策的实施为西部地区旅游经济的发展带来了良好的机遇。1999 年 7 月，国家旅游局组织西部旅游考察研究后明确提出"西部大开发，旅游要先行"政策，要优先在西部地区建设国家生态旅游示范区、国家旅游扶贫实验区和国家旅游度假区。进入 21 世纪后，中国旅游业的地位得到进一步的提升，2003 年 10 月，温家宝总理在世界旅游组织第 15 届全体大会开幕式上的致辞中指出：21 世纪前 20 年是中国旅游业发展的有利时期，要把旅游业培育成中国国民经济的重要产业；2009 年 12 月，国务院发布的《关于加快发展旅游业的意见》指出：旅游业资源消耗低、带动系数大，就业机会多，综合效益好，是战略性产业，这标志着中国旅游业已经正式进入国家战略体系；国家"十二五"规划强调要积极发展旅游业，包括全面发展国内旅游，积极发展入境旅游，有序发展出境旅游。2014 年 8 月，国务院发布的 31 号文件《关于促进旅游业改革发展的若干意见》指出：到 2020 年，境内旅游总消费额达到 5.5 万亿元，城乡居民年人均出游 4.5 次，旅游业增加值占国内生产总值的比重超过 5%。进一步明确了中国旅游业发展的战略目标。

（二）旅游业面临良好的发展契机

未来一段时间，中国旅游业发展仍将保持快速增长的势头。目前，我国国民旅游虽然已具有一定规模，但人均出游率并不高，出游人群结构也

---

① 李仲广、王娟、宋慧林等：《我国旅游业研发总体水平、区域分布与政策建议》，《旅游科学》2008 年第 22 卷第 2 期，第 27—32、62 页。
② 唐晓云：《增强西部旅游业发展的内在动力》，《宏观经济管理》2012 年第 9 期，第 64—65 页。

极不平衡，增长潜力十分巨大①。联合国《国民核算年鉴》对美国、日本、韩国等 17 个国家和地区人均 GDP 达到 3000 美元之前阶段进行分析后发现居民消费结构变化的特点为：恩格尔系数明显下降，由 40.84% 下降到 32.67%，与旅游相关的交通通信、文化娱乐等消费比重迅速上升。随着我国经济的快速发展，家庭收入水平不断提高，2009 年，中国人均 GDP 已达到 3315 美元，这为旅游业的发展带来了诸多机遇②。国务院发布的《关于加快发展旅游业的意见》预测，到 2015 年，国内旅游人数将达到 33×10^8 人次，年均增长 10%，城乡居民年均出游超过两次，旅游消费相当于居民消费总量的 10%。另据世界旅游组织的"2020 年旅游业展望"预测：到 2020 年，中国将成为世界最大的旅游目的地国家，国际旅游人数将达到 16×10^8 人次，国际旅游业的总消费将达到 2×10^{12} 美元，国际旅游人数将以年均 4.3% 的速度增长，收入以 6.7% 的速度增长，远远超过同期世界财富每年增长 3% 的最大可能速度。到 2030 年前后，中国将成为世界头号旅游经济强国，东部和中部地区的旅游虽仍将会保持较快速度发展，但其现有景区旅游承载力有限，求新、求奇、求异的思想必然会使相当部分游客向西部地区分流，这为西部地区旅游经济发展带来了良好的发展契机。

四 威胁分析

西部地区旅游经济发展面临的威胁突出表现在旅游产业的脆弱性，所谓旅游产业脆弱性（Vulnerability）是指产业在内外环境各要素的扰动下，由旅游产业系统自身所具有的敏感性（Seneitivity）与应对力之间相互牵制所表现出来的结构或功能易受到损害的一种系统性属性，旅游产业脆弱性问题是旅游可持续发展的反向问题，也是旅游可持续发展能力的一种度量③④。

① 张凌云：《中国旅游业：全球化背景下的"本地化"思考》，《旅游学刊》2009 年第 24 卷第 8 期，第 5—6 页。

② 范业正：《从生活福利与旅游富民看旅游民生》，《旅游学刊》2010 年第 25 卷第 7 期，第 10—11 页。

③ 李锋：《基于集对分析法（SPA）的中国旅游经济系统脆弱性测度研究》，《旅游科学》2013 年第 27 卷第 1 期，第 15—28 页。

④ 李锋：《旅游经济脆弱性：概念界定、形成机理与框架分析》，《华东经济管理》2013 年第 27 卷第 3 期，第 76—81 页。

　　旅游与气候的关系至为密切，很容易受气候变化的影响①②，海滨旅游地、山区旅游业等可能首当其冲，整体而言，影响是负面的③。全球气候变化已经使我国诸多旅游地所依赖的自然生态系统受到了不同程度的威胁，山地生态系统所受到的影响主要表现为永久冰雪面积持续减少、雪线上升、植被覆盖发生变化④，以多山、生态环境脆弱的西部地区具有典型代表性，以国家 5A 级旅游景区玉龙雪山为例，如果气候变暖，冰雪资源持续减少，可能对其旅游业的发展造成巨大而深远的影响⑤，如果冰川消失，丽江将有 112.08 万国内游客流失，直接经济损失为 11.39 亿元⑥。预计未来 50 年，中国西北地区气温可能上升 1.9℃—2.3℃，青藏高原可能上升 2.2℃—2.6℃，西南地区可能上升 1.6℃—2.0℃⑦，气温升高使西部地区生态环境面临重大威胁，并进一步影响到旅游业的发展。

　　同时，伴随西部地区旅游经济的快速发展，由此引起的生态环境问题日益凸显，不仅表现在大量旅游开发活动、游憩活动对旅游目的地土壤、水体、动植物等生态环境带来负面影响，致使旅游活动与旅游资源、生态环境之间的矛盾日趋尖锐⑧⑨。已有研究表明，西部地区的宁夏、贵州、内蒙古、西藏、甘肃、云南、新疆旅游环境脆弱性程度较高，位于 31 个省（区、市）的前 10 位，同时从旅游结构脆弱性程度看，西部地区的青海、

---

　　① Bode, S., Hapke, J., Zisler, S., Need and options for a regenerative supply in holiday facilities, *Tourism and Management*, 2003, 24（3）, pp. 257-266.

　　② Nicholls, S., Tourism, recreation and climate change, *Annals of Tourism Research*, 2006, 33（1）, pp. 275-276.

　　③ Buzinde, C. N., Manuel-Navarrete, D., Yoo, E. E., et al., Tourists' perceptions in a climate of change: Eroding destinations, *Annals of Tourism Research*, 2010, 37（2）, pp. 333-354.

　　④ 桑东莉：《气候变化对中国旅游业持续发展的影响及应对措施》，《中国环境管理干部学院学报》2010 年第 20 卷第 2 期，第 7—10 页。

　　⑤ 宁宝英、何元庆、和献中等：《玉龙雪山冰川退缩对丽江社会经济的可能影响》，《冰川冻土》2006 年第 28 卷第 6 期，第 885—892 页。

　　⑥ 宁宝英：《旅游目的地居民对旅游影响的感知与态度研究——以云南丽江为例》，博士学位论文，中国科学院研究生院，2008 年。

　　⑦ 秦大河、丁一汇、王绍武等：《中国西部环境演变及其影响研究》，《地学前缘》2002 年第 9 卷第 2 期，第 321—328 页。

　　⑧ 易志斌：《中国旅游业发展政策的环境影响研究》，《经济问题探索》2012 年第 10 期，第 89—92 页。

　　⑨ 贾铁飞、梅劲援、黄昊：《大型节事旅游活动对植被环境影响研究——以上海桃花节、森林狂欢节为例》，《旅游科学》2013 年第 27 卷第 6 期，第 64—72 页。

甘肃、宁夏、西藏、贵州、内蒙古、新疆、重庆、陕西位于31个省（区、市）的前10位①。此外，西部地区因历史、自然条件等原因导致基础设施、服务设施不完善，经济发展水平不高，加剧了旅游经济发展的脆弱性。

---

① 李锋、万年庆、史本林等：《基于"环境—结构"集成视角的旅游产业脆弱性测度——以中国大陆31个省区市为例》，《地理研究》2014年第33卷第3期，第569—581页。

第二章 西部旅游业生态化发展策略

产业生态化是指在理念与原则层面，追求更高的资源使用效率和实现产业与环境的和谐统一，建立能够促进和实现社会经济系统与自然生态系统之间物质与能量和谐流动的产业体系，使所有产业都符合生态规律和经济规律要求①，产业生态化是可持续发展理念的深度延伸，是产业发展的新趋势和高级形态②，产业生态化的实质要求经济发展与生态环境高度契合，追求经济效益与生态效益的有效统一③。

在传统认识上，旅游业不仅是生态环境友好型产业，而且是低能耗、低污染、低排放的优势产业，但从其自身发展特征看，随着旅游活动规模和范围的扩大，旅游产业越来越成为影响环境不可忽视的重要方面④，从微观层面看，旅游活动与旅游资源、生态环境的矛盾日趋尖锐，不仅旅游者的过度膨胀使旅游目的地环境日益恶化，而且旅游资源的掠夺性开发导致生态环境失衡⑤；从宏观层面看，旅游产业引致的碳排放对人为因素引起的气候变暖贡献率为5%—14%，并且预计到2035年这一贡献率将增加

---

① 陆根尧、盛龙、唐辰华：《中国产业生态化水平的静态与动态分析》，《中国工业经济》2012年第3期，第147—159页。

② 李慧明、左晓利、王磊：《产业生态化及其实施路径选择——我国生态文明建设的重要内容》，《南开学报》（哲学社会科学版）2009年第3期，第34—42页。

③ 王淑新、胡仪元、唐萍萍：《生态文明视角下的旅游产业生态化发展》，《生态经济》2015年第31卷第8期，第133—136页。

④ Gössling, S., "National emissions from tourism: An overlooked policy challenge?", *Energy Policy*, 2013 (59), pp. 433-442.

⑤ 易志斌、徐虹：《旅游业对目的地资源环境影响计量模型及实例分析》，《北京大学学报》（自然科学版）2011年第47卷第5期，第863—867页。

188%①。旅游产业发展造成的环境问题越来越引起国内外学者、政府部门及相关组织的高度关注。中国旅游业正逐渐成长为规模最大和最具潜力的国内旅游市场，且成为我国重要的、具有战略性地位的产业②，如何推动西部地区旅游产业环境友好型产业建设，向更低的能耗、污染、排放迈进，持续减轻旅游产业的环境影响，推动旅游业可持续发展，成为当前中国旅游产业亟须解决的重要问题。

　　本章以相关国内外文献为基础，首先，提出产业生态化应作为旅游业发展的战略目标；其次，基于理论依据和当前生态文明建设新要求分析产业生态化战略目标的可行性；再次，确定旅游产业生态化发展过程中必须充分重视生态性、绿色性、循环性、低碳性四项基本要求；又次，提出生态旅游、绿色旅游、循环旅游、低碳旅游等从不同侧面推动旅游产业生态化发展的实现路径与形式；最后，基于旅游供给方面、旅游需求方面、政府部门及相关组织视角，提出旅游产业生态化发展三位一体的支撑体系。以期通过本研究，不仅梳理旅游产业生态化发展的相关研究成果，而且为旅游产业的可持续发展提供可参考的建议。

第一节　旅游产业生态化：可行的战略目标

一　坚实的理论依据

　　产业生态化源于产业生态理论与产业生态学，是产业生态学等相关学科理论的实践应用③，Ayres 于 1984 年提出的"产业代谢"思想和 Frosch 于 1989 年提出的"产业生态系统"思想，奠定了产业生态化的理论基础。其后，国内外不同学者对产业生态化的概念和内涵进行了界定，比较有代

---

① UNWTO-UNEP-WMO, Climate change and tourism: Responding to global challenges, Madrid: UNWTO, 2008.

② 王淑新、王学定：《供需视角下的中国旅游经济发展——一个面板数据的实证分析》，《经济问题探索》2014 年第 1 期，第 184—190 页。

③ 陆根尧、盛龙、唐辰华：《中国产业生态化水平的静态与动态分析》，《中国工业经济》2012 年第 3 期，第 147—159 页。

表性的观点如，Erkman（1997）将产业生态化定义为研究产业系统如何运作、规制以及其与生物圈的相互作用，并基于对生态系统的认识，决定如何进行产业调整，以使其与自然生态系统的运行相协调①；袁增伟和毕军（2006）认为产业生态化是依据生态经济学原理，运用生态、经济规律和系统工程的方法来经营和管理传统产业，以实现社会、经济效益最大化、资源高效利用、生态环境损害最小化和废弃物多层次利用的目标②；陆根尧等（2012）认为狭义上的产业生态化是指构建模仿自然生态循环的产业系统，广义上的产业生态化是指在理念与原则层面，追求更高的"资源使用率"和实现产业与环境的和谐统一，建立能够促进和实现社会经济系统与自然生态系统之间物质与能量和谐流动的产业体系，使所有产业都符合生态规律和经济规律的要求③。事实上，产业生态化的实质是要求经济发展与生态环境高度契合，追求经济效益与生态效益的有效统一。20世纪90年代以来，产业生态化在世界经济可持续发展过程中渐成潮流，贯穿于宏观层次国家产业发展战略的选择、管理立法，中观层次区域产业园区的建设、布局，微观层次企业生产技术改造和清洁生产实践④，产业生态化是可持续发展理念的深度延伸，是产业发展的新趋势和高级形态。

旅游产业的环境友好型和生态文明型特性⑤，更适宜生态化发展，其生态化进程面临较小的障碍和阻滞因素。旅游产业生态化发展以产业经济学、旅游经济学、产业生态学、旅游管理学等学科中的基本原理为依据，基于产业、生态、经济发展的基本规律，采用产业与生态环境协调发展的科学技术，促进产业系统内不同部分合理优化，提升产业生态效率，达到能源资源高效、循环利用，产业良性发展，生态环境损害最小的可持续发展目标。

---

① Erkman, S., Industrial Ecology: An Historical View, *Journal of Cleaner Production*, 1997, 5 (1-2), pp. 1-10。

② 袁增伟、毕军：《产业生态学最新研究进展及趋势展望》，《生态学报》2006年第26卷第8期，第2709—2715页。

③ 陆根尧、盛龙、唐辰华：《中国产业生态化水平的静态与动态分析》，《中国工业经济》2012年第3期，第147—159页。

④ 李慧明、左晓利、王磊：《产业生态化及其实施路径选择——我国生态文明建设的重要内容》，《南开学报》（哲学社会科学版）2009年第3期，第34—42页。

⑤ 明庆忠、李庆雷、陈英：《旅游产业生态学研究》，《社会科学研究》2008年第23卷第6期，第123—128页。

二　紧迫的发展需要

国家生态文明建设要求旅游产业生态化发展。十八大报告指出，面对资源约束趋紧、环境污染严重、生态系统退化的严峻形势，必须树立尊重自然、顺应自然、保护自然的生态文明理念，把生态文明建设放在突出地位，融入经济建设、政治建设、文化建设、社会建设各方面和全过程。生态文明建设要求中国旅游产业解决当前旅游产业快速发展过程中所凸显的资源环境问题、统筹人与自然和谐发展、实现旅游产业可持续发展。从产业发展的角度看，旅游业具有得天独厚的优势和条件实现产业生态化，同时，旅游业作为消费型终端产业，具有综合性特征，与各行业关系密切，通过生态化发展提高旅游企业、旅游者与相关政府部门及组织的生态文明意识，促进旅游产业生态水平提升，是推动中国生态文明建设的重要途径之一。

外部生态环境的制约要求旅游产业生态化发展。旅游产业的生态化发展战略是生态环境制约条件下的必然选择，从微观角度看，旅游资源容易受到旅游活动的干扰，尤其是在生态环境脆弱区域，旅游产业发展可能导致生态环境容量超载、河流污染、动植物生存受到影响、废弃物污染、景观多样性受到威胁或丧失等[1][2][3]；从宏观角度看，旅游产业作为温室气体排放的重要部门成为影响全球环境的重要方面，旅游活动引起的碳排放占全球碳排放的 4.4%，且以年均 3.2% 的速度增长[4]；2007 年中国旅游产业碳排放总量为 169.78×10^6 t（包括直接排放和间接排放两部分），占所有产业碳排放总量的 2.71%[5]。

① Higham，J.，Shelton，E.，"Tourism and wildlife habituation：Reduced population fitness or cessation of impact?" *Tourism Management*，2011，32（6），pp. 1290-1298.

② Zhang，J.，Xiang，C.，Li，M.，Integrative ecological sensitivity（IES）applied to assessment of eco-tourism impact on forest vegetation landscape：A case from the Baihua Mountain Reserve of Beijing，China，*Ecological Indicators*，2012（18），pp. 365-370.

③ 贾铁飞、梅劲援、黄昊：《大型节事旅游活动对植被环境影响研究——以上海桃花节、森林狂欢节为例》，《旅游科学》2013 年第 27 卷第 6 期，第 64—72 页。

④ Peeters，P. M.，Dubois，G.，Exploring tourism travel under climate change mitigation constraints，*Journal of Transport Geography*，2010（18），pp. 447-457.

⑤ 钟永德、石晟屹、李世宏等：《中国旅游业碳排放计量框架构建与实证研究》，《中国人口·资源与环境》2014 年第 24 卷第 1 期，第 78—86 页。

产业生态化是旅游产业转型升级、效益提升的内在要求。自改革开放以来，尤其是 2000 年以来，中国旅游产业规模增长迅猛①，但内部发展质量、效益方面仍有待进一步提升。国家"十二五"发展规范明确强调推进旅游产业转型升级，产业生态化是旅游业转型升级、效益提升的内在要求，需要充分重视。Globe90 世界大会文件《可持续旅游发展行动战略》将"旅游可持续发展"概念界定为：在保持和增强未来发展机会的同时，满足外来游客和旅游接待区当地居民的需要，在旅游发展中维护公平，在保护文化的完整性、基本生态过程、生物多样性和生命维持系统的同时，完成经济、社会和美学需要。西部地区在追求旅游经济效益的同时，必须注重实现生态效益。国家"十一五"规划专栏列出的部分限制开发区域共 22 个，而西部地区内蒙古、广西、重庆、四川、贵州、云南、西藏、陕西、甘肃、青海、宁夏、新疆 12 个省（区、市）就有 17 个，占 77%。江泽民同志指出，改善生态环境是西部地区开发建设必须首先研究解决的一个重大问题，如果不从现在起努力使生态环境有一个明显的改善，在西部地区实现可持续发展就会落空。我国西部地区旅游开发是民族地区合理利用资源、有效保护环境、实现产业替代的最佳结合点。西部地区山地广阔，普遍存在着自然生态系统复杂、经济社会发展滞后、少数民族分布广泛、景观多样性明显等突出特点，需要牢固树立可持续发展意识，实现开发与保护并重，以保证经济社会和旅游都能得到持续发展。

第二节　旅游产业生态化基本要求与实现路径

一　旅游产业生态化发展基本要求

在旅游业发展过程中，必须充分重视生态性、绿色性、循环性、低碳性四项基本要求，推动旅游业内部运行机制与系统的根本变革，真正实现旅游产业生态化发展。

---

① 王淑新、何元庆、王学定：《中国旅游经济的区域发展特征及影响因素实证研究》，《商业经济与管理》2011 年第 4 期，第 89—96 页．

（一）生态性

生态性是实现旅游产业生态化发展的核心要求。生态性是指旅游产业系统通过模仿、演化、转型升级，逐渐趋向稳定、可持续的自然生态系统运行方式，建立起仿生态系统的架构和体系，并与自然生态系统有效融合，最终具备生态性发展特征。这意味着在旅游业生态化发展过程中，不仅应该在宏观层面上充分重视仿生态系统架构、体系的建设，而且应该在微观层面上注重旅游业不同参与主体及其之间仿生态系统的有效运行，不断增强旅游业发展的生态性特征，同时不断削弱、摒除旅游业发展的非生态性内容。

（二）绿色性

绿色性是实现旅游产业生态化发展的重要体现。绿色性着重体现旅游产业发展过程中的环保性特征，强调旅游产业的发展对自然环境的影响应该降到最低程度，或其影响至少降到自然生态系统可以承受的范围。旅游产业发展绿色性的实现需要两方面力量的共同推动，一方面，需要培育旅游者的绿色旅游消费理念，逐步实现绿色化的旅游；另一方面，在旅游产品供给领域，需要推行绿色旅游标准，实行绿色旅游开发，生产绿色旅游产品。

（三）循环性

循环性是实现旅游产业生态化发展的根本保证。循环性着重构建旅游产业系统物质与能量循环的封闭网络，形成完整的物质与能量循环链条，不断降低能源消耗，推动废弃物资源化。循环性不仅要求微观层面上的旅游企业（景区）建成循环性企业（景区），而且要建成中观层面上的企业与企业之间的循环机制，并最终建成宏观层面上的行业与行业之间的循环体系，形成旅游产业系统内物质、能源输入输出平衡的"闭路循环网"，实现旅游产业价值链的全程生态化[①]。

（四）低碳性

低碳性是实现旅游产业生态化发展的本质内容。低碳性是指在旅游产

---

① 明庆忠、陈英、李庆雷：《低碳旅游：旅游产业生态化的战略选择》，《人文地理》2010 年第 25 卷第 5 期，第 22—26、127 页.

业发展过程中，通过低碳技术的应用和低碳消费理念的落实，不断降低碳排放强度和能源消耗强度，减弱旅游产业发展对全球气候变暖的贡献。旅游产业低碳性的实现不仅需要通过低碳技术的应用，推动低碳旅游企业（景区）的运营，提供低碳化的旅游产品；而且需要通过低碳消费理念的落实，使旅游者认可低碳旅游，真正推动更加低碳化旅游的实现。

二　旅游产业生态化发展实现路径

旅游发展与生态环境高度契合，经济效益与生态效益有效统一，实现可持续旅游目标是旅游产业生态化发展的实质，这要求旅游产业的发展要具有（或逐渐趋向于）生态性、绿色性、循环性、低碳性特征，与之相适应，必须充分重视生态旅游、低碳旅游、循环旅游、绿色旅游等生态化旅游形式的形成，从不同侧面推动旅游产业生态化发展。

（一）生态旅游

生态旅游是以自然生态环境为基础，以满足旅游者对观赏自然景观和地方文化需求为内容，以生态环境保护教育为特征，最大限度减少对自然环境和社会文化造成负面影响为目的的旅游方式，是以可持续旅游和伦理道德规范原则为指导，在旅游过程中强调环境教育、影响管理和社区收益，并为其所依赖的环境保护做贡献的负责任的自然之旅[1]。尽管我国生态旅游发展初具规模，但从环境保护、环境解说、社区参与、人员素质等发展内容上看，仍然停留在初级发展阶段，受到资金短缺、管理体制不完善、专业人才匮乏等因素的制约[2]。但可喜的是，生态旅游的发展得到了政府部门的高度重视，2011年，中国《旅游业"十二五"发展规划纲要》明确指出，大力发展生态旅游，从生态理念到投入保护项目建设再到生态监督管理评测，建立生态旅游示范区，形成辐射效应推动生态旅游健康发展；国家"十二五"规划中第一次明确提出"全面推动生态旅游"的理念，预示着生态旅游在我国快速发展的可能性。

---

① 卢小丽、武春友、H. Donohoe：《基于内容分析法的生态旅游内涵辨析》，《生态学报》2006年26卷第4期，第1213—1220页。

② 钟林生、王婧：《我国保护地生态旅游发展现状调查分析》，《生态学报》2011年第31卷第24期，第7450—7457页。

（二）绿色旅游

20 世纪 60 年代，在世界经济高速发展导致资源的掠夺性开发和无节制消耗的背景下，经济发达国家民众回归自然的心声不断增强，客观上推动了绿色旅游的出现，其以农山渔村为依托，向城市居民提供乡村特有的原生态的自然体验，让旅游者在享受乡村新鲜空气、洁净水体、绿意盎然花草的同时，得到休闲和保健①。绿色旅游通过绿色暗示环境保护，一方面，在旅游过程中对旅游者产生直接引导，实现绿色消费；另一方面，在旅游产品生产过程中对旅游企业产生直接约束，实现绿色产品供给。同时，政府部门有必要从不同角度、不同层面规范、引导绿色旅游的发展②，构建观念、社会经济体制与科学技术保障体系，推动绿色旅游经济运行③。

（三）循环旅游

循环旅游主要体现在旅游生产服务领域，强调能源资源的循环利用。2004 年，邹统钎教授首次在国内提出了发展旅游循环经济的概念，认为旅游循环经济是实施可持续战略的重要载体。此后，以明庆忠教授为代表的相关学者对旅游循环经济进行了深入的研究和探索，发展循环经济要树立新系统、新经济观、新伦理观、新生产观等理念，构建由政府主导、企业主动、市场驱动、公众参与的动力系统；构建由政府、旅游企业、旅游者、旅游行业协会、环保组织、相关产业支持的多层面共同运作系统；构建由政策法规、科技支撑、教育培训、监督评估等组织的支持保障系统④；同时，旅游循环经济的运行存在企业、区域和社会三个层面；发展旅游循环经济应以旅游企业内部循环为基础大力发展微观层面的旅游经济循环；加强旅游业与相关产业的耦合，积极拓展区域层面的中观旅游经济循环；

---

① 朴京玉、万礼：《日本绿色旅游的运行模式及其机理》，《农业经济》2011 年第 8 期，第 33—35。

② 瞿华、夏杰长：《我国旅游业发展与经济增长关系的实证研究》，《财贸经济》2011 年第 8 期，第 106—113。

③ 邹统钎：《绿色旅游产业发展模式与运行机制》，《中国人口·资源与环境》2005 年第 15 卷第 4 期，第 43—47 页。

④ 明庆忠：《旅游循环经济发展的新理念与运行的系统模式》，《云南师范大学学报》（哲学社会科学版）2006 年第 38 卷第 5 期，第 58—62 页。

同时利用旅游产业的广泛关联性，融入社会层面的宏观循环①。

（四）低碳旅游

低碳旅游是指在旅游发展过程中，通过运用低碳技术、推行碳汇机制和倡导低碳旅游消费方式，以获得更高的旅游体验质量和更大的旅游经济效益、社会效益、环境效益的可持续发展新方式②。低碳旅游是低碳经济模式的旅游响应，强调低碳新技术利用，融入碳汇机理，倡导低碳消费，实现旅游的低碳化发展目标，以应对全球气候变化和能源安全，是实现旅游产业的节能减排与社会、生态、经济综合效益最大化的可持续旅游形式，符合生态文明要求③。作为经济发展的组成部分，在国家提倡低碳经济发展的背景下④，旅游业理应转变消费方式⑤，不断推动低碳化发展。从旅游业自身条件看，其是应对气候变化、节能减排的优势产业，对气候变化和减少二氧化碳排放具有潜在关键性作用⑥，应该成为低碳经济发展的重要领域⑦。魏小安（2009）认为发展低碳旅游包括三个重点：一是转变现有旅游模式，倡导公共交通和混合动力汽车、电动车、自行车等低碳或无碳方式，同时丰富旅游生活，增加旅游项目；二是扭转奢华之风，强化方便、舒适的功能性，提升文化的品牌性；三是加强旅游智能化发展，提高运行效率，同时及时全面引进节能减排技术，降低碳消耗，最终形成全产业链的循环经济模式。蔡萌和汪宇明（2010）认为应通过营造低碳旅游吸引物，配置低碳旅游设施，倡导低碳旅游消费方式，培育碳汇旅游体

① 李庆雷、明庆忠：《旅游循环经济运行的基本模式》，《社会科学家》2007 年第 5 期，第 130—132 页。

② 蔡萌、汪宇明：《低碳旅游：一种新的旅游发展方式》，《旅游学刊》2010 年第 25 卷第 1 期，第 13—17 页。

③ 汪宇明、吴文佳、钱磊等：《生态文明导向的旅游发展方式转型——基于崇明岛案例》，《旅游科学》2010 年第 24 卷第 4 期，第 1—11、25 页。

④ 王淑新、何元庆、王学定：《中国低碳经济演进分析：基于能源强度的视角》，《中国软科学》2010 年第 9 期，第 25—32 页。

⑤ 王淑新、何元庆、王学定等：《低碳经济时代中国消费模式的转型》，《软科学》2010 年第 24 卷第 7 期，第 54—57 页。

⑥ 石培华、吴普、冯凌等：《中国旅游业减排政策框架设计与战略措施研究》，《旅游学刊》2010 年第 25 卷第 6 期，第 13—18 页。

⑦ 石培华、吴普：《中国旅游业能源消耗与 CO_2 排放量的初步估算》，《地理学报》2011 年第 66 卷第 2 期，第 235—243 页。

验环境。石培华等（2010）认为旅游业减排需要旅游主管部门、旅游企业、旅游经营者及旅游者"四位一体"共同努力。各级政府及旅游主管部门要通过规划、法规、政策等的制定和实施，运用行政、管理手段及价格机制，为发展低碳旅游创造有利的宏观环境和内在机制；旅游企业应从运营模式及技术创新等方面提高企业减排水平；旅游经营者应从管理角度提升效能，开发低碳旅游模式及低碳旅游线路；旅游者则以实际行动实践低碳旅游，减少二氧化碳排放。Simpson 等（2008）[1]、Viner 和 Nicholls（2005）[2] 认为低碳旅游战略应该体现在旅游价值链条，包括旅游者、旅游服务设施提供者、旅游目的地社区和旅游经营者等。更有学者提出通过网络在线旅游，可以缓解旅游者对旅游目的地景观的影响[3]。

推动低碳旅游发展，涉及不同层面、不同主体、不同方面的内容，从旅游供给角度看，强调供给链的低碳化，不仅要推动低碳景区与低碳旅游目的地建设、低碳旅游交通工具的使用、低碳旅游产品供给、低碳旅游设施建设[4][5][6][7]；从旅游消费角度看，应该着力推动低碳旅游消费理念的贯彻[8]；从政府部门与相关组织的角度看，需要加强低碳旅游的引导，推动低碳技术的研发与应用[9]；并且，应采用合理的评价体系对低碳旅游发展

[1] Simpson, M. C., Gössling, S., Scott, D. (eds,), *Climate Change Adaptation and Mitigation in the Tourism Sector*: *Frameworks*, *Tools and Practices*, Paris: UNEP DTIE Sustainable Consumption and Production Branch, 2008.

[2] Viner, D., Nicholls, S., *Tourism Management Dynamic*: *Trends*, *Management and Tools*, London: Elsevier Butterworth-Heinemann, 2005.

[3] Buzinde, C. N., Manuel-Navarrete D., Yoo, E. E., et al., Tourists' perceptions in a climate of change: Eroding destinations, *Annals of Tourism Research*, 2010, 37 (2), pp. 333-354.

[4] 刘长生：《低碳旅游服务提供效率评价研究——以张家界景区环保交通为例》，《旅游学刊》2012 年第 27 卷第 3 期，第 90—98 页。

[5] 李鹏、杨桂华、郑彪等：《基于温室气体排放的云南香格里拉旅游线路产品生态效率》，《生态学报》2008 年第 28 卷第 5 期，第 2207—2219 页。

[6] 周连斌：《低碳旅游梯度发展路径研究》，《生态经济》2013 年第 3 期，第 160—165 页。

[7] 李晓琴：《西部地区旅游景区低碳转型动力机制及驱动模式探讨》，《西南民族大学学报》（人文社会科学版）2013 年第 8 期，第 128—131 页。

[8] 张琰飞、朱海英、刘芳：《旅游环境、消费习惯与低碳旅游参与意愿的关系——以武陵源自然遗产地为例》，《旅游学刊》2013 年第 28 卷第 6 期，第 56—64 页。

[9] 汪清蓉、谢飞龙：《城市旅游业 CO_2 排放态势及旅游业低碳化发展模式》，《旅游学刊》2014 年第 29 卷第 8 期，第 98—109 页。

进行科学评价①。最终以低碳旅游发展为契机，减少能源消耗和碳排放，推动旅游业持续发展。

第三节　旅游产业生态化发展支撑体系

旅游产业生态化发展是一项系统工程，需要相关主体的强力推动，不仅要形成旅游供给生态化、旅游需求生态化发展的内容，深入挖掘旅游产业生态化发展推拉力量的源泉，并使其得以真正、最大程度地发挥作用，而且要积极发挥政府部门及相关组织在旅游产业生态化发展过程中的引导、监督、规范作用。

一　旅游供给生态化

旅游企业是旅游供给的主体，是旅游产业的微观基础，是旅游产业生态化发展的重要抓手，需要从不同层面注重旅游供给的生态化，在微观层面上，旅游企业应该致力于生态化的设计、制造、营销，直至旅游产品的供给，注重节能减排，提供自然型旅游服务，实现旅游目的地及旅游企业的生态化管理，最终建立起微观意义上旅游企业产品供给全过程的生态化；在中观层面上，不同旅游企业在循环理念的指导下，注重形成完整的旅游产业链条，形成企业之间能源资源有效利用的小循环；在宏观层面上，重视旅游产业中不同细分行业之间循环体系的构建，形成细分行业之间的大循环。同时，在旅游产品供给过程中，旅游企业应充分重视清洁生产技术、低碳技术、绿色设计制造技术等环境友好型技术的研发和应用，以技术创新持续推动能源资源消耗的降低，持续推动旅游企业对环境直接与间接不良影响的降低，为旅游产业生态化发展提供技术保障和支撑。此外，旅游企业在发展过程中应形成环境自愿保护机制，重视生态化管理思

---

① 李晓琴、银元：《低碳旅游景区概念模型及评价指标体系构建》，《旅游学刊》2012 年第27 卷第 3 期，第84—89 页。

路的实施和应用，推动旅游产业集群的生态化发展①②③。旅游企业通过生态化、绿色化、循环化、低碳化理念的贯彻与实施，提供环境友好型旅游产品，达到减少能源资源利用、降低污染物排放的目标，推动可持续旅游供给目标的实现，从根本上促进旅游产业生态化。

二　旅游需求生态化

旅游需求的生态化是产业生态化发展的直接推动力，关键在于旅游者生态旅游、绿色旅游、低碳旅游等生态化理念的贯彻与实践，需要尽快改变旅游者的高能源、高碳排放行为方式，践行低碳旅游、慢旅游等符合生态化发展导向的旅游方式。学界不少专家、学者提出了旅游需求生态化发展的路径和方式，不仅要从意识上彻底改变传统上仅以人类为中心的价值观，树立健康旅游、低碳旅游、绿色旅游消费理念，树立洛哈思（LOHAS）旅游观念，树立人与自然和谐相处的"道法自然"的价值观和行为观④⑤⑥，使这些意识和观念能够发挥最大作用，成为影响旅游者消费行为的力量源泉；而且要营造旅游生态化消费环境，推动生态化旅游消费意识和观念落地生根，逐渐引导旅游者改变消费习惯，重构旅游消费方式，从环境和以人为本的双重角度出发，推动旅游循环系统自我调节功能和生态环境保护，使旅游者生态化消费理念真正落实⑦。尽管当前不同群体间低碳旅游的认知与行为表现出差异性⑧，旅游需求的生态化仍未受到全部旅

---

① 李晓琴、银元：《低碳旅游产业集群供应链管理研究》，《西南民族大学学报》（人文社会科学版）2012 年第 1 期，第 135—138 页。

② 王兆峰：《旅游产业集群的生态化研究》，《管理世界》2009 年第 9 期，第 170—171 页。

③ 李进兵：《旅游资源与环境的企业自愿保护机制研究》，《管理世界》2011 年第 10 期，第 180—181 页。

④ 蔡萌、汪宇明：《低碳旅游：一种新的旅游发展方式》，《旅游学刊》2010 年第 25 卷第 1 期，第 13—17 页。

⑤ 马继刚、宋金平、张瑞红：《从低碳旅游到洛哈思旅游：可持续旅游理念的又一次深化》，《人文地理》2012 年第 27 卷第 3 期，第 93—97 页。

⑥ 曾武佳、曾华艳、欧阳立群：《论"道法自然"思想对促进旅游者行为生态化的启示》，《社会科学研究》2013 年第 2 期，第 110—114 页。

⑦ 吴铀生、马胜：《低碳消费是实现低碳旅游的关键要素》，《西南民族大学学报》（人文社会科学版）2011 年第 7 期，第 116—120 页。

⑧ 刘亚萍、刘庆：《低碳旅游认知和意愿与行为差异分析——基于南宁市两组不同人群的实证分析》，《人文地理》2013 年第 23 卷第 4 期，第 132—139 页。

游者的重视，但进一步促进旅游需求生态化认知与实践，仍有巨大的可以挖掘的潜力，有必要通过潜力的释放形成推动旅游产业生态化发展的核心力量。

三 政府及相关组织

在旅游产业生态化发展过程中，政府部门和相关组织也发挥着重要作用，应积极发挥政府部门及相关组织在旅游产业生态化发展过程中的引导、监督、规范作用。政府部门和相关组织需要为旅游产业生态化发展营造良好的制度环境，对生态环境进行内生化的成本核算，从生态资源保护、集群构建与外部环境的互动机制、维护种群间的和谐及选择正确的生态位策略等方面推动生态化发展，促进可再生能源政策实施，推出有效的环境管理措施，推动旅游与环境的和谐共生，通过改革、创新机制、体制，持续促进旅游产业生态化发展潜力发挥，释放制度红利；制定、实施旅游产业生态化发展标准，以标准化的法律、法规约束、促进旅游产业生态化发展；采取激励性的政策措施引导旅游产业生态化发展，奖励符合旅游产业生态化的生产行为；同时做好旅游者低碳、绿色、生态旅游消费的推广、宣传，推动民众低碳、绿色、生态旅游消费的实施，促进旅游产业生态化发展。

第三章 旅游创新发展战略

新时期，改革、创新成为经济增长的核心驱动力，追求质量和效率成为新常态发展的本质，经济增长速度放缓成为新常态的主要特征①。在此背景下，西部地区旅游业的发展模式也应该主动调整，积极适应新常态、引领新常态。20世纪90年代以来中国旅游业的快速发展（出游人数和旅游收入分别由1995年的6.31亿人次、2102亿元增长至2014年的37.38亿人次、30312亿元，年均增长率达到9.82%、15.75%）主要受益于劳动力、资本等要素投入的持续大规模增长，要素驱动特征明显，其中劳动力要素投入对中国旅游经济增长的贡献率为63.69%，而旅游技术进步年均提升速率仅为2.91%②，产业效率偏低，旅游产品、文化创意、商业模式创新不足③，旅游企业品牌塑造、网络建设等方面的核心竞争力与国际先进企业仍存在较大差距④，导致创新对旅游业增长的贡献份额偏低，成为新时期旅游业发展的突出瓶颈。如何借助国家创新发展战略实施契机，突破旅游要素投入型增长方式制约，加快旅游业创新驱动发展步伐，推进旅游业发展由要素主导向创新主导转变，将其打造成为战略性、支柱性产业，提升其在国民经济中的地位和作用，成为当前中国旅游业健康发展亟须解决的重大问题，需要突破旅游发展的传统思维，形成中国旅游业创新

---

① 张平：《中国经济"新常态"与减速治理——2015年经济展望》，《现代经济探讨》2015年第1期，第5—9页。

② 左冰、保继刚：《1992—2005年中国旅游业全要素生产率及省际差异》，《地理学报》2008年第63卷第4期，第417—427页。

③ 刘锋：《让旅游成为美丽经济和幸福生活的融合体——"十三五"旅游发展创新突破》，《旅游学刊》2015年第30卷第3期，第10—12页。

④ 戴斌、夏少颜：《论我国大众旅游发展阶段的运行特征与政策取向》，《旅游科学》2009年第24卷第12期，第13—17页。

发展的清晰认识和发展战略。

第一节 旅游业创新发展的战略选择与短板制约

一 旅游业创新发展：必然的战略选择

当前西部地区旅游业的发展处于调整供需结构的关键时期，创新发展成为必然的战略选择。从供给角度看，西部地区旅游业发展已经进入要素投入驱动增长的瓶颈期，按照产业发展的一般规律，急需转向创新驱动增长；从需求角度看，多样化、个性化旅游消费要求旅游业适时做出重大创新性变革；从外部环境看，新常态主导的改革、创新为旅游业转型发展提供了难得的机遇；从自身成长需要看，创新发展将全面提升西部地区旅游业的竞争力。

（一）产业发展规律要求

依据产业经济学的一般规律，在经历了要素投入的快速增长之后，产业进一步发展将进入瓶颈期，出现具有转折意义的拐点，仍然依靠要素投入驱动增长将可能导致产业衰落，而以创新促进全要素生产效率的提升将有助于推动产业转型升级，实现可持续发展。西部地区旅游业的发展也要遵循这一具有普遍意义的产业发展规律，在经历了以大规模旅游要素投入驱动发展的阶段后，适时推动动力转向，寻求具有可持续发展意义的创新驱动，促进西部地区旅游业发展的阶段性跨越。

（二）个性化消费发展需要

2014年12月12日中央经济工作会议公报指出，从消费需求看，过去我国消费具有明显的模仿型排浪式特征，现在模仿型排浪式消费阶段基本结束，个性化、多样化消费渐成主流。旅游消费也具有极其相似的特征，自20世纪90年代以来，在经历了国内旅游、入境旅游、出境旅游的团体型、扎堆式消费之后，逐渐向个性化、多样化方向发展。

（三）宏观政策机遇难得

在新常态背景下，近来中共中央、国务院密集出台了一系列实施创新驱动发展的意见，2014 年 8 月中央财经领导小组会议指出，加快实施创新驱动发展战略，加快推动经济发展方式转变；2015 年 3 月发布《关于深化体制机制改革加快实施创新驱动发展战略的若干意见》；2015 年 5 月发布《深化经济体制改革重点工作意见》，这一系列政策措施的出台旨在推动传统的要素驱动、投资驱动转向创新驱动，形成以创新为主导的增长动力源。在这一背景下，诸多难得的政策红利将得到有效释放，旅游业将面临良好的外部环境和发展契机，为创新发展战略的实施提供重大机遇。

（四）产业竞争力提升需要

已有实证研究表明，创新能够全面提升旅游产业竞争力，不仅有助于推动微观意义上的旅游企业绩效提升[1]，中观尺度上的区域旅游业快速发展[2]，而且有助于推动宏观意义上的国家旅游产业增长[3]。在旅游要素投入不可能长期维持、规模红利逐渐降低的背景下，创新成为旅游产业竞争力提升的最重要抓手，将全面推动中国旅游业发展质量的提升。

二　旅游业创新发展的短板制约

（一）旅游规划不协调问题突出

当前，旅游规划的不协调问题主要体现在内、外两个方面。就内部而言，旅游发展规划与建设两张皮现象突出，投资商随意开发旅游资源现象严重，并且旅游要素的单点规划导致不同要素之间相互不匹配，直接限制旅游功能发挥。就外部而言，与旅游相关的国土、林业、水利、建设、文物、宗教等各方利益主体矛盾突出，旅游规划与区域发展规划、土地利用规划不协调，如旅游规划很难在城市总体规划中找到合适的位置[4]，城市规划体系没有为旅游规划预留接口和空间[5]。

---

① 王君正、吴贵生：《我国旅游企业创新对绩效影响的实证研究——以云南旅游业为例》，《科研管理》2007 年第 28 卷第 6 期，第 56—65 页。
② 魏小安：《杭州旅游：新城市、新模式、新发展》，《旅游学刊》2012 年第 27 卷第 4 期，第 48—56 页。
③ 宋慧林、宋海岩：《中国旅游创新与旅游经济增长关系研究——基于空间面板数据模型》，《旅游科学》2011 年第 25 卷第 2 期，第 23—29 页。
④ 钟栎娜、万强：《城市旅游规划的实施困境与实施要则》，《浙江大学学报》（理学版）2009 年第 36 卷第 1 期，第 116—120 页。
⑤ 胡炜霞：《景观生态视角下周边环境与旅游景区协调规划研究——以平遥古城为例》，《人文地理》2011 年第 26 卷第 6 期，第 155—159 页。

（二）制度变革滞后于旅游发展

与西部地区旅游业的快速发展相比，与旅游相关的制度变革明显滞后，突出表现在旅游市场化和供需均衡管理两大领域。在旅游市场化改革领域，作为此消彼长的两个方面，过多的政府干预容易限制市场对资源的有效配置，降低旅游市场化程度和资源配置效率，如政府干预降低了国有企业在旅游业经营中的投资效率[①]，市场作用领域被政府部门干预不利于旅游业长期可持续发展。在旅游供需均衡管理领域，旅游供需管理政策不足或缺位导致中国旅游业发展时空供需不平衡明显，不仅表现在旅游淡旺季供需错位，旺季旅游设施拥堵、服务水平低下、风险管控困难，淡季旅游设施利用率低、投资吸引力缺乏[②]。

（三）旅游技术创新不活跃

20 世纪 90 年代以来，技术进步越来越融入旅游发展中，尤其是信息通信技术成为推动旅游创新的重要因素，作为内生增长的核心动力改变着旅游业发展的路径与方式。但是，旅游技术的创新与应用发展步伐仍然比较缓慢，旅游技术创新的重要指标专利的统计结果显示，1990 年以来，与旅游相关的专利数量占专利总数量的比重除在 1994 年达到最高，为 0.55%，之后呈现明显的下滑趋势，2014 年仅为 0.04%，这表明中国旅游业的技术创新与应用能力不仅偏弱，而且明显滞后于整个国家技术创新与应用的发展步伐。

（四）旅游产业跨界融合不足

一般意义上的产业融合，主要是指不同产业相互交叉、渗透与组合，形成不同于常规产业的一种新型业态[③]。"泛产业"的旅游业具备产业融合的先天基础优势，其资源供给、时空维度、驱动要素、消费需求的无边界特征成为推动融合的根本动因[④]。近几年，西部地区旅游产业融合虽然呈现发展方式多元、融合范围扩大、融合程度加深、融合业态多样的特征，

---

① Wang, C., Xu, H., Government intervention investment by Chinese listed companies that have diversified into tourism, *Tourism Management*, 2011, 32 (6), pp. 1371-1380.

② 冯学钢：《反季旅游常态化》，《旅游学刊》2015 年第 30 卷第 2 期，第 5—7 页。

③ 张辉、黄雪莹：《旅游产业融合的几个基本论断》，《旅游学刊》2011 年第 26 卷第 4 期，第 5—6 页。

④ 王慧敏：《旅游产业的新发展观——5C 模式》，《中国工业经济》2007 年第 6 期，第 13—20 页。

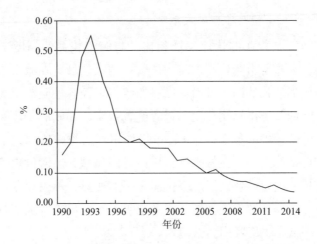

图 4 - 3 - 1　旅游专利数量占专利总数量比重变化趋势

数据来源：根据中华人民共和国国家知识产权局专利检索与服务系统的数据整理
（**http：//www. pss-system. gov. cn/sipopublicsearch/search/searchHomeIndex. shtml**）。

但旅游产业融合尚处于初步发展阶段，仍然很不成熟，具有进一步发展的
巨大潜力和空间。

第二节　旅游业创新发展战略布局

在未来一段时间，推动实现西部地区旅游业创新发展，需要以协调性
规划为基础、以制度变革为保障、以技术创新为动力、以深度融合为路
径，通过全方位的创新驱动，促进旅游产业发展从以要素驱动增长转向以
创新驱动发展。

一　实施协调性规划，奠定创新发展基础

推动旅游业创新发展，协调性的统一规划必须先行。将旅游规划作为
一个整合型、全过程的管理行为，强调整合宏观、微观、硬件、软件，内
部、外部等各种因素①。就内部而言，要实现旅游发展规划与建设规划的

---

① 郝康理：《新常态下旅游规划理念创新》，《旅游学刊》2015 年第 30 卷第 4 期，第 4—6 页。

统一，不仅要保证发展规划的执行力，而且要保证目的地建设规划的灵活性、创造性，促进总规、控制性详规与修建性详规整合①。在全局视野中规划单点布局，充分体现单点元素对全局的支撑与体现，实现单点布局（旅游景区、服务设施）、整体协调、全面融和，统筹考虑规划中的各类因素，逐步实现整个旅游系统内各要素的协同。就外部而言，必须统筹好旅游规划与区域发展规划、土地利用规划、城镇规划、文化传承规划等不同规划之间的关系，推动总体规划为旅游发展规划预留一定空间和接口。结合城镇、村落、自然区域发展的实际情况对周边环境进行规划设计，控制和调节易引起景观系统破碎化的干扰因素和来源，增大周边环境与景区连接度②，将最新方法、技术应用到旅游规划中，推动旅游业与区域经济、社会、文化发展的全面融合。

二　推动旅游制度变革，提供创新发展保障

新制度经济学家诺斯认为，一旦旧的制度框架制约了产业发展的能力和机会，新的制度将会产生，这意味着制度创新与政策变革有助于发展能力和机会的释放。对西部地区旅游产业发展来讲，释放制度红利当前最重要的莫过于市场化改革。实证研究显示，20世纪90年代以来，市场机制对旅游资源配置的基础性作用持续强化，在中国旅游业发展过程中发挥着重要作用，市场化进程与旅游经济增长具有稳定的协整关系，前者对后者的贡献效应明显，其在TFP、旅游经济增长中的贡献率分别达到14.47%、4.45%，市场化改革成为推动中国区域旅游业快速发展的重要力量③④⑤⑥。在未来一段时间，需要持续推进弱行政化、强市场化改革，推动市

① 吴承照：《中国旅游规划30年回顾与展望》，《旅游学刊》2009年第24卷第1期，第13—18页。

② 胡炜霞：《景观生态视角下周边环境与旅游景区协调规划研究——以平遥古城为例》，《人文地理》2011年第26卷第6期，第155—159页。

③ 刘长生、简玉峰：《中国旅游业发展的政策路径及其经济影响研究——基于不同省份的面板数据分析》，《商业经济与管理》2009年第6期，第59—65页。

④ 余凤龙、陆林：《制度变迁下的中国区域旅游发展与差异研究》，《人文地理》2011年第25卷第3期，第124—127页。

⑤ 余凤龙、黄震方、曹芳东：《制度变迁对中国旅游经济增长的贡献——基于市场化进程的视角》，《旅游学刊》2013年第28卷第7期，第13—21页。

⑥ 王彩萍、徐红罡、张萍：《市场化改革、政府干预与区域旅游业发展：从宏观视角来解读困境》，《旅游学刊》2015年第30卷第3期，第44—52页。

场主导下的多元主体改革，充分发挥市场在旅游资源配置中的基础性作用。

为有效减少市场失灵，在发挥市场主体效应的同时，完善中国旅游业发展的宏观调控体系也极其重要。其中，保持旅游供给与需求的均衡管理是推动中国旅游业发展的前提条件①，以需求管理为导向，不断创新行业管理体制，完善公共服务体系，实现短期需求政策与长期供给政策协调配合②。在操作层面上，借助机制设计和政策工具克服淡旺季的旅游供需不平衡问题，落实带薪休假制度和长假制度，打破旅游者季节性束缚，促进民众淡季出游，推动反季旅游发展，实现全时旅游③，从全要素、全行业、全过程、全方位、全社会、全部门、全游客等角度推动全域旅游发展④，提高旅游基础设施、服务设施运行效率。打破行政管理体制制约，通过体制、机制改革和创新，充分释放政策改革红利，发挥制度变革的推动作用，为其他创新营造良好环境。

三　促进技术创新应用，形成创新发展动力

以索洛为代表的新古典经济学派认为技术进步是 TFP 的核心，是推动产业发展的根本动力。因此，有必要以技术创新与应用为抓手，持续推动TFP 提升以支撑旅游业发展，夯实旅游科技创新与应用基础。结合旅游业的创新主要侧重于新技术的集成应用特征，首先，加强旅游人才培养与研发体系建设，加强国家级旅游科研机构、高等院校、新型智库建设，加快旅游人才培养步伐，为旅游产业技术创新与应用奠定基础；强化国家旅游创新投入力度，以协同创新为手段加快推进产学研一体化，激发旅游企业实现科技、创新驱动发展，鼓励具有创新潜能的人力资本开展创新创业，形成旅游领域的万众创新格局。其次，加快信息网络通信技术在旅游领域的创新与应用，持续推动旅游消费需求模式创新，为旅游者提供一体化的网络消费终端；同时，加快旅游企业供给业务流程再造，推动智能化旅游

---

① 王淑新、王学定：《供需视角下的中国旅游经济发展——一个面板数据的实证分析》，《经济问题探索》2014 年第 1 期，第 184—190 页。

② 戴斌、夏少颜：《论我国大众旅游发展阶段的运行特征与政策取向》，《旅游学刊》2009 年第 24 卷第 12 期，第 13—17 页。

③ 冯学钢：《反季旅游常态化》，《旅游学刊》2015 年第 30 卷第 2 期，第 5—7 页。

④ 厉新建、张凌云、崔莉：《全域旅游：建设世界一流旅游目的地的理念创新——以北京为例》，《人文地理》2013 年第 28 卷第 3 期，第 130—134 页。

公共信息服务平台供给模式创新①，全面提升旅游服务效率。第三，亟须以信息技术革命为契机，构建现代智慧旅游体系，借助云计算、物联网、旅游信息系统、地理信息系统、大数据处理与挖掘等支撑技术，提高旅游业发展的智慧化与智能化程度。

四　推进旅游业深度融合，铺就创新发展路径

在产业经济学视域下，产业融合不仅可以促进资源有效配置，而且可以衍生出新业态，促进产业领域与范围扩张，推动产业转型升级，实现可持续发展。因此，推动旅游产业融合的根本路径在于深入实施"旅游＋"战略，抓住最具潜力的关键融合领域，整合旅游资源，大力发展新型旅游消费、体验产品，催生一批新型旅游业态，深入推进一体化融合，构建完善的融合机制与机理，形成完整的产业链条，实现旅游产业价值链创新。具体看，不仅要积极推进旅游业与第一产业的深度融合，充分利用农村良好的生态环境、优美的田园风光、多彩的民俗地域文化以及具有地域特色的产品，促进观光农业、生态农业、休闲农业发展，带动农家乐、渔家乐、特色农庄等有序发展，加快农业旅游发展步伐；而且要有选择地推进旅游业与第二产业的融合发展，发掘特色工业企业在产品生产、劳动场景、厂区风貌、工业历史等方面的旅游资源，促进工业旅游发育；更要积极推进旅游与文化、创意、体育、会展、影视等第三产业的融合发展，满足多元化、个性化的市场需求，形成新的价值增长点和动力源，促进产品多元化、产业多样化发展。以旅游业与三大产业的深度融合为基础，推动全要素旅游资源、全域旅游产业发展，铺就旅游业创新发展路径。

本篇小结

本篇共包括三部分内容。

第一章在简要介绍 SWOT 分析框架的基础上，结合分析结果对西部地区旅游经济发展的优势、劣势、机遇与威胁进行了分析。从优势方面看，

---

① 吴泓：《公共旅游信息服务体系构建路径和模式——基于智慧城市视角》，《现代经济探讨》2014 年第 9 期，第 67—71 页。

西部地区具备发展旅游的资源和地方政府的重视等优势；从劣势方面看，面临旅游景区分散、旅游设施不完善、旅游业创新不足等不利因素；从发展机遇方面看，包括国家重视旅游业发展和旅游业面临良好的发展契机；从威胁方面看，旅游业发展的脆弱性是其面临的突出问题。

第二章提出西部地区旅游产业生态化发展策略，旅游产业的生态化发展不仅促进自身转型、升级，而且可以产生良好的示范带动作用，推动区域经济社会产业生态化发展。第一部分指出，实施旅游产业生态化发展是西部地区可行的战略选择，其不仅具有坚实的理论基础，而且生态化是新形势下旅游产业发展的新要求，国家生态文明建设要求旅游产业生态化发展，外部生态环境的制约要求旅游产业生态化发展，同时，产业生态化是旅游产业转型升级、效益提升的内在要求。第二部分建议，在旅游产业发展过程中，充分重视生态性、绿色性、循环性、低碳性四项基本要求，推动旅游产业内部运行机制与系统的根本变革，真正实现旅游产业生态化发展；充分重视生态旅游、绿色旅游、循环旅游、低碳旅游等生态化旅游形式的推进，从不同侧面推动旅游产业生态化发展。第三部分提出，旅游产业生态化作为一项系统工程战略，需要从不同层面予以推动，不仅形成旅游供给生态化、旅游需求生态化发展的内容，深入挖掘旅游产业生态化发展推拉力量的源泉，并使其得以真正、最大程度地发挥作用，而且要积极发挥政府部门及相关组织在旅游产业生态化发展过程中的引导、监督、规范作用。

第三章提出西部地区旅游业创新发展策略。第一部分指出，在新常态背景下，中国旅游业面临难得的良好宏观政策环境，同时符合产业发展的一般规律要求、旅游者个性化消费需求、旅游业竞争力提升需要，创新发展成为必然的战略选择。第二部分认为，创新发展的短板约束突出表现在旅游规划不协调问题突出、制度变革滞后于旅游发展、旅游技术创新不活跃、旅游产业跨界融合不足等四方面。第三部分提出，在未来一段时间，实现西部地区旅游业创新发展，需要以协调性规划为基础、以制度变革为保障、以技术创新为动力、以深度融合为路径，全方位、深入驱动中国旅游业创新发展。